U1017984

政协委员履职风采

ZHENGXIE WEIYUAN LVZHI FENGCAI

谱写生命新乐章

卢光琇 著

中国文史出版社

《政协委员履职风采》丛书

编辑委员会

主　任　刘家强

委　员　刘未鸣　王君光　唐柳成　刘发升

张剑荆　段　敏

主　编　刘未鸣

编　辑（按姓氏笔画排序）

卜伟欣　于　洋　马合省　王文运　牛梦岳

方云虎　卢祥秋　刘华夏　刘　夏　全秋生

孙　裕　牟国煜　李军政　李晓薇　张春霞

张蕊燕　杨玉珍　金　硕　赵姣娇　胡福星

高　贝　殷　旭　徐玉霞　秦千里　梁玉梅

梁　洁　程　凤　詹红旗　窦忠如　蔡丹诺

蔡晓欧　薛媛媛　薛未未　戴小璇

2000年10月，卢光琇赴岳阳农村调研

2002年12月12日，九三学社省委主委卢光琇参加第四届中国“十大女杰”表彰大会载誉归来

2004年10月26日至29日，“九三学社全国宣传思想工作会议”在长沙隆重举行。社中央及来自京、川、贵、鄂等七省市的负责宣传的同志参加了会议

2006年1月15日，卢光琇教授出席湖南省政协九届四次会议开幕式

2007年卢光琇教授（左二）参加全国政协十届五次会议与其他代表合影

2008年6月4日，卢光琇教授代表中信湘雅生殖与遗传专科医院向灾区人民捐款50万元，祝愿灾区人民早日重建家园

2012年1月，卢光琇教授荣获“湖南省科学技术杰出贡献奖”

2018年3月，卢教授在上海参加罕见病防治公益宣讲

目录
contents

自述：逐梦四十载　无悔优生路

003　前言：我的父亲
007　起步：哭过、累过，但始终执着
010　新的困难：一纸禁令
013　从政：另一段无悔的精彩
014　起飞：强强联手　快速腾飞
018　期许：未来医学，下一个梦

建言献策　尽责履职

【提案】

023　关于搞好湖南粮食工作的建议案
025　建议省民政厅按“社会团体登记管理条例”与中央文件规范其对科协所原自然科学门类管理行为
027　抓住机遇，实现我省苎麻行业第二次腾飞
029　关于乡镇消赤减债的建议
031　关于对武陵源拆迁进行科学论证，全面启动大拆迁工程的提案
037　关于娄底持续农业实验区情况调研与建议
045　更新观念制定优惠政策　开拓我省国际劳务合作新局面
054　抓住机遇　迎接挑战　保持我省纺织工业产品出口优势
062　湖南省水生经济作物现状与发展对策

068　湖南省社会保障基金管理的问题及对策
075　关于试行“龙头企业+基地+农民”模式的农业产业化建议
080　关于加快筹措社会保障资金若干问题的思考与建议
090　农村土地流转问题及其政策建议
095　关于加速推动我省检测机构建设和检测市场形成的建议
099　关于改善非公有制经济融资环境的几点建议
104　关于在我省确立职业经理人地位、实施职业经理人资格认证、培植职业经理人队伍的建议
107　关于实施我省无公害农产品发展战略的建议
110　关于发展我省天然彩色棉花种植产业和彩色棉加工产品产业的建议
113　关于建设“毛泽东主题公园”，加快长株潭一体化进程的建议案
119　关于提高粮食行政管理能力的建议
123　关于在我省农村实施“星火富民示范工程”的建议案
129　关于我省大力实施产业链招商的建议
133　关于尽快试行廉政公积金制度的建议
137　关于我省粮食主产区建设社会主义新农村的策略建议
141　关于规范建设工程土地征用行为的建议
144　关于尽快刹住中等职业学校招生回扣歪风的建议
148　关于进一步落实中国共产党领导的多党合作和政治协商制度的建议
151　关于加大扶持力度，积极推进中部地区农业产业化的建议
154　关于加强财政审计，从源头铲除腐败的建议
157　关于加强对青少年道德思想教育的建议
159　关于加强湖南省森林资源经营与保护的建议
163　关于加强信访工作，构建和谐社会的建议
166　关于进一步优化经济环境，切实减轻企业负担的建议
168　关于大力发展科普旅游事业，努力打造张家界世界级科普旅游精品的建议
174　关于改善离退休科技人员收入偏低和差别悬殊状况的建议
176　关于把我省建设成为我国重要现代物流中心的建议
179　关于在全省开展农产品市场准入工作的建议

181 关于规划交通机动车辆检测机制，防止行政腐败的建议
183 关于加强湖南省农村民居抗震防灾能力的建议
187 关于加快解决我省农村饮水安全问题的建议
189 抢抓机遇，积极提升中部地区利用外资的规模和水平
192 发展湖南旅游需要强化电视媒体催化作用
194 发展湖南旅游需要强化电视媒体的推介作用
197 关于加快我国粮食主产区新农村建设的若干问题及其对策建议
206 关于修改国家GB 1589—2004《道路车辆外廓尺寸、轴荷及质量限值》有关条款的建议
207 关于加大职业病防治工作力度的建议
209 关于将中部地区建设成全国重要的现代物流中心的建议
【会议发言】
214 加强国家干细胞工程中心建设，发展我省重大接替性高科技产业

随感·报道

委员随感
221 政协经历是人生宝贵财富
226 继承传统　凝聚力量　为中国共产党领导的多党合作和政治协商事业争作贡献
媒体报道
232 中国遗传优生事业开拓者
——中信湘雅生殖与遗传专科医院首席科学家、终身荣誉院长卢光琇
236 卢光琇：砥砺人生
239 重温抗战历史　弘扬“抗战精神”
——访湖南省政协副主席、九三学社湖南省委主委卢光琇
245 谱写生命的新乐章
——记我国著名遗传学与生殖医学女科学家　湖南省第五届科学技术杰出贡献奖获得者中南大学卢光琇教授

255　卢光琇杰出的学术成就与贡献
264　华大基因专访“遇见”：访谈卢光琇
269　卢光琇：优生不息　奋斗不已
276　心系患者，以身作则
——记辅助生殖学术泰斗卢光琇教授
282　卢光琇：如何健康优雅地过好这一生
288　卢光琇——时代与理想的碰撞
293　卢光琇：从“优生梦”到“健康中国梦”
298　卢光琇：80后奶奶为梦想坚持工作
301　卢光琇：用最好的科研成果造福百姓
305　卢光琇父女：两代遗传医学专家的70年“政协情缘”
307　湖南81岁卢光琇教授为湖北及全国病友网络在线提供义诊
309　遗传学诊断助力优生优育
310　努力将罕见病止步于“防”
312　“试管婴儿之母”卢光琇回省政协，开讲40年科学攀登之路
314　精挑细选的健康“种子”才能放入子宫　罕见病家族基因有望被阻断

自述：逐梦四十载　无悔优生路

我今年恰好81岁，曾任全国政协常委、湖南省政协副主席、九三学社湖南省委主委等职，从事的行业是人类辅助生殖技术以及人类胚胎干细胞研究应用，通俗地讲就是试管婴儿与干细胞研究。我一生的梦想是继承我的父亲——中国医学遗传学奠基人卢惠霖教授，就是为实现中华民族的积极性优生而奋斗终生。虽然从父亲正式提出做试管婴儿的设想，到目前正好走过40年左右，但实际上我们在优生遗传事业上的奋斗，也与我们的伟大祖国一样，有70年之久。

前言：我的父亲

在我的一生中，父亲是对我影响最深的一个人。我们的事业研究发展了70年，可以说父亲做了前30年，在此基础上，我按照他的指引做了后面40年。我所有的成绩，都是站在父亲的肩膀上获得的，因此提到我的事业，我不得不先提我父亲。父亲的一生中，经历了无数困难，每一次都坚定地挺了过来，并离自己的梦想更近了一步。他对我在科研事业上最大的影响有两点，第一，对理想坚定不移的追求，面对困难决不低头。第二，要懂得感恩。

我的父亲卢惠霖是湘雅（湖南）医学院教授，1900年9月3日出生于一个笃信基督的宗教家庭。年少时，父亲始终以为世界是上帝用短短七天时间造出来的，上帝无所不在！15岁那年，当他带着一种犯罪的心理偷读了达尔文的《进化论》之后，竟然彻底改变了自己的信仰。后来他在一篇回忆录中写道：“在那一瞬间，上帝突然倒塌了，生命科学以新鲜的魅力占满了我的心灵。”

据父亲回忆，第一次在显微镜下看到变幻莫测的动植物细胞结构，激动得全身发抖，他感到全身的血液在往头上涌流：原来在人类的宗教世界之外还有一个神秘的世界存在着，而且那个世界也在忙忙碌碌地紧张地运动着。世界真奇妙，生命的谜底竟然全都隐藏在一个小小的细胞里！

1925年，父亲漂洋过海进入美国哥伦比亚大学动物学系深造，成了享誉世界的著名实验胚胎学家、细胞遗传学创始人摩尔根和著名细胞学与实验胚胎学家威尔逊教授的门生。他也从这里开始了独立的细胞学研究，并首次在低等植物蕨类的孢子母细胞中发现了一种典型的亲锇小体。然而，这一研究刚刚起步，父亲就被无情的肺结核杆菌击倒了。10个月之后，饱受疾病折磨和思乡之苦的父亲毅然放弃了即将进行的博士论文答辩，谢绝了导师和友人的挽留，于1929年抱病踏上了归国旅途。

长沙沦陷后，父亲扶老携幼，随着任教的雅礼中学从长沙逃难沅陵，后来又接受了湘雅医学院院长张孝骞的聘请，从沅陵来到贵阳，加盟湘雅医学院教师队伍，后来又随湘雅医学院师生逃难到重庆。一路颠沛流离，母丧妻病，4个女儿嗷嗷待哺，苦不堪言。

经过八年抗日战争和三年内战的苦难之后，终于盼来了湖南的和平解放，也把陷入了深渊中的我们一家解放了出来。年近半百的父亲夹在湘雅医学院的学生们中间，挥舞着彩色小旗，欢天喜地敲打着脸盆饭碗，迎接解放军入城。

历经近20年的战乱漂泊，父亲深知和平与安定来之不易，全身心地投入了学校工作与社会公益活动中去，特别是在对国人身体素质与遗传学的研究中，“生一个健康的孩子”这一优生学的核心理念在他心中扎下了根，成为矢志追求，并一直延伸到了我的生命里。

20世纪40年代起，父亲便在湘雅医学院担任教授，在医学遗传学基础研究领域作出诸多贡献。1949年，他翻译恩师摩尔根教授的《基因论》中文手稿完成，并于1959年正式出版，这本书多次再版，成为遗传领域的经典之作。20世纪70年代，他主导完成了首次《中国人G式显带染色体的鉴定与模式图》，并在国内率先应用于临床，为各类染色体疾病的诊断提供了科学的依据。在世界上首次发现一条与鼻咽癌相关的EA标记染色体，为鼻咽癌的病因学研究提供了一条重要线索。他还发表了一对单卵双生儿同患鼻咽癌的病例及其染色体组型、血清学分析及指纹等研究资料，这在当时世界有关文献中也是第一次出现。然而，这个过程并非一帆风顺。

比如20世纪50年代末、60年代初，学术界由于“左”的思想影响，摩尔根学说一度受到攻击。父亲是摩尔根的学生，因为讲授摩尔根遗传学而被打成“反动学术权威”，曾先后两次受到批判。国际上生物学界两大尖锐对立学派的争论，可以追溯到20世纪30年代，在苏联以李森科一批人为代表，以学阀架势，打着“拥护米丘林学说”的旗号，硬给孟德尔、摩尔根学派扣上“资产阶级的”“唯心的”“反动的”等种种莫须有的罪名。这种反科学的做法，通过行政手段干预，在苏联造成了灾难。这股思潮后来影响到我国，也给学术界带来不良影响，父亲因此受到株连。在1960年开展的“学术思想批判”运动中，他作为在湖南的留美的摩尔根学说代表人物，又抗拒所谓批判，自然成为被批判的重点。在数百名学生面前硬逼着他承认自己的“资产阶级学术思想”，但他还是坚持自己的观点。这股批判风终于被中共中央发觉。1961年4月，中央文教调查小组来湖南医学院进行深入调查，并听取了他的申述，明确表态支持他的观点，并严肃指出这场“学术思想批判”运动，是严重违背党的“双百”方针的，应该立即停止。未隔多久，毛泽东同志接见了上海复旦大学遗传学家谈家祯教授，鼓励科学家要敢于坚持真理。这一来，父亲的腰杆子也就硬起来了。1962年，中宣部与卫生部又联合来湖南医学院调查，对他进行甄别平反。

在“文革”时期，父亲也不时地遭到政治风浪的袭击。他同所谓的“走资派”一道接受群众的批斗，一斗就是几个小时。作为“臭老九”和“反动学术权威”，他对挨斗挨批也渐渐习惯了，只是觉得耽误了搞科研的时间，十分可惜。后来，他要求下去搞医疗队，终于被批准到岳阳搞血吸虫病的调查和防治工作。从1970年到1971年这段时间，他活动在洞庭湖区，由于生活的艰苦和过分的劳累，患了十二指肠溃疡，肠大出血，这才又回到医学院治疗。1974年的“反复辟回潮”和1976年的“拆庙赶和尚”，有人鼓吹什么“知识越多越反动”“知识分子是臭老九”“越老越臭”，并散布“卢老头没啥用场了”的言论，逼他退休。当时确有不少教授被迫退休。他想待在此地也无能为力，但相信自己还可以继续为党为人民做些有益的工作，于是打算请假离开医学院，先去广东梅县我的家里，再去北京我的大姐家，利用北京丰富的图书资料，写些有参考价值的文章。“四人帮”垮台后，党和国家的政治生活恢复正常，他才回到了长沙。

20世纪70年代，尽管历经各种风波，父亲在医学遗传学领域还是取得了一系列重要成就，并带动我国医学遗传学整体水平的快速前进，科学界公认他是中国医学遗传学的奠基人之一。那个时期，因为各方面条件有限，怀有遗传性疾病胎儿的妇女，要么在妊娠时期便自然流产，要么生下来才发现孩子有所异常，影响孩子终生。是否有一种积极性优生的方法，能在胎儿甚至更早的胚胎阶段，就能判断胎儿是否存在异常？这成为他日夜苦思的问题。1978年，当英国诞生第一例试管婴儿的消息传来，已是78岁高龄的父亲立即感受到，他一直苦苦寻求的积极性优生，有了实现的途径——通过试管婴儿技术，人类可以在更早的阶段应对遗传学疾病的困扰。在他的著作《人类生殖与生殖工程》一书中，首次对人类生殖工程的未来发展作出了规划，提出了从“人类辅助生殖技术的研究”到“将辅助生殖技术和遗传工程相结合的研究”，再到“在配子和胚胎水平进行遗传学改造的研究”的“三步走”战略。对三个阶段的研究规划，可以说覆盖了我们生殖遗传研究的整体脉络，成为我们此后数十年求索中不灭的灯塔。

当时，父亲已经年近八旬，为照顾父亲，我已经从广东梅县回到长沙，在湖南医学院（今天的湘雅医学院）从事局部解剖与外科手术学教学。此前，先后在衡阳人民医院、梅县“黄岗医院”担任外科医生，并在业内小有名气，人称“湘南一把女刀子”。有一天，父亲突然问我：“卵子该怎么取？”多年外科经验，加上当时知识所限，我不假思索地回答：“开腹取呗。”父亲听后暂时没有回应。我非常好奇，他为何突然提出这样的问题，追问下才得知，他想做试管婴儿，想要取到卵子和精子，在体外受精。这在当时是闻所未闻的事情，我听后非常震惊，但看到父亲严肃的样子，我知道这不是开玩笑，他是经过认真考虑的，并且有着强烈的决心。当了解到父亲提出的在中国开展人类生殖工程研究的积极意义，我立即被他的暮年壮心所感动，主动提出要为父亲分忧解难。于是我悄悄地问他：“让我来，能行吗？”父亲听了十分欣慰，但没有马上答应，对我说：“你以前从事的是外科，现在从事这样一个全新的领域，会遇到难以想象的困难，你自己不但要做研究人员，还要做技术员，甚至要当工人。”但我已经考虑到了这些困难，甘愿为这项事业奉献力量，做出牺牲。父亲考虑几天后，终于答应了我的请战。我就是这样，在父亲手把手的指引下，正式转行投入人类生殖工程研究的。

起步：哭过、累过，但始终执着

1979年，父亲将对生殖遗传领域还一无所知的我送到北京的中国科学院动物研究所进修，拿惯了手术刀的我开始学着洗试管、倒烧杯之类的工作。

当时父亲接到一位患者写来的信："卢教授，您是有名的遗传学家，现在我没有精子，不能生育，咱们国家有牛精子库，却没有人精子库，为什么您不能做人的精子库呢？"已步入耄耋之年的卢惠霖，自己已经有些力不从心了，于是他将这封信递给了我，我考虑一下说："我们可以做。"

我在一位老师的带领下，骑着单车在颠簸的土路上走了两个多小时，来到北京郊区的牛精子库。我是奔着建立人类精子库的目的而来，我把在这里看到的所有细节都记录在本子上。三个月后，我揣着一本厚厚的冷冻牛精液的学习笔记，回到了父亲身边。

但接下来精子库的创建过程也是异常艰难的。自古以来中国都是思想比较传统的国家，人们对于优生学、遗传学尚且存在许多误解，就别说建立人类精子库的事了，人们一听此事，也就"谈精色变"了。随后出现了没有场地、没有设备、没有经费、没有人员一系列状况。我只能敲开了学校一个又一个实验室的门，"化缘"一样讨要试管、烧杯以及人家闲置的仪器，在办公室用布隔开一方小天地，组织了一个近10人的试验小组。然而，精子库最关键的试验品——人的精液，却始终没有着落。我们的研究组里有三个男老师，却无人主动捐献精子做实验。没办法，我只能求助于我的丈夫，没想到他非常支持我，排了一些精子给我。当我把这些精子拿到实验室，那几个男老师纷纷凑上来问："卢老师，你哪里得来这么好的精子？"我理直气壮地告诉他们："这是我先生的。不像你们，三个大男人都不献精，如果我有我早捐献了。"他们三人听后，十分羞愧，从此之后我们的实验室就没有缺过精子了。

精液有了，前期准备工作也就差不多了，我的研究开始有条不紊地进行着。现在的精子都是冷冻在-196℃的液氮中，当时我们都没有见过液氮，后来通过别人介绍，好不容易从一家工厂里要到了一小罐液氮。把精子储存好放进去后，我和同事守在罐子旁边，一晚上没敢合眼，生怕罐子一不小心就爆炸。等到第二天天亮，我们从罐子里取出精子后，才高兴地蹦了起来。我们还自制了一套冷冻精子保护剂，记得在冷冻精子的复苏过程，整个研究小组人员的眼睛都盯着恒温箱，静待着激动人心的时刻。然而，当我满怀希望地从恒温箱拿出装有精子及保护剂等的器皿时，大家惊呆了：这明明是烤蛋糕呀！原来，用报废的旧设备维修成的恒温箱，打开温箱时，恒温计失灵了。

1981年10月，我们终于成功了，冷冻精液里的精子复活率达到10%。这一重要成功，坚定了我的信心，一个月后，复活率提高到40%。一直关注此事的湖南医大领导伸出了扶助之手，在紧张的科研经费中挤出一部分予以支持。1981年底，我国首家人类精子库、国家人类精子库的前身——湖南医科大学人类精子库，正式宣告建成。随后，我约来了那个曾经给父亲写信的无精患者。最终，患者的妻子于1983年诞下了我国第一个人工授精婴儿，人类精子库开始在临床应用中逐渐显现其效用。消息传出后，我们收到了无数来信，相当一部分人是肯定及表扬，但也有许多人不理解，辱骂我建立精子库、做人工授精，就是把人当畜生搞。但我义无反顾，始终坚定地继续做着自己的事业。

精子的问题解决了，做试管婴儿，还需要卵子。卵子不像精子，可以轻易地得到。为了能有些卵子做实验，我抱着一个用热水壶和温度计自制的“恒温罐”，守在当时学校附属医院妇产科手术室外，希望医生能给些病人废弃的卵子。刚开始，这些医生还算客气，但我待得久了，他们逐渐厌烦，甚至都不正经看我一眼，只想办法赶我出去。连续守了很多天，却没有得到一个卵子，还遭受了无数白眼，我委屈极了，回去跑到父亲那里忍不住哭了起来。父亲看到后非常心疼，马上给学校打了电话，最后手术室的人才配合，给了我做实验的卵子。就这样，我们一点一点摸索，一点一点克服困难，将实验不断推进。

这期间，我们还得到了湖南省委省领导的大力支持。80年代初，时任湖南省委书记毛致用看望我父亲，问他有什么要求。我父亲没有提任何个人要求，只是希望省里能支援20万美元，用于人类生殖工程研究。那时“文革”刚结束，20万美元无异于天价，但毛书记马上答应了。不过他说，省里也比较困难，先设法支援10万美元，其余要等下次税收后才有。这句话让我倍感震惊，我才明白手里的经费，都是老百姓的血汗钱，于是暗下决心，一定不能辜负湖南省领导以及湖南省人民的期望。

1985年，当试管婴儿研究被列为国家重点七五攻关项目之后，我基本上都在试管婴儿实验室里，吃饭都是家人送的，有一餐没一餐，导致经常胃痛不已。有一次，为了连续观察胚胎的体外发育，我在实验室整整待了三天三夜，胃痛得倒在了地上，仍不肯离开，被同事和学生抬到了手术床上休息。但到了观察时间，我又按着肚子起来观察。回想起那段日子，那时候真是急得不得了，实验老是不成功。我父亲老早就说了："不看到试管婴儿出生，我死不瞑目。"那些长辈看到我就说，光琇，你要努力啊，你一定要给你爸爸争气啊！我自己也很急啊，用了那么多的钱，却还是没有个结果，那不等于白花了吗？

好在利用这10万美元，我们不仅购置了需要的各类仪器，还送我到国外如耶鲁大学等学习深造，学习国外的先进技术及经验。记得当时回国时，别人都是带了各种各样的特产、礼品，而我带的全是各种仪器。后来在试管婴儿实验过程中，我们发现无论怎么样操作，实验总是失败。最后总结分析，发现问题根源在于培养胚胎的水质不达标。最后还是通过联系国外校友，给我们带了更加纯净的水回来，实验果然成功了。

在经历了艰苦的"八年抗战"后，1988年6月5日，湖南省第一例试管婴儿章皿星呱呱坠地。两天之后，我国第一例供胚移植试管婴儿罗优群出世。试管婴儿研究终于取得了成功。那一刻，对于我而言，可谓百感交集，如释重负。父亲的期许，国家的信任，团队的坚持，以及最开始那10万美元的农民兄弟的血汗钱，在那一刻，终于得到了回应。

我父亲终于如愿以偿地见到了中国的试管婴儿，他把小婴孩深情地抱在了怀里。这历史性的一幕被拍成了照片，挂在了现在中信湘雅生殖与遗传专科医院三楼的候诊厅里。我至今都很感慨，没有我父亲就没有我的今天，我后来所有的研究都是在他的框架下进行的。对于父亲，我最欣慰的就是，让他在有生之年看见了中国的试管婴儿的诞生，我没有让他失望。

后来我还得知，省里对我们的支持，也是顶住了非常大的压力。早在1978年我父亲获悉试管婴儿成功的消息后，就马上向学校和中共湖南省委、省政府提出了在中国开展人类辅助生殖技术研究，通过辅助生殖技术结合遗传学手段来进行遗传优生的设想。别人越过学校，直接写信给湖南省科委，向省里施加压力，说：“千万不要支持卢惠霖和卢光琇的人类生殖工程研究，他们不可能成功的！”阻挠这一科研项目的实施。直到我们成功，省科委的人才把这件事告诉我，因此我对湖南省委省领导、湖南人民有着非常深厚的感恩之情。这么多年来，一直有北上广的一些顶级科研机构希望我能过去，但我坚定拒绝了，选择扎根留在湖南，要好好报答湖南。

新的困难：一纸禁令

20世纪90年代初期，湖南一项政策让我们的临床研究被迫中止，原因是认为我的研究和计划生育背道而驰。无奈下，我们只能沉下心做基础研究，开展大量动物试验，培养一大批研究生；此外将手中的技术和成果，用于其他遗传优生领域。

当时在湖南张家界有个远近闻名的“傻瓜村”，全村500来人呆傻率达27%以上。我们开始以为是遗传方面出了问题，于是1992-1994年，在原卫生部妇幼司建议下，我带领6个专题调研组，经过三年的调查发现，“傻瓜村”的“罪魁祸首”并不是遗传病，而是当地缺碘引起的“克汀病”。我把调查报告分别寄给了国家民政部和中国残联。没想到在党和国家领导的重视下，该调研成果成为1994年国务院启动全民食盐补碘的科学依据之一，国务院更是确立1994年为“补碘年”。大规模流行性群发的克汀病现象由此才在中国基本消除。

但张家界这个“傻瓜村”位于高山之上，离如今著名的景点“天门山”不远，几乎与世隔绝，没有路、没有电，有的村民穷得祖孙共用一条裤子，做饭就用土堆架起一口锅，非常原始落后。虽然我也经历过贫穷，但眼前的景象依旧让我震惊，我几次看到后伤心落泪。作为九三学社一名成员，在调研之余，我积极为改变“傻瓜村”贫穷落后的局面奔走，从幼教、基础教育、公路设施、电力、通信、卫生保健站、补碘等方面给予支持，改善该村的封闭状态。如今的“傻瓜村”早已没有了傻瓜，家家户户崭新的楼房，公路水电一应俱全，让我们非常欣慰。

那时候，还有人说我在全民“下海”的时候下乡做调查很傻，其实我也是为了解开自己的心结——父亲未竟的事业，为了中国的优生优育而奋斗。

也是1989年，时任中共中央书记处书记胡启立建议我将试管婴儿技术运用于熊猫繁殖研究。

同年，我与四川卧龙中国保护大熊猫研究中心协作开展“大熊猫生殖生理及人工繁殖新技术研究”科研课题，利用人工授精技术为濒临绝种的大熊猫增添了繁衍的希望。最后成功诞生双胞胎大熊猫，为破解国宝繁育难题做出贡献。

而此时的我也仍然坚信，辅助生殖与遗传技术终会迎来春天。我带领着自己的团队，默默地进行着各项技术攻关。

1990年，中国第一个植入前胚胎遗传学诊断动物模型建立；1991年，国际上第一例经畸形精子分离术治疗后诞生的正常婴儿；2000年，中国第一例经超快速冷冻后的冻胚移植试管婴儿诞生；在辅助生殖技术受到时代限制的背景下，当时的钻研与探索，为未来辅助生殖技术与遗传技术的结合留下了火种，奠定了基础。

值得一提的是，在此期间，我在人类干细胞领域也取得了一些突破性的发展。

在我进行生殖遗传的研究过程中，我发现再生医学是为解决人类面临的主要难治性疾病和健康威胁而创立的医疗技术，是健康长寿的希望，也是国际医疗界重点发展和研究的高科技医疗领域。其发展将引起临床医学的革命，其核心是干细胞技术和治疗性克隆。

治疗性克隆胚胎干细胞技术，是通过核移植技术，即将患者体细胞中的细胞核，通过采用显微注射方法，送到已经除去核的人卵细胞（即卵壳）中。当时学术界普遍认为，人体细胞在分化过程中，由于高度分化而失去了再分裂能力，并最终会衰老死亡。其实，为了弥补这一不足，机体在发育过程中，已在早期胚胎、骨髓、脐带之中保留了一部分未分化的原始细胞。这些未分化的原始细胞，只要经过特定的诱导分化程序后，可不断自我分裂、生长出成人体内200多种作用不同的细胞，并进而发育成肌肉、骨骼、神经系统等组织和器官，可供移植使用，用来治疗许多疾病。可见，它的发展前景十分广阔。如，由于胰岛素分泌细胞受损而引起的I型糖尿病，就可以通过移植胰岛素分泌细胞来重建胰腺分泌胰岛素的功能。这将引起医学治疗的一次革命。干细胞技术是治疗人类疾病的支柱性医疗技术之一，为解决人类面临的主要难治性疾病和健康威胁而创立的医疗技术，是健康长寿的希望，也是国际医疗界重点发展和研究的高科技医疗领域。

1996年，我的团队培育了国内第一批核移植小鼠。

1999年，我在国际上首次建立了人类体细胞克隆胚，这项技术在世界上较之美国人整整早了两年。相关成果及后续研究引发国际知名媒体争相报道。

在此基础上，2000年，我们发明了先注核再去核的新方法，获得世界上首个人类治疗性克隆胚胎。

2001年，我们又成功分离培养出了人类胚胎干细胞，并建立了4株人类胚胎干细胞系，进而建立了干细胞库。

2002年9月，Nature杂志发表了题为《中国：干细胞在东方升起》（*China:Stem cells rise in the East*）的文章，介绍了卢光琇教授项目组为获得干细胞而建立治疗性克隆胚的研究成果。美国《华尔街日报》2002年3月作了标题为《当西方还在纠缠于伦理争论时，中国已经在干细胞领域遥遥领先》的整版报道。英国《泰晤士报》2002年5月也作了题为《中国领跑人类克隆研究》的报道。

2003年，我又获得了首个治疗性克隆囊胚，核移植囊胚发育率达13.3%。这些成果在国际上引起了极大的关注，新加坡《海峡时报》、中国台湾《联合报》中国香港《东方日报》、中国香港《文汇报》、法国电视五台、德国《法兰克福报》等媒体，均关注了我的团队。

不得不说，我真的需要感谢那段时光，虽然辅助生殖事业受到了政策的限制，却给了我更多的时间去进行更深层次的探索，这也为我之后的发展奠定了扎实的基础。

从政：另一段无悔的精彩

在辅助生殖技术受到时代限制的背景下，我也开启了另一段难忘的经历。

1993年我加入九三学社，一边抓科研，一边抓履职。我自1997年5月至2007年6月担任九三学社湖南省委主委，先后参加中共湖南省委、省政府、省政协、省委统战部召开的民主协商会、情况通报会和座谈会共计89次，就湖南的国民经济和社会发展战略、省政府工作报告、省委重要人事安排、贯彻中共中央和国务院不同时期的重要工作部署等重大问题认真负责的发表意见、提出建议。2000年，我在全国政协九届三次会议上提出《在我国开展辅助生殖技术并加强对该技术进行宏观管理的建议案》，随后6年内卫生部先后出台六部法律法规，有效促进了生殖医学的繁荣发展。实际上早在1983年，在我们人类生殖工程研究的早期，我和父亲就非常注重相关法律法规与社会伦理问题，在第六届全国人大第二次会议上，我父亲就以全国人大代表的身份，提议制订“优生法”，随后他参与了由卫生部牵头组织的起草工作，即后来颁布的《母婴保健法》；1986年9月1日，他被全国优生优育法规起草领导小组聘为起草《中华人民共和国优生保护法》专家咨询组成员，积极推动这项法规的出台。

我还代表九三学社中央在2006年全国政协常委会上作了题为《深化教育改革，促进教育公平》的主题发言，得到全国政协和相关部委的高度重视。《构建怀化物流经济圈，带动湖南西部和我国大西南地区经济发展》的调研课题得到全国政协主席的重要批示，并在中共湖南省委制定开发大湘西战略的相关政策时被采纳。有6篇调研报告入选《后发与先声——我国加入WTO后，湖南面临的机遇、挑战与对策研究》中，占入编总数的1/6。九三学社省委提交的提案连续三年在省政协大会上评为“一号提案”。

让我非常自豪的是，在我担任主委的这10年里，湖南省的九三学社社员人数从2755人增长到4235人，增长了53.72%；高中级知识分子从2702人增长到4104人；社员平均年龄下降2.04岁；新建市级组织3个、省直基层委员会6个、省直支社8个。今年，因我所在的中信湘雅生殖与遗传专科医院九三学社成员较多，我们医院也成立了一个省直支社，再次为九三学社在湖南的发展做出了一点贡献。

起飞：强强联手　快速腾飞

在试管婴儿技术取得成功后，我在湖南医科大学（今中南大学湘雅医学院）组建了以研究生教育为主的人类生殖工程研究所，并取得了一系列突出成绩。然而，由于当时高校科研经费不足，相关体制机制不清晰等客观原因，团队的许多科研成果无法广泛应用于临床，这让我和我的团队对此感到十分焦虑和困惑。

但我们并没有屈从于现状，而是做出了走产学研一体化道路的突破性决策，为“中信湘雅”模式的创立奠定了重要的基础。在中南大学的支持下，我们以研究所名义成立了不孕与遗传专科门诊部，不少患者慕名而来，科研经费的燃眉之急得以暂时缓解，但随着患者越来越多，小小的门诊部不堪重负，发展后劲严重不足。

2002年，时任中信集团董事长王军回到湖南，希望投资具有潜力的医学项目，在反复考察无果后，他与中南大学首任校长胡冬煦一同与我的团队会面，听取了人类辅助生殖产业发展介绍并参观了门诊部。王军董事长敏锐地意识到人类辅助生殖是高科技朝阳产业，拥有巨大的发展潜力，开始积极协同湖南省政府部门参与支持中信、中南大学和卢光琇团队合作发展辅助生殖事业。经过反复论证和考量，中信集团决定为我们的辅助生殖事业提供资金支持，由中信医疗健康产业集团、中南大学湘雅医学院和我的科研团队共同组建的“中信湘雅生殖与遗传专科医院”正式成立，并在体制机制方面开展了一系列创新：

治理结构创新。引入中信的管理理念和体系，形成三会一层（股东会、董事会、监事会、经营层）的职责及授权体系，创建了董事会领导下的院长负责制，改变了医疗领域普遍采取的单一化的行政管理体制，建立了符合现代企业管理要求的治理结构。

决策机制创新。创建了三会一层的议事规则和决策机制，经营管理团队对医院的日常经营和管理拥有决策权，建立了规范、高效的运营管控体系，形成良性的风险共担机制。

激励机制创新。一方面，打破医疗领域常见的“终身制”“大锅饭”，建立了完善的绩效考核机制，实现干部能上能下、职工有进能出、待遇能升能降，充分调动每一个员工的积极性，形成“千斤重担人人挑”的良好局面；另一方面，高度重视学科建设和人才培养，坚持因岗设人、用人唯贤，通过公开考试选拔人才，建立以研究生学历人员为核心的技术团队，定期选拔优秀人员出国学习深造，强化员工的伦理素养和职业化水平，树立并践行以患者为中心的理念。

通过一系列体制创新，中信湘雅成功摆脱了体制束缚，经营管理的各项工作得以高效落实，发展动力得以充分释放。

从2012年8月开始，医院与华大基因合作，诞生了世界首批经大规模平行测序技术的胚胎植入前遗传学诊断/筛查试管婴儿（PGD/PGS），2013年7月8日，我在英国伦敦举行的“欧洲生殖医学年会”上报道了这一成果，并得到国际的广泛认可。2010年，医院引入“肿瘤生殖遗传学”研究，通过PGD技术阻断遗传性肿瘤疾病在家族中的蔓延，并于2015年先后诞生两例“无癌宝宝”，其中一例还是全国首例，为这类患者健康生育带来了福音。

2016年诞生首例经MicroSeq排除染色体平衡易位的健康宝宝。2019年医院“试管婴儿”治疗超5.2万个周期，平均临床妊娠率达62.3%。截至目前，经医院助孕出生婴儿累计超过16万个，为家庭幸福、社会和谐做出积极贡献。2017年8月，英国《Nature》报道，医院一年辅助生殖治疗周期相当于美国1/4。我们的精子库，目前已发展成为国内最大的精子库，目前精子库存约15万份，累计为30余个省市的60余家生殖中心提供优质精子来源。

通过“体制创新、科技创新”两驾马车，我们走出了一条适合自身发展的产学研道路，短短十余年内实现了腾飞，创造了令人瞩目的经济效益和社会效益。

与此同时，我们在人类干细胞领域的研究，也开始驶入快车道。

2004年4月，经国家发改委批准组建了人类干细胞国家工程研究中心。

2005年，我们获批组建人类干细胞国家工程中心。这是湖南省内生命科学领域唯一的国家工程研究中心以及国内首批基因检测技术应用示范中心。依托这一平台，我们构建了世界首个人类体细胞克隆囊胚，引发《泰晤士报》《华尔街日报》等媒体整版报道。2006年获国家“863计划”资助建立人胚胎干细胞资源库，并在全世界首次证实“干细胞库建设是解决干细胞临床应用免疫排斥问题的重要途径”。

现在，人类干细胞国家工程中心已建成具有自主知识产权的、世界规模最大的人胚胎干细胞库，库存525株人胚胎干细胞系，为再生医学提供丰富的种子资源。近年，中心重点关注人胚胎干细胞的临床转化研究，建立人胚胎干细胞向肝细胞、胰岛细胞、神经细胞和内皮细胞分化的技术体系，成功开展人胚胎干细胞来源、肝脏细胞治疗、急性肝功能衰竭的临床前研究。目前，人胚胎干细胞及诱导分化后肝脏细胞已获中检院质量复核，并共同制定了人胚胎干细胞来源肝细胞的质量评价标准；该项目的临床研究已上报国家卫健委备案，有望成为世界上首个胚胎干细胞来源肝脏细胞的临床研究。中心人胚胎干细胞的系列研究成果曾获2013年湖南省科技进步一等奖。

脐带来源间充质干细胞是我们干细胞研究的另一重要方向。自2005年开展脐带间充质干细胞生物学特性研究以来，中心已建立完善的间充质干细胞生产、质量控制技术平台；已建立不同供体来源的间充质干细胞库，库存合格脐带间充质干细胞近2000株；已筛选多株HLA高频、纯合的间充质干细胞株，并完成多级库细胞的制备和质控。近年，中心在间充质干细胞治疗自身免疫性疾病上加大投入，完成了MSC对多种自身免疫性疾病治疗的临床前和机理研究，并在此基础上积极申报临床研究。2017年，中心与湘雅医院合作申报的“脐带间充质干细胞治疗银屑病”项目备案成功，成为湖南省首个干细胞临床研究获批项目；目前该项目阶段性工作已基本完成，正在收集整理数据。同样是在2017年，中心与湘雅二医院合作申报干细胞临床研究机构获批，成为全省第二个获批的干细胞临床研究机构；目前正与该院合作申报“脐带间充质干细胞治疗特应性皮炎”临床研究，即将提交至国家卫健委备案。

新冠疫情期间，我的团队向省里主动请缨，捐赠临床级别MSC制剂300份，用于重型/危重型患者救治及恢复期患者肺纤维化治疗。救治的重型患者无一例转为危重型，治愈后全部出院；2例危重型晚期ECMO治疗患者也治愈出院（包括全国首例采用清醒ECMO治疗并成功撤机患者）。我们和长沙市一医院共同成立恢复期肺纤维化患者干细胞治疗小组，免费提供干细胞和多种检测及服务，已完成多人治疗，体现了党和政府的关爱，得到患者的高度评价。

通过产学研结合发展，我们收获了良好的经济效益，也不忘履行应尽的责任和义务。2004年，那时我还是九三学社湖南省委主委，我带领省政协民族宗教委员会的部分委员深入邵阳市隆回县对少数民族乡的经济社会发展情况进行调研，了解到当地卫生、教育设施非常落后，乡亲父老的生活窘况一直牵动着我的心，2006年，我再次来到此地考察，改善当地卫生与教育现状。2007年4月，我带领自己的医院向湖南邵阳隆回县山界回族乡捐资20万元，帮助他们建立一所希望医院，同时向虎形山瑶族乡白水洞小学捐资20万元重建希望学校，此后，我一直关注学校的发展，关心孩子们的成长。2007年11月，我再次组织医院员工为学校的孩子们捐资捐物，购买学习用品和书籍，为贫困山区的孩子们送去温暖，竭尽自己所能为孩子们创造好的学习条件。到目前，我们已经累计捐赠120余万元，帮助湖南偏远贫困地区改善医疗和教育条件。

2008年5月，中国四川汶川发生特大地震，举国悲痛，看到那悲惨的一幕幕，我在地震发生的当天立即个人捐款5000元，后又火急召开院务会议，组织所在单位全体员工、全体学生向灾区人民捐款，并代表医院捐款50万元，助灾区人们重建家园。不久后我还跟随中华医学会深入地震灾区义诊，帮助当地育龄妇女解决身心健康问题。同年，我被光荣地选为北京奥运火炬传递长沙站火炬手。2014年，我向中南大学捐赠1000万元，恢复以我父亲命名的“卢惠霖教育基金”，帮助母校进一步完善学科建设，支持优秀人才的培养等。

2019年11月，我们与蔻德罕见病中心共同发起成立湖南蔻德罕见病关爱中心，这是一个由湖南省民政厅主管的公益慈善组织，主要是在湖南省开展罕见病患者资助、罕见病家庭帮扶及相关科普知识宣传，帮助深陷困境的患者重拾有希望的、平等的、有尊严的社会生活。中心联合中信湘雅生殖与遗传专科医院同步推出“无罕之路”爱心助孕项目，为贫困且有生育需求的罕见病家庭提供PGT（胚胎植入前检测）技术，从根源上杜绝罕见病在家族中发生。目前越来越多的罕见病患者通过我们的努力，收获了健康的孩子。

因为在医学、科学、教育以及从政领域的一系列努力，我先后获得了国家自然科学基金重点项目、国家973项目、国家科技攻关项目、中华医学会基金会（CMB）等多项课题资助，并先后两次荣获国家科技进步二等奖等奖励。出版专著6部，其中《人类生殖与生殖工程》为国内第一本人类辅助生殖技术专著。还曾获“国家级有突出贡献的科技专家”“全国三八红旗手”“国家优秀留学回国人员”“2002年全国首届巾帼发明者”“新世纪巾帼发明家”“第四届中国十大女杰”“全国先进工作者，荣获五一劳动奖章”“全国优秀教师”“全国九三楷模”、第三届“国之大医—卓越建树”人物以及“湖南省先进工作者”首届“湖南科技之星”、湖南省劳动模范、“一等功获得者”“湖南光召科技奖”“中华人口奖”“感动湖南人物”“改革开放30年湖南杰出贡献人物”、新中国成立六十周年湖南统一战线“十大代表人物”等荣誉称号。这些奖项既是荣誉，更是鞭策，让我始终不忘自己的初心，始终告诫自己还要不断地前行。

期许：未来医学，下一个梦

伴随着新中国的成长，我和父亲在遗传优生事业里先后摸爬滚打了70年，名利于我早已不重要。我焦急的是，我已经80岁了，我和我父亲的梦想，还是万里长征走完的第一步，实现中华民族的遗传优生，依然任重道远。

“革命”尚未成功，我还不能停下来。为此，我如今依然坚持工作，并为勾勒一个全新的目标，即结合未来医学理念，打造一条覆盖全生命周期的健康服务链，包括“帮你怀—帮你生—助你长—帮你存—帮你防—成人健康管理、干细胞再生医学”等一系列健康服务平台集群，涵盖辅助生殖、干细胞与再生医学、儿童生长发育、妇产（围产及母胎医学）、遗传与基因诊断、遗传性肿瘤防治、新型高端健康管理等多个专业领域，进一步引领遗传优生技术的发展。

其中尤其是遗传与基因诊断、遗传性肿瘤防治方面，近年来我们也投入了大量的精力开展相关的研究。

我们中信湘雅遗传部，现在是中国国家卫健委孕前诊断培训中心和湖南省级产前诊断服务机构，目前已建立完善的细胞和分子遗传学诊断平台，每年为1.5万余名患者提供遗传咨询服务，年进行染色体病检测5万余例，年进行基因诊断近1万例，可对340余种单基因病进行胚胎植入前遗传学诊断。

2019年10月18日，我们又诞生了国内首个阻断乳腺癌或卵巢癌易感基因突变的“无癌宝宝”。截至目前，我们可对包括视网膜母细胞瘤，家族性乳腺癌，神经纤维瘤等在内的55种遗传性肿瘤疾病进行生殖阻断和综合干预，迄今已诞生27例“无癌宝宝”。

这期间，干细胞技术与辅助生殖技术的结合也取得了长足的发展。2019年10月16日，湖南首例β地贫+HLA配型试管婴儿干细胞移植成功。通过采集试管婴儿技术诞生的孩子的脐带血，我们成功救治了患有β地中海贫血的哥哥。

截至目前，共有14对夫妻接受PGD联合HLA配型治疗，共有12大类87种疾病可以通过造血干细胞移植得到有效甚至是根本性的治疗。

如上所述，我的愿望就是，通过人类干细胞学分析，找出人类疾病的根源，让每一个人都能健康地生活、优雅地老去，我也希望，这些能成为我的下一辈继续奋斗的目标和纲领。

家庭幸福与身体健康是人类永恒不变的追求。中共十九大报告顺势而为、高瞻远瞩，果断而响亮地提出了“实施健康中国战略”号召，明确了大健康观的核心要义，即“为人民群众提供全方位全周期健康服务”，更是将其上升到国家战略高度，发人深思、催人奋进。这是改革开放事业在健康领域吹响的新号角，目标明确，线路清晰，也是实现中华民族伟大复兴的重要一步。

长风破浪会有时，直挂云帆济沧海。我的70年，只是伟大中国梦中微不足道的一个光点，接下来的时光，我一定会秉承先辈的勇气，凝练自我的智慧，为实现梦想，而奋战到最后一刻！

建言献策　尽责履职

【提案】

关于搞好湖南粮食工作的建议案

“民以食为天”，粮食是至关国计民生的大问题。近几年我省实行“米袋子”省长负责制以来，粮食流通体制改革取得了明显成效。但作为产粮大省，仍存在着品种结构调整力度不够、库存积压过多，粮食亏损大幅度增加（全省约合95亿元）等问题。

为解决湖南粮食购销中存在的问题，走出“卖粮难”的困境，特提出如下几条建议：

1.以市场为导向，根据粮食生产方针政策，确定粮食生产的结构，调整人口粮、饲料粮、工业粮的比例。

2.因地制宜，逐步实施“优质稻”工程。在稳定水稻种植面积的前提下，大力发展优质稻、饲料稻和经济作物的生产，走粮食、饲料、经济作物“三元结构”协调发展的道路。

3.切实加强市场预测，根据省内外、国内外需求，确定“优质稻工程”规模。在保证国家统购粮的前提下，确定“优质稻”种植面积、年生产总量。加强“优质稻”品种的培育，保证有多个品种进行种植，不断更新品种。

4.实行“优质稻”无公害生产，净化优质稻生产生态环境，生产出绿色产品。

5.尽快制定“粮食管理法”，建议加快粮食立法的进度，通过制定相应的法律法规来规范粮食的生产，流通和管理。

6.理顺粮价，实行优质优价，引导农民多种优质品种，以实现增产增收。

7.继续对粮食实行过度保护政策，除继续执行现行的最低保护价的制度外，建议税务部门对国家定购粮平转议销售价低于国家规定的价格时免征增值税，银行部门对粮食企业以定购价、保护价收购的粮食确因销路不畅而不能按期归还的资金不能加息、罚息。

8.严格实行政企分开，设粮食局和粮食集团总公司，粮食局负责粮食行政管理工作和政策性业务，为同级政府的职能部门；粮食集团总公司为独立于粮食局之外的法人实体，自负盈亏。另在省单设粮食储备局，负责中央、省级粮食储备工作。

9.全面建立省地县三级粮食风险基金体系，妥善解决现有粮食亏损挂账。湖南省粮食风险基金规模应为4.25亿元，目前只到位2.8亿元，地市县规模应为2亿元（缺额很大），建议省地县三级财政克服困难，坚决建立粮食风险基金。

10.建议由省政府出面，请求中农给予支持照顾，帮助解决实际困难。湖南是农业大省、财政穷省，没有中央的支持，湖南难以走出困难：①对我省历年来的粮食政策性巨额挂账本金按一定比例予以消化；1992年4月至今未消化的政策性挂账余额，应比照1991年粮食年度前政策性挂账消化政策给予挂账补息。②为缓解库存积压和仓容不足的矛盾，建议：A.中央比照东北玉米调出的办法，从我省调出20亿公斤早籼稻给稻米销区；B.实行补贴出口，安排我省出口大米10亿公斤，由中央给予适当补贴；C.在改善仓储设施方面对主产粮省予以重点倾斜，批准我省新建仓容10亿公斤，并支持维修仓容17.5亿公斤。③应考虑将政策性收购资金贷款利率调整到与银行居民存放同销利率同步。

建议省民政厅按“社会团体登记管理条例”与中央文件规范其对科协所原自然科学门类管理行为

自“社会团体登记管理条例”颁布之后，我的团队工作走上了法制化、规范化轨道。科协所属学会非常拥护这个管理条例。在具体执行过程中，学会反映社团登记管理机关的工作应予规范。比如，百科协所属学会已就近在有关税务部门办理了税务手续并按规定纳税；但长沙税务四分局通知必须统一到他们那里办理，不去办理将从严处理。据反映这是经省民政厅某处同意的。又如：社团年检财务审计，省民政厅在未与业务主管单位商量之前，已单方委托了社会性审计事务所，并直接向学会发出了通知。学会反映，自然科学学会经费非常紧缺，财务活动按中央（1996）22号文件明确规定，是由业务主管单位负责的。而且不少学会已在挂算单位一起接受过多次审计。因此，对民政厅未经业务主管单位（科协）会商，单方指定，重复审计，且年度审计收费较高而且可以讨价还价的问题，议论纷纷，反响强烈。

建议：1.按照中央（1996）22号文件和社团《条例》的明确规定，社团管理工作由社会团体登记管理机关和业务主管单位双重负责制，社团工作中的重大问题民政厅应事先与业务主管单位省科协共同研究、民主协商、由双方认定。现由民政部门单方决定社团有关问题的做法，有违中央文件与《条例》应予规范。

2.尽早制止向指定单位交税的做法，维持现有就近纳税的办法。

3.对科协（自然科学）社团换届，更换法人以及年检审计事宜，由省民政厅同业务主管单位共同发文委托审计机构，取消原有单方指定的做法，对已出具审计报告书的学会予以免审，同时，对自然科学门类的学会采取免收审计费或象征性收费办法（年度审计以不超过200元为宜），做到既严格审计又避免社会审计过程中可能再现的不正之风，体现政府对公益性学术性科技社团（学会、协会、研究会）予以区别对待的原则，以利科教兴湘事业的发展。

抓住机遇，实现我省苎麻行业第二次腾飞

苎麻是我国的“国宝”，全世界苎麻的优势在中国，中国苎麻的优势在湖南。九三学社湖南省委委员、省政协常委、湖南农业大学苎麻研究所所长李宗道教授，在80年代初首次抓住了美国经济回升，苎麻纺织品价格成倍上涨的信息和机遇，和省农业厅、省经济作物局等协作，使我省苎麻行业取得了辉煌的成就，两年建立了九个优质麻基地县，麻区农民两年增收10亿元。麻纺厂也赚了大钱。1987年苎麻麻产品出口创汇从常年2000万美元陡增到1亿美元，为全省工农业产品出口创汇首位。

中央和省委领导曾多次指示：“苎麻是湖南的优势，这个优势不能丢。”可是，近几年来我省苎麻优势逐渐丢失。种植面积和总产量不断减少，原麻刮制质量严重下降，良种区域化基地受到破坏。苎麻行业贸工农各自为政的情况仍未改变，国家对湖南苎麻的支持程度也在下降。1996年国家经贸委下达的“苎麻贸工农一体化”试点项目给了江西，把湖南放在被江西联结的地位。

前不久，李宗道教授对江西苎麻贸工农一体化的情况进行了考察，了解到江西省领导对苎麻非常重视。前省委书记毛致用、现任省委书记舒震国和省政府领导等，亲自到地处宜春地区的江西省麻类研究所和江西省宜春苎麻纺织印染厂视察，并指出一定要把苎麻贸工农一体化抓好，宜春地区常务副专员孙志泉直接抓“苎麻贸工农一体化”试点项目，成立领导小组，确定了龙头企业，联合贸工农16个单位组成集团公司，并决定从1998年起，3年内在4个县8个乡建立10万亩优质苎麻基地，麻纺厂保证收购，今年的经费也已到位。通过考察，深深感到江西已走在湖南前面，我省必须奋起直追。回来后，李宗道教授与省农业厅、省经作局，湖南益鑫泰麻业服装有限公司，益阳苎麻纺织印

染厂、中国农业科学院麻类研究所，益阳地区农业局等单位商议，一致认为要振兴湖南苎麻必须走贸工农一体化的道路，并联合申请立项，对湖南苎麻贸工农一体化进行研究和开发。该项目两年（1999—2000）经费预算共计200万元。两年建成高产、优质麻茎地5万亩，常年提供优质原麻10000吨，年收入7000 ~ 8000万元。在工业上，解决目前麻纤维在梳理过程中高支数纤维被拉断、不能充分利用的问题，达到年生产高支数面料100万米，出口创汇300万美元，利税1000万元。

现在苎麻行业又将面临好的机遇。随着中美首脑互访成功，关系改善，我国加入世贸组织已为期不远，美国对我国苎麻纺织品的限制也将取消。如果说80年代或者苎麻大发展是第一次飞跃，那么可以预期21世纪初苎麻行业将出现第二次飞跃。湖南应抓住这个机遇，提前做好准备，把工作做在前面。

为此，本人代表九三学社省委在此呼吁，敬请省委、省政府和省政协领导、常委和委员们对该项目予以关注。

关于乡镇消赤减债的建议

我省乡镇赤字和债务负担沉重，乡镇财政步履十分艰难。据我们调查了解，截至1998年底，全省乡镇政府赤字和负债达37.74亿元，其中预算内赤字1.31亿元，预算外赤字3.6亿元，乡镇政府挂账和欠账32.83亿元。全省每个乡镇平均赤字负债160万元。长沙县每个乡镇平均赤字和负债多达100多万元。

乡镇政府之赤字负债严重影响乡镇政权的巩固，也影响乡镇人民的生活经济发展，为此，我们建议：

1.加强财源建设、发展经济。首先要突出抓好乡镇的青干企业和支柱产业，要选高产出、高效益、高利税的农副产品或矿产品，实施规模开发和集约经营，形成支柱产业或拳头产品；其次要下决心对原有的乡镇办企业进行改制改选；最后要大力发展个体私营和股份合作制企业。

2.通过立法形式，理顺乡镇财政体制，增强乡镇活力，应尽快出台《乡镇财政管理条例》，从地方法律上规范乡镇政权的责、权、利，以确保乡镇财政的巩固和发展。

3.加强税收征管，规范征收秩序，要大力宣传税法，提高农民的纳税意识，省政府应出台一个规范性的地方法规，从地方法规上规定，县以下税务机构和乡镇财政部门的合署办公，乡镇财税部门按规定提取的征收手续和奖金，必须由县市政府统一考核和拨付，乡镇不能自行决定。

4.加快乡镇机构改革步伐，精兵简政，裁减冗员，省政府要采取坚决措施，对乡镇政府的编制进行核实，清退临时人员，分流富余人员。乡镇教育系统也应竞争上岗，优化组合。乡镇赤字负债在200万元（含200万元）以上的在消赤减债期，一律不得新增人员。

5.加强乡镇财政的审计监督，上级审计财政部门要建立和完善对乡镇的财政财务审计制度，每年应对三分之一以上的乡镇进行财政收支审计和财务审计。同时要对乡镇赤字债务进行专项审计，确保财政收支的真实性。

6.为了乡镇消赤减债工作的顺利进行，乡镇主要负责人应相对稳定，特别是由代表大会选举产生的乡镇长，更要相对稳定，在任期未到前，原则上不要调动。

关于对武陵源拆迁进行科学论证，全面启动大拆迁工程的提案

根据联合国教科文组织、国际保护同盟监测考察组对武陵源世界自然遗产地的批评与建议，按照省委、省政府的总体部署，武陵源大拆迁将在2000年全面启动，它涉及科学论证、文化定位、重构再建、移民安置、损毁补偿、工程实施、环境恢复、城市建设等一揽子具体问题，值得张家界市委、市政府及省委、省政府高度重视并迅速决策，付诸实施。

（一）按联合国教科文组织规定：凡已列入《世界遗产名录》的世界遗产地，每隔5年由世界保护同盟及世界遗产委员会进行一次监测检查。武陵源已于1998年9月接受检查，结论是极不满意的——事实上是亮“黄牌”警告。（详见《联合国教科文组织系统考察组对位于中国的世界双重和自然遗产景区考察报告》及对被检查遗产地的决议）

从1998年9月到2004年是下一轮监测的5年，如果现在不引起高度重视，彻底改变武陵源因城市化倾向造成生态环境质量下降的问题，其后果是显而易见的。如果现在就动手，一切还来得及。

（二）战略定位：我们认为，2000年乃至未来很长一个时期，张家界市必须实行战略大转移，即从景区转向城市。具体放在两个支点上：

1.正视联合国教科文组织考察组的批评与警告，痛下决心对武陵源实施大拆迁，还原其自然生态环境面貌。

2.借大拆迁的机遇，把建设目标转向城市，建设一个与世界遗产相媲美的名副其实的“国际旅游城市”。

3.理由：

（1）关于对武陵源实施大拆迁，耗资巨大，损失惨重，但从“永续利用”“可持续发展”这一宏观理论上讲，这并不全是坏事，它提高了张家界人的环境意识，使之更加珍爱这块“天赋的国宝”。同时，我们认为这是一次千载难逢的发展机遇，如果决策得好，完全可以还一个远古洪荒的武陵源，再建一座美丽迷人的张家界生态旅游市，从而把张家界的旅游推向更高水平。

（2）拆迁“建筑垃圾”，遏制并彻底消除景区城市化倾向带来环境质量恶化的影响，这不是我们愿不愿意的问题，这是履行国际保护公约、保“世遗”帽子、保子孙饭碗的头等大事。要有这种忧患意识：“世遗”帽子一旦被摘除，张家界市未来的声誉及旅游带动的一切产业都将全面崩溃，张家界人民、湖南人民乃至全中华民族都将因此蒙受奇耻大辱。

（3）要清醒地看到：“世遗”帽子不是掌握在市、省或是中央一些领导人手里，想要就能得到的东西，而是依国际共同拟定的公约，且由联合国专家监测检查，关键还是自身硬。只有坚定地按公约标准去审视武陵源现状并采取对策，才有可能保住“世遗”皇冠。一切抱侥幸心理，修修补补以蒙混过关，都是极危险的观点。

（4）为了申报“世遗”，许多国家不惜举全国之力为之争夺，中国申报的所有遗产地，几乎都无一例外地作了大规模的“整容”手术，试举几例：

平遥古城：从1992年申报到1997年通过，5年间投入3亿元人民币大拆迁。

丽江古镇：为恢复一条老街，耗资3000万元拆迁改建的水泥马路和民宅。

苏州园林：10年申报期间，迁出130多家工厂，近2万户居民，耗资数亿元。

武夷山：10年准备，5年冲刺（1993—1998年），共投入1亿元，拆迁居民419户，6个行政村举村搬迁。

有人估计：中国为申报“世遗”所耗费的拆迁费，足可建一座相当规模的现代化城市！

因而，武陵源的拆迁是不可逆转的现实，除非你自己愿意放弃这块牌子。

（5）武陵源之所以弄成现在这种样子，原因是复杂的：早期开放的热情，盲目的开发，生态意识的淡薄（当时根本不懂生态学），体制的失误，管理的失控等。如果值得反省的话，我们最大的失误是没有听专家名流的忠告，急功近利，现炒现卖，把注意力集中到景区，忽略了城市建设。加上在景区弹丸之地设置两个权力相当的政府机构，致使景区人口恶性膨胀，加大景区负荷，加重环境污染，导致生态破坏。

因而，要想从根本上解决景区城市化倾向问题，只有下狠心解决下列几个问题：

A.撤掉森林公园管理处，仅保留公园牌子，裁减一大批工作人员（欧洲最大的德国施普雷森林自然保护区总面积472.92平方公里，人口5万，37个村寨，而行政、旅游业管理人员仅132人）。

B.将景区大部分服务设施，特别是与旅游无关的设施整体迁出，将大多数涌入景区经商的人口迁出，真正实现拆屋还山，拆屋还地，拆屋还林，拆屋还景，拆屋还一方绿水，拆屋还一片蓝天，拆屋还植物宝库，拆屋还动物乐园，拆屋还世界遗产金字招牌，拆屋还子孙万代饭碗！

C.与景区大拆迁同步，重新规划设计建设旅游城市，吸引城市投资，以减轻景区压力，真正实现“上山看风景，下山看人文”这一生态旅游目标。

不抓城市建设，难以吸引游人驻足，更难吸引外商投资。抓城市建设，是保世界遗产的主题工程、灵魂工程、可持续发展工程。世界上大多数著名风景区，无不是通过发展城市得其保障；反过来，风景区的成功保护、原汁原味的生态环境，更增加了含金量，更有观赏魅力，更具永续利用的价值，更为城市提供广阔的旅游经济市场。一位旅游界权威人士指出：“谁能成功地建设好城市，谁就能完美地保护好生态环境，谁就能赢得国际旅游客源的未来。”

（三）办法：那么，怎么拆？拆什么？怎么迁？迁出人口往哪安置？是完全、彻底地拆迁，搞所谓“无人区”，还是拆留结合，迁留并举，营造更符合生态规律的自然环境？

我们认为：

1.拆，不可动摇，还要大拆大迁。但必须首先搞好科学论证，要请有关专家（注意，还不要忽略了本市本土有真知灼见的人士参加）对整个拆迁工程进行科学论证，寻找最佳拆迁方案，既不能心慈手软，又不可盲目从事，这是事关千秋万代的大计，我们既有一次失误，断不能造成二次失误。

2.建设向联合国世界遗产委员会或国家建设部咨询，所谓“景区城市化”的真正含义，以便制定拆、留、建的整治规划。

3.建议制定一份完备的拆迁保护方案，向联合国世界保护同盟或世界遗产委员会申请资金支持（这种可能性极大，云南丽江有先例）。

4.遵照联合国教科文组织决议中的意见，必须同时做好下列工作：

（1）武陵源物种保护状况报告，“这是确定本景区是否达到自然遗产标准（Ⅳ）的条件，现在景区只编入自然遗产标准（Ⅲ）项内（见决议）。此事必须与国家建设部衔接，争取中科院的支持。

（2）作出两次特大洪水给景区造成的破坏情况及可供实施的修复方案（包括天子山因洪灾造成山体裂缝1100米的对策），向联合国世遗委提出经费援助。（此事联合国决议中已向中国当局提出，可惜无人去办）。

5.关于“无人区”：我们认为，拆迁一刀切，搞“无人区”，至少有两大弊端：一是割断了历史，二是破坏了人与自然的和谐。武陵源自古是土家先民繁衍生息的风水宝地，蕴藏大量的民间文化（包括古战场、古庙宇、古墓葬、古圣人遗迹等），说明这里的土司文化、土家文化源远流长，搞“无人区”，正好为外面议论的“这里没有文化，没有人类文明”制造了口实；有意识地保留部分土民，总体规划，艺术布点，如在袁家界、天子山等地恰当的位置上建土家村寨，恢复男耕女织、空中田园风光，恢复古老的土家民俗，把四季农事变成旅游观光资源，从而达到人与自然的和谐与统一。联合国考察组卢卡斯博士说：风景区内应该保留少数民族的服饰、风情，以吸引游人。他说，在他的国家新西兰，政府允许一些少数民族居住在国家公园里，并保留其特点，以招徕游客。

6.拆迁重点：我们认为，首先要拆除给水质造成严重污染、给植被造成重大破坏、给视觉造成城市化直观污染的人口密集区及建筑物，如锣鼓塌（是景区最大的污染源，被称为“世界最美的大峡谷”金鞭溪深受其害；下游索溪大坝、索溪河已严重污染）、袁家界（是个体建筑泛滥区）、水绕四门（是联合国重点点名批评的地区）、天子山、宝峰湖（其源头海关培训中心将直接威胁宝峰湖）、黄石寨等地。

7.人口安置：用迁留并举的办法分解9000人口。

（1）部分留住：保留部分世代繁衍生息于斯的土民，统一选址设计构筑土家村寨。

（2）移址安置：建议将锣鼓塌服务设施搬迁到马公亭一线，依山势建土家寨，既不会造成环境污染，又为张家界再造一处人文景观（黄永玉先生早先极力主张不在锣鼓塌建旅游村，而旅游村建在马公亭一线）；将水绕四门服务设施搬迁到龙尾巴村，正好与已规划好的“龙尾巴农业观光园”珠联璧合，但必须注意解决排污问题；天子山石家檐、茶盘塌等，均将服务点重新选址再建，原部分经商户、农民可随移址安置。

（3）返回故土：对大量外来经商户（包括周边农民），可劝其返回故土，不作安置。

（4）就业安置：对部分居民、农民，择优就地转为造林工、护林工、环保工或临时聘为轿夫、挑夫等。

（5）下山进城：对愿意下山进城或不适宜留驻的人口，可动员下山进城谋生。

（6）利用拆迁的机会，对经商户来一次大清理，凡有不法经营劣迹者，借机统统赶出景区。

如能按上述办法安置，就不会给政府造成很大压力。

8.资金筹措：如果真正达到恢复武陵源洪荒远古的生态原貌，使之成为世界顶级大自然杰作，拆迁与重构必然是两大同时起步的工程，单靠省里每年拨1000万元，只能是杯水车薪，筹措资金仍然是上下合力同办的大事。

建议：

1.省里应继续在资金上给予支持，可否考虑将未来准备拨付的资金集中使用，以尽快启动；

2.向联合国世界遗产委员会提出资金支持；

3.向国家建设部提出资金支持；

4.向民间集资、向安置户集资；

5.招商引资；

6.市、区两级政府在政策上给予优惠，同时投入一定资金。

9.关于文化定位：张家界积累20年开放发展之教训，其中最大的失误就是忽视了文化定位。文化定位一如人类之灵魂，文章之主题，或如一船之舵，一国之君。国内外凡最能吸引游人的风景区或旅游城市，无不是以一种独特、稀有、绝妙、特色鲜明的民族文化定位而闻名于世。我们应该抓住武陵源大拆迁的机会，对那些毫无民族特色和地方特色的"建筑垃圾"扫地出山，重新以土家族文化、土家民俗及土家建筑风格规划设计构筑与大自然和谐统一的自然村寨，让每一栋土家建筑物都成为自然风景的组成部分，把坏事变成好事，化腐朽为神奇。

10.结论：武陵源是湖南唯一一处世界遗产地，是湖南人民的骄傲和福气。省委、省政府对外打两张牌，一是袁隆平，二是张家界，这是十分明智而理性的决策。保护和用好这两张牌，应该是举全省之力而为之的大事。武陵源大拆迁，事关重大，非同儿戏，它可以恢复一处世界级自然遗产，再造一座与山水媲美的生态城市，从而以此为龙头，拉动湖南旅游经济快速发展。如果说2000—2005年乃至近50年，张家界市什么事最大？我们可以肯定地说：武陵源大拆迁的事最大，建生态旅游市的事最大！

而如此耗资巨大、涉及面广、科技含量高、操作技术性强的大事，尤其是景区内的一些建筑涉及国家、兄弟省以及本省的一些单位和部门，单靠张家界市、武陵源区的力量，实在是勉为其难。为此，我们建议省委、省政府将此事列入湖南21世纪初五年重点工程规划，大投入、大手笔、大气魄、大智慧地去实施，赶在联合国第二个五年监测检查之前，基本上完成上述宏伟目标，以全新面貌迎接验收，给世界人民一个满意的交代。

关于娄底持续农业实验区情况调研与建议

联合国粮农组织对持续农业十分重视，要求各国把它作为现代农业和农村发展的方向。我国从1992年开始进行持续农业研究与试点。我省娄底市（原娄底地区，下同）即为试点之一，被列为国家持续农业实验区。经过几年来的工作实践，取得了不少经验与成效。最近国家科委又将我省的湘潭和资兴市列为国家持续农业实验区，表明国家对湖南农业的持续发展十分重视。本课题即针对娄底持续农业实验区情况，组织课题组人员深入娄底市双峰县青树坪镇、涟源市三甲乡等地的乡镇村组进行了调研。现将调研情况汇报如下。

一、基本情况

（一）持续农业的由来

近年来，全球农业都面临着农业资源和环境问题。在发达国家中，主要产生于资金和劳动高度集约化的经营方式，化肥、农药、除草剂等化学品大量使用，导致水土污染，同时大规模的工业引起的酸雨、污水、臭氧层破坏、重金属污染等，影响和威胁到人类和整个生物圈的健康发展。在发展中国家，由于人口增长过快和农村贫困压力增大，采取粗放掠夺式经营，大面积滥用或过度利用土地，沙漠化、盐碱化、水土流失等造成资源退化日益繁重，农业环境恶化。面对这种状况，1992年6月，联合国在巴西召开的有183个国家和地区元首或政府首脑出席的世界环境与发展会议。会议主题是可持续发展，会议提出的持续农业为与会代表所接受。联合国粮农组织对持续农业的定义是“保护和管理自然资源基础，调整技术和体制改革方向，以便确保获得和持续满足当代和后代人的需要。这种持续农业能够保护土地、水资源和动植物基因资源，而且不会造成环境退化，同时在技术上适宜，经济上可行，能为社会所接受”。它追求“三大战略目标”：一是积极增加粮食生产，既要考虑自力更生和自给自足的基本原则，又要考虑适当的调剂与准备，提高农业综合生产能力，使农产品的数量和质量能满足人们的需要，国际上称之为“保障粮食安全”。二是促进农村综合发展，开展多种经营，为农业劳动者提供充分的就业机会，增加农民收入，消除贫困，改善生活和工作条件，脱贫致富奔小康。三是合理利用，保护与改善自然资源，提高自然资源的整体生产力，保障可再生资源的永续利用，保持生态平衡，并不断改善生态环境，以利于子孙后代生存与发展的长远利益。它强调人口、生产、资源、环境相协调以及农民、农业、农村，产前、产中、产后和生产、生活、生态相协调。它综合了生态农业、三高农业、现代农业、绿色革命农业的优点，强调产品的数量、质量、结构、效率、资源、环境六个因素并重，把持续和高产作为农业发展的最基本目标，既重视在生产过程中对资源和环境的合理利用和保护，又重视生产效率和质量的提高。

（二）娄底持续农业实验区的建立与发展

1992年，全国农业区划办在农业部、国家计委和科委的支持下，决定在全国不同类型地区设立25个持续农业实验区，我省娄底市被列为25个实验区之一。1994年，国家计委、科委在编制《中国21世纪议程》时，把湖南省娄底地区代表长江中下游农区列入《中国21世纪议程优先项目计划》的10个持续农业示范县之一。面对这一机遇，娄底地委、行署领导非常重视，着手成立了娄底地区持续农业和农村发展领导小组，从农业区划办、农委抽调人员组成办公室，并先后动员和组织20多个有关单位的专业技术人员和领导干部编制了《娄底地区持续农业与农村发展规划》，然后又根据娄底自然与社会经济技术条件，选择代表山地、水域、裸露石山、丘岗山、工矿、集镇等6种不同地貌类型的12个乡镇作为持续农业实验示范乡，分别编制了12个乡镇的持续农业与农村发展规划，为后来开展持续农业实验区工作打下了良好的基础。

二、工作成效与问题

（一）工作内容及成效

娄底持续农业实验区近年主要工作及成效是：

1.在宏观决策层次上，抓好“三大系统”的协调，缓解人口、资源、环境的矛盾。

“三大系统”包括社会、经济和自然系统。在社会系统方面，严格“两控”，即控制人口过快增长和控制滥用资源。通过“两控”，全市计划生育率比实验前提高了21个百分点，相当于少生人口8.55万。资源利用率也逐步提高，城镇土地资源实行了有偿使用；对耕地资源划定了基本农田保护区，得到了有效保护；矿产资源控制了乱采滥挖，累计取缔非法矿1078个。在经济系统方面，狠抓“两增”，即粮食持续增产、农民收入持续增加。近年全市粮食平均亩产年增长2.85%，人均收入平均每年增加178.48元。在自然系统方面，着力“两治”，即治理水土流失和治理农村环境污染。重点治理了花岗岩地区涓水、扶竹、水车三流域的水土流失，使水土流失面积逐年减少。例如双峰县的水土流失面积由9600公顷减少到目前的1867公顷，森林覆盖率达到45.5%。在农村环境治理上，首先抓工业“三废”治理，近年全市工业企业累计环保投资2.4亿多元，建成“三废”治理设施700余台（套），工业废水处理率达94%，废气净化率达91%，固体废物综合利用率达31%。其次是狠抓农药化肥污染和沼气池建设，化肥施用量由每亩62.5公斤减少到58.4公斤，有机肥施用量由0.3m/亩增加到0.5m/亩。在沼气池建设上，例如青树坪镇示范区近年建沼气池250个，不仅使不少农户家庭的人畜粪便等通过沼气池发酵处理，减少了污染，而且共节省烧煤300吨，照明电2.4万度，化肥15.2吨。

2.在中观管理层次上，抓好“六大建设”工程和两个区域综合发展模式，夯实农业和农村可持续发展基础。

“六大建设”工程为：

——农田建设“吨粮田”工程。全市除新化县外，其余4个县、市都成建制过吨粮，全市125万亩双季稻均达到吨粮田，平均亩产达1024公斤。

——丘岗山地建设“千元山”工程。1994年以来，全市开发丘岗山地新扩经果林30万亩，有连片万亩以上的示范基地10处。全市已实现“千元山”的山地面积近20万亩。

——庭院建设“万元庭”工程。全市90万农户中，目前有12万户庭院经济产品收入过万元，其中过5万元的1.5万户，过10万元的1200户。

——乡镇企业建设“亿元乡”工程。全市88个乡镇中有61个过亿元，占乡镇总数的69%，其中过5亿元的乡镇3个。

——村级建设“小康村”工程。全市3359个村，基本上达到小康目标的占30%左右。例如娄星区已全部实现“小康村”，其中高溪村已成为远近闻名的富裕村。

——小城镇建设“明星镇”工程。全市建制镇中，有14个达到“明星镇”标准，其中被省命名为“百强镇”的3个。

两个区域综合发展模式是：

——“种—养—加—销”可持续发展模式。例如双峰县建立种、养、加、销模式后，达到了生产可持续性发展，粮食连年持续增产，牲猪生产跨入全国“百强县”行列，农副产品加工形成混配饲料、永丰辣酱、牲猪屠宰三大支柱，商品率达71.1%。我们调研的青树坪镇就有小型饲料加工厂25个，年生产能力达2万吨，新改扩粮食、油脂、肉类、果品、蔬菜等加工企业27家，1997年该镇农产品加工业产值达到4500万元，带动种植业生产基地7800亩，联络养殖业农户1560家，农产品加工增值率达到60%，直接增加经济效益460万元。在购销方面，该镇1997年经购销、贩运、经纪专业户和联合体购销的农产品达2600万元，这些专业户和联合体成为一头连接市场，一头连接农户的桥梁，使示范区开始走上贸工农一体化、产供销一条龙的发展道路。

——内陆农村可持续发展模式。这种模式的特点一是从种植业上搞多季种植。目前示范区多季种植方式有16种，最多的复种次数达每年七种七收。三熟制面积占稻田面积2/3以上，复种指数达265%。如双峰县青树坪镇五星村进行的小麦—冬菜—春玉米—夏玉米—秋玉米—秋菜六种六收高产高效试验，可亩产粮食1450公斤（亩产小麦250公斤、春玉米350公斤、夏玉米450公斤、秋玉米400公斤），亩产值2800元，纯收入2000元。二是在养殖业上搞生态养殖，建立以家畜饲养为中心的养殖、沼气、水产等多业结合的不同循环类型生态系统，使物质得到多层次循环利用。如青树坪镇黄田村生态养殖示范场在养殖过程中，用鸡粪掺入配合饲料喂猪，用部分猪粪掺入配合饲料喂鹅，用鹅粪培养食用菌，菌丝体作饲料，菌渣培养蚯蚓喂鸡养猪，将冲洗鸡、猪、鹅舍高浓度的粪便水养水葫芦、绿萍和鱼。或者将猪粪、鸡粪、鹅粪加秸秆送进沼气池内生产沼气，为养殖业提供能源，沼水进塘养鱼，沼渣养蚯蚓、蚯蚓喂鸡喂猪、蚓粪作肥料生产粮食和饲料。从而形成物质多级利用的生态系统，以获得最佳的经济、生态环境和社会效益。

3.在微观技术层次上，抓住单元示范小区建设和“先导”“技术”两项工程。

——单元示范小区建设。单元示范小区包括示范田、示范场、示范户、示范组、示范村、示范乡（镇），重点是示范户和示范村建设。农户是最低层次的社会细胞和农村资源使用的决策人，既是生产者，又是消费者，抓好示范户工作，对带动周围农户进入持续农业角色具有十分重要的作用。示范户有多种类型，例如“五个一”工程户（一块吨粮田、一个小果园、一栏猪、一塘鱼、一个沼气池）就是其中一种。一般每个示范村有示范户20户左右。示范村就是通过以村为单位组织进行基本农田建设、农村基础设施建设、农村生态环境建设、农村精神文明建设等工作，形成各具特色的村级持续农业生产系统，促进农村走上专业化、社会化、商品化发展道路。目前全市已确定这类示范村30多个，规划通过几年实验后要将这类示范村扩大到1100多个。

——“先导”工程就是抓好农民的思想观念更新。持续农业的核心是农民，如何教育农民改变旧的思想观念，是持续农业十分重要的一项工作。几千年来中国农村经历了不同的历史朝代，农业也经过了从刀耕火种到自然农业、生物农业、生态农业、石油农业、再生农业、三高农业和现代农业等不同的形态，农民的思想也从小农经济思想逐步过渡到了大农业思想。但农民由于受旧的传统农业思想影响，对人口的控制、资源的合理利用和环境的保护还缺乏足够的认识。娄底持续农业实验区在工作中就是采用不同的宣传形式（包括开会、办培训班、发资料、广播、电视等），抓好农民思想观念开发，教育农民树立农业持续发展观、人口控制观、资源合理利用与保护观、农村环境保护和改善观等，使示范区的农民从思想上认识到持续农业是一项利在当代、功在千秋的大事业，是一项利国利民的大好事，从而自觉地积极投入了持续农业的实验示范中来。

——“技术”工程是不断引进和大力推广新技术，促进农业和农村早日走上科技兴农的道路。近年在示范区引进和推广的农业科学技术比较成功的抛秧技术、深施器深施化肥技术、稻田模式化养鱼、秸秆氨化养羊、水稻收割器使用、塑膜保护栽培、优良品种使用、耕作制度改革、平衡施肥技术、病虫草害综合防治技术、丘岗山地综合开发技术、以小流域为单元的水土流失治理技术、系列化配合饲料和疾病防治技术、工业“三废”综合治理技术、节煤灶推广和沼气池建设等。这些技术的引进和推广应用，有效地提高了示范区内的科技进步贡献额，大大地促进了农业发展，提高了农业生产效益。

（二）实验过程中存在的主要问题

娄底持续农业实验区经过几年来的工作实践，存在的主要问题有如下几个方面：

1.在认识上需要进一步提高。

持续农业是一项新的农业发展思路，它的根本目的是实现农业和农村保持一个持续发展态势。但近年来，社会上不少人并不知道什么叫持续农业和如何进行持续农业，同时对目前农业和农村面临的人口增长过快，资源相对不足，资源破坏和滥用严重，农村生态环境恶化，水土流失面积不断扩大，自然灾害频繁等影响农业持续发展的重要因素和必须采取相应措施认识不足。

2.在管理体制上需要进一步理顺。

持续农业是一项庞大的系统工程，它涉及的范围相当广泛，需要相互协调的部门也很多，人口、资源环境、社会经济技术等方面无不包括在内。因此，需要有一个强有力的领导班子和管理机构来处理工作中发生的一些矛盾和问题。娄底持续农业实验区的管理，虽然成立了娄底市持续农业实验区领导小组和办公室，但办公室并不是一个常设机构，办公室人员均为临时借用性的，尤其是办公室人员少，力量不够，仅从市农业区划办和市农委各抽调1人组成一个办公室，县乡村也没有专门机构和专人抓这项工作，从而对实验区的管理没有形成一个完整有力的管理系统。

3.实验区的实验经费不足。

娄底在办实验区的过程中，常常感到经费不足而严重影响实验区工作的进展。因为办实验区就要有一定的启动经费，例如要引进一项技术并组织在示范区进行推广就需要花钱，这些钱到底从哪里来？国家没有明确地规定一个渠道。娄底持续农业实验区国家支持的经费很少，几年加起来也不足10万元。整个实验区运作的经费均是全市各个部门挤一点和乡、镇、村和农民自筹，从而对实验区工作的进一步深化带来影响。

4. 实验区的科技水平需要进一步提高。

娄底持续农业实验区在实验过程中，没有突出以高科技农业项目来带动农业持续发展。虽然引进了不少农业科技项目，但真正科技含量高的项目和带动农业实现产业化的项目并不是很多，有些引进的项目由于可行性论证不够，其应用效果不佳，面对当今世界农业的快速发展和科技的日益进步，持续农业实验区应该更加重视引进和推广高科技项目。

三、几点建议

目前我省农业正处于一个新的发展时期，面临的问题很多，尤其是随着我国即将加入世贸组织带来的对农业的影响和中共中央、国务院最近召开的经济工作会议要求加快农村产业结构调整等重大战略部署，更加值得我们很好地思考我省农业的发展道路。结合这次对娄底市的调研情况，拟提出如下建议：

（一）把握机遇，把推广娄底经验与当前湖南农业面临的新形势结合起来，建立省级持续农业实验区

这几年娄底持续农业实验区工作取得了一定经验，如“六大建设”工程、单元示范小区建设、“先导”和“技术”工程等一些具体做法值得各地借鉴和推广。省政府要求各省直有关部门和市州政府根据当地情况，结合加入世贸组织对湖南农业产生的影响和当前加快农业结构调整的战略部署，建立不同的农业实验区，以推动全省持续农业稳步向前发展。

（二）进一步提高对持续农业的认识

实施持续发展战略是中共中央、国务院的重大决策，而持续农业是持续发展战略的一个重要组成部分。江总书记在党的十四届五中全会闭幕时论述经济建设与人口、资源、环境的关系中强调：“在现代化建设中，必须把持续发展作为一个重大战略。要把控制人口、节约资源、保护环境放到重要位置，人口增长与社会生产力的发展相适应，使经济建设与资源、环境相协调以及实现良性循环。”《中国21世纪议程》提出：“中国目前还在沿袭传统的非持续发展模式，必须迅速地扭转这种被动局面，”“可持续发展的综合管理需要全民的参与，要求增强各级决策者和管理人员的可持续发展意识。”因此，加强持续农

业宣传教育，提高广大干部群众特别是主管和从事农业和农村工作的领导与干部对持续农业的认识尤其重要，要使他们真正树立起农业持续发展意识，将持续发展思想渗透到战略研究、制定规划计划、文件会议讲话及重大活动的决策之中，将我省持续农业提高到一个新的水平。

（三）制定全省持续农业发展规划

持续农业是联合国粮农组织倡导的世界现代农业发展的趋势。我省娄底持续农业实验区经过几年的实践，取得了良好的成效，证明持续农业是一条适应我省并行之有效的农业发展途径。因此，作为湖南这样一个农业大省，要把农业搞上去，就应该把握当前这种世界现代农业发展的新趋势，抓好持续农业工作。建议省政府组织有关部门制定一个全省的持续农业发展规划，然后按照规划指导全省开展持续农业工作，促进湖南农业更快发展。

（四）安排专项经费，保障我省持续农业工作正常开展

娄底的持续农业虽然取得了一定的成效，但目前由于缺少经费，对工作的进展有一定的影响，要进一步推广示范就需一定的启动经费。因此，为了办好这件事，建议省财政在预算中每年安排一定数量的经费，用于引导全省开展持续农业工作，资金使用要明确是对持续农业实验区内引进和推广农业高新技术的项目并给予重点支持。

（五）建立专门管理机构，组织持续农业实施

持续农业工作涉及的部门多，协调工作难度大，其管理工作十分重要。因此，必须有一个强有力的专门机构来具体抓这项工作。建议充实湖南省农业区划委员会办公室的力量，安排专人组成持续农业管理办公室，负责指导和管理全省持续农业工作，并成立由主管农业的副书记、副省长挂帅，有关部门参加的湖南省持续农业领导小组，协调解决有关问题。并由持续农业管理办公室召集我省著名专家，组成湖南农业发展智囊团，为省政府决策重大农业和农村问题提供咨询。

更新观念制定优惠政策　开拓我省国际劳务合作新局面

一、我国、我省国际劳务合作的现状

如果我们自己与自己作纵向比较，改革开放以来的国际劳务合作，还是成绩巨大的。1979年，我国外派人数仅为2190人，劳务合同金额也只有0.1765亿美元，到1993年，我国当年派出的劳务人员就达17.4万人，合同金额达到16.1亿美元，15年中增长了近百倍。湖南的情况也不例外，1979年，湖南外派劳务一片空白，到1996年，当年外派劳务人员达1229人，合同金额近千万美元。

但是，若把我国、我省的国际劳务合作放在世界范围中，特别是与国际劳务合作发达的国家作横向比较，我们的差距则是十分明显，表现在：

（一）我国、我省国际劳务合作在世界国际劳务合作中所占份额太小

全世界一年的对外劳务合作，不把移民计算在内，人数总计达2500万左右。按我国12亿人口计，每年应输出近500万人，才算达到国际劳务输出的平均水平；我省6400万人，每年应输出20万人以上。但是我国目前每年对外劳务输出（包括在外承包的工程项目在内）才30万人左右，仅国际平均水平的1/17；湖南1997年外派劳务人员才1630人，仅为全国平均水平的1/12，国际平均水平的1/200。

（二）发展速度缓慢，多年出现徘徊局面

统计资料表明，我省1986年的对外劳务输出人数为850人，到1990年却降至623人；1993年增至1092人，到1994年又降至834人；到1996年增至1229人，1997年也仅1630人。这就是说，改革开放20余年了，我省对外劳务输出

的人数仍在1000 ~ 2000人徘徊。比照人口不过几千万，年劳务输出人数却超过百万的菲律宾、巴基斯坦、孟加拉国等周边国家，不能不令人汗颜。比照广东1997年外派的13394人、上海的8644人的差距不用说，比同处中部地区的河南（1997年外派7891人）、湖北（1997年外派3511人）、江西（1997年外派2307人）来说，湖南也处在末位，值得深思。

（三）对外劳务输出的水平和层次较低

世界各国的对外劳务输出，包含一、二、三产业的各类职业，覆盖上千个工种，上至飞行员、公司经理、金融专家，下至餐厅服务员、家庭保姆等。但我国的劳务输出多集中在中式烹调、护士、海员、土建工人等少数劳动密集型工种，诸如总经理、会计师、统计师、飞行员等高层次的劳务输出则近乎空白，或刚刚起步。以国际计算机软件和计算机服务市场而言，世界已达4000多亿美元的规模，而我国只是向日本、新加坡等国家和地区输出了少量的计算机人员和服务，仅占世界份额的0.1%；国际医疗卫生服务的市场容量已在200万人以上，而作为医疗卫生人员较多的中国，直至1990年，外派医疗卫生人员的总数仅1650人，仅占世界份额的0.8%。

（四）国际劳务合同本来就少，但常常不能履约

这种情况并非偶尔发生在一两年之中。自1986年以来，这种情况几乎年年发生，且完成合同的情况越来越差。1986年我国与国外签订劳务合同458份，合同金额1.7亿美元，实际完成1.54亿美元；1987年签订合同833份，金额2.41亿美元，实际完成1.46亿美元；1988年签订合同1484份，合同金额3.59亿美元，只完成1.77亿美元，不到50%。

二、产生巨大差距的原因分析

劳动力资源极为丰富、劳动力价格又十分低廉，这本应作为我国改革开放的根本性优势得以充分发挥。但为什么对外国际劳务合作与国际差距如此巨大，竟连份额本来就少的国际劳务合同都完成不了呢？起步晚、底子薄、经验少固然是重要原因，分析其深层次原因有：

（一）领导者认识上的误区

众所周知，我国在改革开放中建立最迟、最不完善的生产要素市场，就是

劳动力市场。改革开放的前期十几年，谁都不敢提“劳动力市场”这个名词。直至1992年党的十四届三中全会“关于建立社会主义市场经济若干问题的决议”才首次提出了劳动力市场的建立问题。这是因为谁都害怕背上把国家主人当作商品进行交换、进行买卖的罪名。国内劳动力市场的建立长期被人们视为雷区，与此认识紧密联系的国际劳动力市场、国际劳务合作，就自然很少有领导者敢去冒风险。正是这种心态作怪，我国很少召开专题研究拓展国际劳务合作问题的会议。

领导者这种认识上的误区，还体现在对服务业是否应该作为产业来看待的问题上。“左”的眼光认为把服务业作为一种产业那是属于资本主义经济观，故长期以来考核干部业绩的生产指标是把第三产业等服务业排除在外的。以一、二、三产业来统计国民经济发展，也只是近几年才开始的。作为第三产业中服务贸易中的国际劳务合作，自然也就在这种认识误区里得不到应有的重视。

当然，有的领导者是担心国际劳务合作造成人才的流失。其实这也是一种认识误区。近20来年，国际劳务合作冷冷清清，跑到国外的留学生不是已经好几十万了吗？拿了乒乓球世界冠军的中国队员不是有好几个到国外打球当教练了吗？但中国乒乓球队为什么仍然在世界乒坛充当霸主呢？再说，许多外资公司办到中国内地来了，还能不让中国人到外资公司工作，而堵住所谓人才流失吗？

还有一种自己看不起自己的误区。近些年来，关于提高劳动者素质的话题讲得较多，加之我国部分劳务人员不适应国际劳务工作需要，部分领导者便产生了妄自菲薄、无所作为的思想。认为中国劳动力素质太差，缺乏国际竞争力，发展国际劳务合作搞不出名堂，费力不讨好。其实看看几千万华侨在国外奋斗成功的业绩，看看中国几十万留学生在国外学习成绩名列各国留学生之前、而被外国公司争相聘用的事实，就不难发现，这种认识是非常片面的。不可否认，在外派劳务人员中，确有不适应国际劳务需要而影响声誉者，但多数是一些组织者、领导者为拉关系，走后门，或搞“出国轮流坐庄”所致。

（二）国民观念的陈旧

“在家千日好，出门时时难”“金窝银窝不如自家的狗窝”“我是国家主人，不给资本家打工，受剥削”“工作还是国营全民单位保险”等小农经济加“左”倾的陈旧观念，使得许多完全具备外出务工条件的劳动者，宁可在家干耗着，无所事事，也不想或不敢参与国际劳务合作。1998—1999年，河北省国际经济技术合作公司与日本一企业签订计算机软件开发劳务合同，月薪35万日元，人数上百名。该公司委托湖南省劳动人事学校培训部在湖南物色对象。培训部的主任也曾与多家大学和科研机构的人事部门接触，但最终均因种种原因，无人成行。国内失业人员那么多，国外就业却无人行，真是叫人难以置信。

（三）是出国劳务的门槛太高，让人望而生畏

由于我国劳务人员输出沿袭的是计划经济年代援外人员的做法，管理、审批层次过多且层层都要索取管理费、牌子费、手续费等，致使上述中间费用要占劳务输出净收入的25% ~ 40%，仅以一个中、高级厨师出国劳务为例，一般得先交足4万 ~ 6万元才能成行。对于处于长期低工资制的中国，有几个普通劳动者一下子能拿出这样一笔巨款呢？有些工人说，我要有这么多钱，何不在国内开餐馆，还跑到国外干吗？

（四）我国教育造成的缺陷

邓小平同志早在1983年对景山学校的题词中就写道：“教育要面向现代化、面向世界、面向未来”，然而此中的深刻内涵并未为广大教育工作者和领导者所理解，以致使我们培养出来的学生在参与国际劳务合作的竞争时，出现了知识面窄、技能单一、外语口语水平偏低、过度依赖家庭保护、不善于处理人际关系、不敢独闯江湖等弱点。正是应试教育造成的诸多弊病，影响了我国劳动力参与国际竞争的实力。加之国内缺乏专门培训外派劳务人员的机构和学校，以致许多出国劳务的机会或因技能单一，或因外语口语不过关来不及补训而错失。

（五）国际劳务合作的过于垄断化、神秘化

长期以来，我国的劳务外派只有外经贸部门直接领导的经济技术合作公司才有权涉足，就连主管全国劳动力就业工作的劳动部门也不能问津。虽然近年来，其他部门、行业的一些实力强大的企业有了一些涉足此项工作的权力，但仍要层层报告，经近20个部门审批，这就造成握有订单的窗口企业派不出合适劳动力，有合适劳动力的企业没有订单。要层层招聘，层层审批，延误了

合同，提高了外派劳务成本，甚至造成外派企业和外派人员无利可图的局面。

（六）舆论导向对此方面的负面影响，造成了不少国人对国际劳务的恐惧心理

翻开所有的报纸杂志，很少有对外劳务输出的正面报道和鼓励文章，倒是那些非法劳务、偷渡出境的悲惨遭遇文章却连篇累牍。这就使国民弄不清合法出国劳务与非法离境的区别，以为凡是出国打工都是万丈深渊，阴森恐怖。我们认为，非法出国务工的上当受骗应予以披露，但合法出国务工的积极意义和良好效益更应作广泛宣传。顾此失彼的舆论导向，必然伤害我国国际劳务合作的大力发展。

（七）出国手续烦琐，办证照时间过长，影响信誉和竞争力

国际劳务合同往往是需求方急需用人才签订，一经签订便要求派人方迅速把所需人员送到岗位，否则就会严重损害需人方的经营，损害派人方的信誉。菲律宾、巴基斯坦、孟加拉国等劳务输出大国只要一两天就能办好出国手续，而我国在计划经济年代，“左”的思想横行时所形成的出国严格审查和烦琐审批手续，使得完成全部出国手续快则一个月，慢则要半年，竞争力自然就差别人一等。

（八）信息不灵，还互相封锁

目前我国的国际劳务信息主要来自驻外使馆经济参赞处、出访的临时团组、当地友好人士的个人信息、对外承包工程公司的驻外机构、报纸杂志等。信息渠道原本不多，并缺乏专门负责国外劳务信息的收集、分析、发布的机构。信息到了国内，各公司之间还互相封锁，宁可自己不履约，也不肯把单子放出去。这又怎能团结协作开拓海外市场呢？

三、开拓国际劳务合作新局面的对策建议

江泽民总书记在党的十五大报告中多处指出，要提高我国对外开放水平，要实行多形式、多层次、多渠道的对外开放格局，要研究走出国门的战略。很显然，大力开拓国际劳务合作的新局面，既是江总书记关于走出国门战略的重要组成部分，也是我国加入WTO，参与国际服务贸易所必需。借鉴国际劳务的经验，总结我国我省近几十年的不足，建议：

（一）要把发展国际劳务合作作为促进我国我省经济发展的新增长点来抓

如果我国对外劳务输出能达到国际劳务平均水平，每年则可输出500万人，我省则能输出30万人。以每人每年创汇0.6万美元计，则全国一年能创汇300亿美元，我省也能创汇18亿美元，这不仅为我省经济增长提高0.6个百分点，且会有效地缓解我省就业的压力。

（二）要对国民尤其是各级领导干部宣传扩大国际劳务输出，进军国际服务贸易的重大意义和作用

除了创汇、缓解国内就业压力外，一可带动外贸出口，上百万人带出去的信息和物品，带回来的市场、物价信息会让外贸长上千里眼、顺风耳；二可推动国内消费，据我们调查，出国劳务人员返乡后，大部分都把资金投入了购房、装修，添置或更新家具、家电，甚至购车；三可免费让更多的人到国际市场摔打、磨炼、学习，了解各国在WTO方面的运作经验和教训，从而积累回国办厂或留在国外办企业的资金和宝贵的经验与胆识，就像当年内地许多赴特区打工仔的创业经历一样；四可让更多的国人充当中国人民的友谊使者，让全世界人民更多地了解中华民族的悠久历史、优良传统、灿烂的文化和丰富的旅游资源，吸引更多的外国友人到中国参观、访问、旅游、休闲、投资设厂。这项工作做好了，从某种意义上讲，等于我们每年派出了上百万的推销员、广告员。

（三）要正确认识我国在国际劳务中的优势和劣势，不能以“我国劳动者素质低，不适应国际劳务需要”而自毁参与国际劳务竞争的勇气和信心

与菲律宾、巴基斯坦、孟加拉国等劳务输出大国比，按人口平均比率，也许我们劳动者不适应国际竞争的比率要高些。但从大中专、技工学校的学校总数和这些学校每年培养的学生总数，绝对要比这些国家多得多。现在的问题是，人家是国家以优惠政策把比较优秀的劳动者派到国际市场去竞争，而我们却是把优秀者窝在国内耗着，而让一些拉关系、走后门者或自发者到国际市场竞争，自然就逊色了。中国劳动者的吃苦耐劳、艰苦创业、遵纪守法、勤劳智慧、谦虚谨慎、爱岗敬业精神在国际上还是颇具口碑的，只要我们针对外语和单一技能的缺陷做好出国前的强化训练，是完全可以赢得竞争的。

（四）政府要制定鼓励对外发展国际劳务输出的政策

这些政策，一要能调动各企事业单位、国民个人热心于开展国际劳务合作的积极性；二要使国民乐意出国为国家赚取外汇，个人受到实惠，并在经济上具有起步成行的承受能力；三要解除出国人员回国后失去工作，失去医疗、养老保险的后顾之忧；四要使出国人员在国外的人身安全、人格尊严、合法权益得到切实保障，敢于走出国门；五要使出国人员能模范遵守所在国的政策、法律，不致变成该国非法移民，从而受到劳务输出国的欢迎；六要简化出国劳务审批手续，降低劳务输出成本，让劳务输出单位和个人得到更多实惠。中间截留太多，外国劳务需求方不高兴，因为打工仔个人收入低，就不会为老板卖力。亚洲一些劳务输出大国所采取的减免税费，银行为出国人员提供信贷、担保，给出国人员家属以优待，节假日政府派专机接送出国打工人员，政府要员亲自到机场迎送等做法，是很值得我们借鉴的。

（五）要实行多渠道、多层次、多形式、全方位的国际劳务合作，打破独家垄断经营的局面

所谓多渠道应该是国家、集体、个人都可涉足经营。亚洲的国际劳务大国，每年通过私人劳务公司出国的人数多达50万，占到该国出国劳务人数的50%。所谓多层次，就是劳力型、技能型、智能型的各类人才都要敢于输送。韩国曾经禁止飞行员的出国服务，认为人才流失，培养费高，不合算。但他们把飞行员输出后的总体经济效益一算，就取消了飞行员外派劳务的禁令。所谓多形式，就是长期的、短期的、成建制的、零散的都行。当然，实行多渠道、多层次、多形式、全方位开放的格局，打破垄断，并不意味着放弃综合管理。但这种管理不是管死，而是规范化、程序化、简便化。这种综合管理应该是提供政策、法律、程序的咨询，提供出境劳务的信息、服务，而不是借机收费。

（六）各级政府要拿出一笔钱，大力开展一专多能的复合型人才的培训

这是国外企业为降低用人成本、精炼员工队伍惯用的用人策略，他们常常要求秘书会开车、会翻译、会商务、会公关，一人能顶三人用。这样就不仅可节约几张办公桌、几张床所需的房屋面积（国外房价很贵啊），节约几个人的工资、保险、往返机票的开支，还可大大提高工作效率。我国劳动者的素质必须在一专多能的培训上有大的突破，才能赢得国际劳务竞争的主动权。而复

合型人才的培训成本是较高的，现在许多职业技术学校及其学生本人缺乏经济承受能力，国家及各级政府不予经济支持，此项工作难以启动。如果政府财力不济，则应允许国外资金涉足国内培训出国劳务所需的复合型人才，或是通过银行提供贷款，由学生参加工作后偿还来启动此项培训工作。其实，这种人才培训出来后，不仅对发展出国劳务大有裨益，就是国内企业的减员增效也是非常需要的。

（七）应有专事拓展国际劳务的机构，负责国际劳务市场的拓展、开发，信息的收集、整理、发布，签发出国劳务的手续证照，协调、沟通国内各国际劳务企业的工作，保护在国外从事劳务工作者的合法权益

如菲律宾的“海外就业开发委员会”“海外就业管理局”，孟加拉国的“海外就业和培训局”，巴基斯坦的“海外就业公司”一样，由政府首脑或政府部长直接管理。许多人不敢出国劳务，是因为在国内国外找不到娘家，大有“举目无亲”的感觉。因此，我国海外就业机构担负起“娘家”的角色是非常必要的，以消除国人出国劳务恐惧感。

（八）调整利益、风险机制、实行双赢的劳务政策

现在的出国劳务机制，尤其是个体劳务出国机制，几乎是把风险全部集中在出国者自己身上，劳务派出机构是稳赚不赔的。出国劳务者先要交清往返机票和办理护照、体检、培训、管理等一切费用，高达数万元。既要承担高额资金支出的风险，还要承担在国外工作是否落实、是否胜任、是否受骗、是否安全等风险。一旦受骗，就会人财两空，倾家荡产。显然这种机制是无法拓展国际劳务的。只有那些有数十万家产的人，方敢一试。但若反过来，劳务派出部门则担心出国者非法移民弄个“赔了夫人还折兵”的全风险。因此政府降低出国收费及借助出国人员或其亲朋在国内银行存款（或资产抵押）作为担保，将部分出国交费待出国确实取得收入后再向外派机构补交，形成风险共担、利益双赢，则比较可行。储蓄实名制的出台，房屋产权到位等，应该为此提供了较好实施的基础。

（九）开展积极的、正面的鼓励拓展国际劳务合作、劳务输出的舆论宣传

一要指出国际劳务合作就是国际服务贸易，是WTO的重要组成部分，不能消极等待国外来占领我们的服务市场，我们要敢于走出国门，进军国外的服务贸易市场；二要向国民宣传拓展国际劳务的重大意义和作用以及我们的优势、劣势及相关对策；三要让国民了解正当劳务出国的途径、程序、利益所在、安全保障、优惠政策等，树立敢闯天下的勇气和信心，消除恐惧感；四要揭露国际劳务的欺诈行为，告诉国民识别的手段和方法；五要造成国民为国创造外汇收入光荣的舆论氛围。

抓住机遇　迎接挑战 保持我省纺织工业产品出口优势

纺织工业是我省的传统支柱产业，为全省经济发展作出了重要的贡献。纺织工业也是我省具有较强国际竞争能力和对国际市场依存度较高的产业，加入WTO无疑会给我省纺织工业发展带来机遇和挑战。一方面，有利于改善对外经济与贸易发展的市场环境，有利于促进我省纺织工业的行业结构调整和产业升级，有利于充分利用国内外两种资源，有利于扩大劳动密集型、下游纺织领域，如服装、针棉织品等纺织产品的出口；另一方面，由于进口关税下调及取消非关税措施等，我省相对处于劣势的科技含量高的、上游纺织领域，如化纤产品、纺织机械、印染产品及各种高档面料等，可能会受到进口产品冲击，部分竞争力较弱的国有纺织企业会受到更大的冲击。

一、我省纺织工业的现状

我省纺织工业经过50年的发展壮大，现有化纤、棉纺织印染、苎麻纺织、黄麻纺织、毛纺织、丝绸、针织、复织、服装、纺机纺器等11个门类。拥有棉纺锭130.8万锭，居全国第13位，棉印染能力3.84亿米/年，居全国第14位；化纤能力5.86万吨/年，居全国第17位；苎麻纺锭12.3万锭，居全国首位，约占全国苎麻纺织总能力的25%；服装能力1.5亿件，实际产量1亿件/年。1998年按全社会口径统计，全省共有纺织服装企业1200多户，职工32万人，按系统内口径统计，企业250户，职工16.5万人。

我省纺织工业“六五”至“八五”期间经济总量持续发展，“九五”期间国有企业深化改革，扭亏解困突破口战役取得决定性胜利，产业结构调整和产业升级初见成效，对外开放程度进一步加大，经济运行质量不断改善，已经初具加入WTO的基本条件。加入WTO后，我省纺织工业将在更大范围和更高层次的对外开放的宏观环境中获得更多的发展机遇，迎接更艰巨的挑战。

（一）在经济总量方面，持续稳定的增长为我省纺织工业提供了抵御国内外市场波动的能力

1.我省纺织工业总产值、销售收入、利税总额（1998年）。

项 目	全 国	我省全社会	我省计划内
总产值（不变价）（亿元）	6844.13	126.69	39.56
销售收入（亿元）	6536.26	136.21	40.06
利税总额（万元）	242.79	2.33	−0.7982

2.纺织主要产品产量（1998年）。

项 目	全 国	我省全社会	我省计划内
棉纱（混合）（万吨）	542.00	14.64	13.95
机织布（混合）（亿米）	241.00		2.8744
印染布（混合）（亿米）	146.52	3.82	3.00
化纤（万吨）	510.00	5.15	4.65
服装（亿件）	150.29	1.12	0.711
苎麻纱（万吨）	6.06		2.8
苎麻布（亿米）	2.41		0.87

（二）国有企业深化改革，扭亏解困突破口工作取得显著成效，为我省纺织工业把握全球一体化带来的机遇奠定了较好的基础

1.棉纺设备水平不断提高。1998、1999年全省实际压缩落后棉纺锭29.2万锭，棉纺锭总量减少22.32%，在前几年引进3000台（套）国外设备基础上，近两年仅更新改造新型细纱6万纱锭，棉纺行业达到20世纪90年代水平的设备达到34%。

2.劳动生产率不断提高。至1999年底压锭等企业共计减员1.6万人，分流安置3.9万人。省内一批棉纺织大中型先进企业的万锭用工已达200人的国内较先进水平，还有一批管理规范的企业万锭用工也达到国家纺织局要求的240人以内的较高水平，棉纺织、苎麻纺织、化纤、印染等行业综合全员劳动生产率达到25889.52元/人·年的较高水平。

3.行业经济运行质量进一步提高。1999年我省国有纺织企业产值和销售收入分别比上年增长1.76%和13.72%，减亏8416元，产销率达到98%以上。仅1999年，国有工业固定资产投资7432万元，新增固定资产6427万元，国有企业国家资产达到49.77亿元，全社会纺织行业固定资产近80亿元。

（三）行业结构调整为我省纺织工业提供了与全球经济一体化融合的活力

我省纺织工业围绕提高国际竞争力，抓紧行业结构调整。近年来，全省纺织工业以优势企业为核心，以产品为龙头，以资产为纽带，优化资源配置，跨出了实质性的步伐。如出现了华升工贸集团公司、长沙毛巾集团公司等具有较强的国际市场竞争力的企业。益鑫泰股份公司已是上市公司，募集资金4亿多元。在1998年、1999年两年中全省有21户国有大中型纺织企业破产销号，4家大中型企业被兼并，共计核销呆坏账9.97亿元，加上一批国有中小型企业正在“改制”，一批企业卸下了沉重的债务负担，使行业整体素质明显提高。

根据国家纺织局确定的三年技术进步实施意见，紧紧抓住技改专项、压锭专项、减员增效等资金和利用省财政每年100万元技改贴息政策、加大行业技术改造力度。仅1998、1999年度全省纺织技改投入10亿元，这些技术改造项目如金迪化纤公司的6万吨聚酯，湘维公司的新增维纶一条生产线，洞麻、益麻的创新产品技改项目，邵阳化纤公司的新增5000吨长丝生产线等实施完成，将每年新增产值10亿元以上，创利税3亿元，进一步增强我省纺织行业的国际竞争力。

（四）全方位的对外开放，为我省纺织工业提供了持续发展的动力

1.我省纺织品服装出口仍占我省工业出口的重要地位。

根据海关统计，1998年我省纺织品服装出口总额3965.50万美元，占全省出口总额12.83亿美元的30.91%，在全省各行各业中保持着创汇第一地位，支持了我省新兴产业的发展。

2.国有企业仍然是纺织品服装出口的主力军。

1998年，华升工贸公司等企业麻纺织品创汇5020万美元，省丝绸公司创

汇2200万美元，其他国有企业各类纱布服装创汇3069万美元，纺织机械创汇2222万美元，化纤创汇661万美元，复织创汇203万美元，合计占全省纺织品服装出口总额的28.38%，国有企业显示创汇较强增长的势头。

3.我省纺织工业具有较高的国际依存度。

1998年我省纺织品服装出口39665万美元，占当年全省（社会口径）纺织工业销售收入的24.75%；国有企业纺织品服装出口13376万美元，占当年全省（计内口径）纺织品工业销售收入的28.38%。

二、加入WTO对我省纺织工业的影响

加入WTO后，随着跨国公司直接投资的增加，他们具有资本雄厚、技术先进和品牌优势等，将对缺乏规模经济、技术开发能力低、债务负担重、用人较多的部分国有纺织企业产生一定冲击。随着进口关税水平的降低和非关税措施的减少，化纤、服装面料等品种的进口将会增加，部分企业将受到严重影响。根据纺织服装协定（ATC）的规定，2005年前我国出口欧美的纺织品服装仍受配额限制。按照"国民待遇"原则，外国公司可以在我国直接从事外贸进出口业务，还可在国内建立经营批发零售网络，这对我省纺织品流通格局将产生重大影响，并对我省纺织企业在自营、代理和收购等方式的出口及内销中构成很大压力，具体影响是：

（一）纺织行业的初级产品

我省纱布初级产品有传统出口优势，如苎麻纱布、纯棉纱布、涤棉纱布。80年代初占全省纺织出口总额的80%以上。近几年来除苎麻纱布外其他纱布初级产品出口不断下降。1998年以来，随"压绽、分流、减亏"工作取得成效，棉花市场及价格放开，我省纱布初级产品成本下降，竞争力有所提高。但国内棉花价格还未与国际市场接轨，东南亚纺织工业与国内私营企业迅速崛起，北美国家区域内纱布加工循环，我省纱布初级产品出口会受到一定影响。

（二）印染行业的中高档面料产品

我省印染行业由于设备陈旧、工艺落后、整理水平低、产品档次不高等突出问题，湘纺、桃纺大型印染企业亏损严重，处于停产半停产状态。1998年各类面料进口额占70%以上。加入WTO后，面料关税下调，中高档面料进口可能

出现较大幅增加，我省印染行业受到冲击，部分印染企业将因此而倒闭。

（三）化纤行业产品

我省化纤行业经多年的发展，已有涤纶、锦纶、粘胶、维纶等产品，从目前看，涤纶长丝、锦轮长丝、粘胶长丝、维纶或可溶性维纶其价格虽低于国际市场10% ~ 25%，但与国际先进水平相比，一是企业规模小，如湘潭涤纶化纤厂、太平村化纤厂，常德、长沙锦纶厂，而美国、韩国、中国台湾的化纤企业规模是我省的12 ~ 35倍；二是化纤技术开发力量薄弱，差别化纤维比重极小，而功能性、高性能纤维生产技术几乎空白，企业无发展后劲；三是企业资本结构不合理，负债过高。以上三个原因制约我省化纤竞争力。加入WTO后，关税减让及非关税措施的减少，低价进口化纤对我省化纤行业冲击最大，小型化纤企业就有倒闭的危险。

（四）服装行业产品

1998年我省服装出口额2.442亿元，占全省纺织品服装出口总额的61.57%。加入WTO将有助于我省服装出口的进一步扩大。一是面料进口关税降低，有利于提高服装出口的竞争力；二是服装进口量不大，往年我省服装进口额仅占全省纺织品服装进口总额的6.16%，占服装出口额的16.38%。而我省劳动力成本和劳动者素质占有较明显的优势。但国际上现代服装的高科技的设计、制作，再加上信息技术和先进销售手段，将成为我们的竞争对手，只依靠加工贸易，不能参与国际服装市场深度和广度贸易，其效益仍是不佳。

（五）其他行业

我省针棉纺织产品出口交货量3347吨/年，交货值1378.17万美元，只占全省纺织品服装出口总额的3.47%，其比重不大。针棉织业是劳动力密集产业，有劳动力的优势；省内集体、乡镇及合资企业较有活力；针棉织品原料、面料均是省内国内的，为出口带来更多机遇，但与国际先进水平比差距大。我省出口产品均为中档质量、低档价格、无名品牌、低效益增长，在国际市场上抗风险能力不强。

纺机行业对高科技含量纺机冲击较大，如邵二机产品腈纶设备、印染设备等。常纺机、衡纺机、省纺机、湘潭纺机等绝大部分都是配件专件类产品，大型纺机企业设备好，能生产代替进口设备与器材，所以冲击较小。

三、我省纺织工业的基本对策

加入WTO后，我省纺织工业将面临全新的国际经济政策环境和全面的挑战。无论是政府还是企业都必须认真研究并做好迎战的准备，否则我省纺织工业每年近4亿美元的创汇市场就会被国内外竞争对手所占领，这将严重影响我省国民经济发展。

（一）加快产业结构调整，组建若干个大型企业集团，增强企业在国际市场的竞争实力

通过资产重组和产业结构调整，跨越行业与地区界线，采取兼并、收购、联合等方式组建若干个大型企业集团。利用行业优势，由省服装公司为首组建年产1亿件以上的服装集团公司；以金迪化纤公司为首组建年产10万～20万吨的化纤集团公司；常德、长沙两个锦纶厂合并为3万～5万吨（配帘子布生产线）的锦纶集团公司。利用资源优势，常德、岳阳产棉，益阳产苎麻，可分别以常纺、桃纺为首，汨纺为首，龙舟麻纺厂为首组建三个农工贸纺织集团公司。利用科技与经营优势，组建原湘纺、省丝绸公司、苎麻技术研究中心、省纺织工业集团总公司联合的科工贸纺织集团公司。衡阳、株洲、湘潭、岳阳、长沙等地及省外经贸委、供销社、乡镇企业局、农垦局等单位也可以兼并、收购、联合等方式组建集团公司。3～5年内逐步形成我省有5个以上年创汇5000万美元的企业，有10个以上年创汇3000万美元的企业。

（二）加重技术改造力度，提高棉纺织、苎麻纺织印染，化纤、服装等主导行业的装备水平和管理水平

我们要集中国家纺织局三年技改资金、国家经贸委产品创新资金以及利用国家西部大开发的政策与资金、省政府对纺织工业的政策与资金，每年投入10亿～15亿元，花3～5年时间来改造好我省棉纺织、苎麻纺织、化纤、服装等企业，要求达到经济上规模、产品上档次、管理上水平。涤纶年产量要达到10万～20万吨，粘胶纤维年产量要达到2万吨，维纶产品年产量要达到3万吨，锦纶年产量要达到3万～5万吨，这样可增强化纤企业抗风险能力。棉纺织企业力争每万锭配一套精梳机，每万锭配一台自动落筒机，每2万～3万

锭配一套精梳机，无梭织机全省在2005年前达到3000 ～ 4000台。苎麻纺织技改着重引进关键的印染后整理设备和宽幅染整生产线。服装技改着重引进计算机设计、裁剪、整烫、管理等关键设备。通过技改和采用计算机现代管理手段，我省主导行业的企业装备与管理水平完全可以适应出口产品的要求。

（三）积极组建跨国公司，开拓国际市场，扩大我省纺织品服装在国际市场上的经营范围

积极主动适应国际通行的贸易规则，掌握国际市场发展趋势，开拓国际市场前沿。华升工贸公司、省丝绸进出口公司、省外经贸委纺织贸易公司等企业已在国际市场占有一席之地，又有多年的国际贸易经验，有的企业还有自己的特色产品与生产基地，可以成立跨国公司，在发达的美、加、韩、日、欧盟等国家设立分公司，建立直接经营和批发的网点。也可在发展中国家建立自己产品生产基地，实行就地产销，降低成本，扩大市场。棉纺织、针织、服装等企业的闲置和转产后多余设备可转移到东南亚、西亚、非洲等国家，与其合作办企业。这样使我省纺织企业既可创汇，又有近万人的劳务输出业务，企业退出有门，发展有路，以足够的竞争能力迎接加入WTO的挑战。

（四）加快产品结构调整步伐，研制一批国际水平的新纺织产品来赢得国际市场

产品结构调整是参与国际市场竞争的关键，有高档次、高质量的产品是走向国际市场的通行证。在纺织标准、质量、检验手段及ISO9000质量体系和ISO14000环境系统标准认证与国际接轨的同时，大力研究与推广绿色技术，开发绿色纺织品、特种纤维纺织品、高档苎麻、亚麻纺织品、高档纯棉纺织品等来赢得国际市场。纯棉及混纺纱的细号纱与特细号纱由42.16%提高到60%以上；精梳纱由2.88%提高到25%以上；阔幅（特宽）印染布由14.5%提高到30%以上：苎麻印染布出口由65.31%提高到85%以上，亚麻、苎麻与毛、涤棉、粘胶混纺高档面料产品由39.98%提高到50%以上。力争3 ～ 5年内，使服装面料自给率由30%提高到70%以上，顶替进口面料；梭织服装达到3亿件套；针织服装由30.9%提高到45%以上，其中高档针织服装占18%；羽绒、皮革服装由2.51%提高到15%以上。并让一批名牌产品跻身于国际市场，把我省纺织品服装出口吨纤维创汇由5240美元/吨提高到6800/吨美元，将高于发展中国家吨纤维创汇水平。

（五）加强制定相关保护政策，维护我省纺织出口企业的合法利益

省外经贸委、海关、税务、技术监督局、纺织主管等部门抓紧制定相关保护政策与措施，尽快建立WTO允许的与全国性紧急保障措施相配套的预警报警系统和反倾销、反补贴所需资料的信息系统；建立和健全严格的纺织产品技术、生态标准和知识产权的保护措施：制定劳务输出的保障条例；制定境外投资有关政策，建立省内棉花流通体制改革监运机构：掌握对不平等贸易的投诉、上诉等权利。总之，尽快适应国际贸易规则，争取国际贸易主动权。

加入WTO后，我省纺织工业将在一个更为广阔的发展空间和一个更具挑战性的环境里经受考验。全行业需努力发挥优势，克服不利因素，以市场为导向，以效益为中心，以科技为支撑，加大改革力度，加大技术创新力度，积极推进用高新技术改造传统产业的步伐，加速从数量速度型向质量效益型的转变；逐步建立起总量适度、布局合理、具有较强竞争力的纺织产业结构，并进一步扩大出口，大力拓展国际市场，以“打”出去对付“挤”进来。2005年力争全省纺织品服装出口占生产总量的45%，创汇总额过10亿美元，实现我省纺织工业新的更大的发展。

湖南省水生经济作物现状与发展对策

发展水生经济作物是调整农业产业结构的重要举措；是切实增加农民收入的有效途径；是治理水患、净化水质、美化环境的一项重要生物工程。水生经济作物营养丰富，风味独特，纯天然、无公害以及医疗保健作用明显，越来越受到国内消费者青睐。大力发展水生经济作物前景广阔，有望成为湖南省种植业的又一支柱产业。

一、湖南省水生经济作物生产经营现状

（一）生产现状

水生经济作物生产大体分为三个时期：一是自然生产时期，20世纪60年代以前，水生经济作物面积较大，但品种较少，以野生为主，管理粗放，产量较低；二是生产徘徊时期，70—80年代，随着围湖造田，水生经济作物种植面积锐减，在大力发展湘莲时，面积有所增加，后因莲子价格下降，面积又大幅度减少；三是生产发展期，进入90年代以来，水生经济作物有了发展，面积逐年增加，产量有所提高。

从栽培品种来看，湖南省水生经济作物有9大类，50多个品种，但莼菜、豆瓣菜、蒲菜、慈姑及水生花卉种植极少。省内不少地方品种历史悠久，久负盛名。如湖南省的莲藕1000多年前就被列为江南三大名菜之一，在港澳台同胞和海外侨胞中很有影响，湘莲曾作为贡品供皇室享用。但由于多年栽培，未能提纯复壮，种群混杂，种性退化，导致产量偏低，品质下降。从生产技术来看，水生经济作物仍沿袭传统的栽培技术，属粗放型管理。原因是从事水生经济作物研究的科研机构和技术人员较少。从全国范围来看，全国

水生经济作物种植面积333万 hm^2，其中湖北占1/4。其主要原因：一是国家水生蔬菜研究部在武汉，有人才、品种和技术优势；二是湖北农业产业结构调整早，打开了市场销路，广东市场几乎是湖北藕一统天下；三是有发展水生经济作物相配套的综合措施，在贮藏、保鲜、运输、加工等技术方面名列国内前茅。

（二）市场现状

湖南省水生经济作物产品销售在20世纪80年代以前，主要是农民自产自销，肩挑担卖，没有形成规模经营，95%的产品靠产地市场消化吸收。80年代至90年代前半期，以内销为主，加以少量外销和出口。90年代后期至今，由于市场价格上扬，水生经济作物面积和产量逐年增加，已基本形成一定的生产和销售规模。

总体来看，水生经济作物生产与销售经过几十年徘徊发展，正逐渐成为农业经济新的增长点，但也存在一些问题：一是分散性生产未能形成集约化经营；二是生产、贮运、保鲜及加工等配套技术严重滞后；三是产品销售渠道不畅；四是加工出口严重跟不上开放的市场形势；五是没有形成规模和品牌，产品缺乏竞争力。

二、水生经济作物发展前景诱人

近年来，纯天然无污染的水生经济作物产品成为风靡全球的环保食品，在国内大中城市供不应求，价格看好，市场前景诱人。

（一）符合消费潮流

人们的生活质量在不断提高，从以前单纯“吃饱”向“吃好”转变。水生经济作物必将以其独特的优势越来越受消费者欢迎。一是水生经济作物受环境污染小，是典型的无公害食品。二是水生经济作物营养丰富，并且医疗保健作用十分明显。如莲藕能镇静安神、降压止血；莲子能健脾止泻、益肾固精；《本草纲目》认为茭白能“解烦热、除目黄、消酒毒”；莼菜具有促进人体生长、防止肝脏病害、消炎解毒和抗癌等功能。从“药补不如食补”的观点来说，食用水生经济作物对人体既有营养作用，又有保健作用，是很好的保健品。三是水生经济作物大多可以生食，品尝其自然风味，唤起人们的自然情感，我国生态学家称之为“回归型农业”。四是水生经济作物受环境影响小，成为可以随时上市的淡季蔬菜。

（二）市场潜力巨大

水生经济作物在市场竞争中具有相对优势，种植效益较高，符合农业结构调整方向。一是市场竞争力强。中国入世以后，粮、棉、油等大宗农产品价格受国际市场影响，在竞争中处于弱势地位，而水生经济作物属劳动密集型产品，价格受冲击较小。二是市场行情看好。水生经济作物农药使用少，环境污染轻，是无公害产品，深受消费者喜爱。同时，水生经济作物是渡淡的理想品种，销售价格较高。三是国内市场潜力巨大。我国约13亿人口，按每年人均消费10公斤水生经济作物，则全年消费总量130亿公斤。按每667亩产1公斤则需要生产面积80.7万公顷，而我国现有种植面积仅33.3万公顷。四是国际市场有待开发。世界上水生经济作物分布零散，至今没有形成全球公认的主产基地和产品品牌。由于水生经济作物受环境污染小，易被认定为绿色食品，东南亚、欧美、日本等国家的人们十分看好。

（三）自然条件优越

一是发展面积较大。湖南现有海拔28米以下的低洼田土6.7万公顷以上；浅水池塘、沟港、湖泊近6.7万公顷；还有1998年洪灾过后退田还湖的浅水区域都能发展水生经济作物，宜发展面积在20万公顷左右。二是气候土壤条件优越。湖南气候温和，土壤肥沃，雨量充沛，适合所有水生经济作物生长发育。三是地理位置较好。我国水生经济作物销售有三大市场：以广州、深圳为中心的南方市场；以北京、天津为中心的北方市场；以重庆、西安为中心的西部市场。省内水、陆、空立体交通网络四通八达，基本位于三大市场的中心区域。我们的产品既可南下广州、深圳，北上北京、天津，又可西进重庆、西安等地。

（四）生态效益明显

我省洪涝灾害严重，经济损失较大，而发展水生经济作物是治理水患的一项重要生物工程。在暴雨高洪期间，大部分水生经济作物一般可调蓄0.3 ~ 0.5米深的水7 ~ 10吨，能大幅缓解洪水威胁。同时水生经济作物有分解有机质、净化水质的功能，走进水生经济作物产区，既可看到绿色群体，又可看到光彩夺目的水生花卉，使人有一种赏心悦目、心旷神怡的感觉。因此，发展水生经济作物符合现代农业向环保、生态、休闲、观光等新领域延伸的方向。

三、发展湖南省水生经济作物的几点建议

“十五”期间，我省水生经济作物可以发展到6.7万公顷，其中常德市占50%。走以品牌促销售，以科研促推广，以加工促发展的路子，实行产、加、销一条龙，贸、工、农一体化，使水生经济作物逐步形成湖南的支柱产业，形成全国“三大市场”的供应基地。要达到此目标，建议采取以下措施：

（一）突出关键，开展技术研究

1.成立示范场。以常德市蔬菜原种场为基础，组建湖南省洞庭湖水生经济作物科技示范场增加科技力量，添置仪器设备，把示范场建成全省的水生经济作物种苗供应中心、技术培训中心、咨询服务中心。

2.繁育新品种。一是抓地方良种的提纯复壮；二是抓新品种的引进与筛选；三是抓杂交和太空诱变育种。从高起点、高标准、高科技入手，培育出早、中、晚熟，生食、熟食、加工系列配套品种，品种结构由过去的“老、土、粗”向“精、细、全”转变，实现优良品种的系列化。

3.研究新技术。生产实践证明，良种结合良法，才能获得高产增收。一是研究栽培新技术。着力研究保护地栽培、混养、套种等技术，做到人无我有，人有我早，人早我优，人优我新，逐步实行区域化布局，集约化生产。二是研究贮运、保鲜技术。通过贮藏保鲜提高转化增值能力。

（二）突出重点，狠抓市场开发

1.把准市场开发方向。除巩固周边市场外，一是“南下”广东、广西、港、澳、台及东南亚等地；二是“西进”云、贵、川、陕及新疆等地；三是“北上”北京、天津、河南、河北及东北地区。力争三管齐下，打开市场销路，形成全国“三大市场”的供应中心。近期主攻“南下”，因南方经济较发达，销价较高，需求量大。另外，湖南“南下”有较大的区位优势。中期攻“西进”，西进是湖南水生经济作物如莲藕的主销地，我们要巩固，且西部很少生产莲藕等水生经济作物，有利于开拓市场。远期攻“北上”。

2. 加强市场体系建设。完善市场体系，主要充分发挥批发市场的中心作用，使之成为水生经济作物的集散中心、价格中心、结算中心、信息中心和政府调控水生经济作物市场的“阀门”。发展中介组织，培育流通大户和专业经纪人，力争在“十五”期末建立起一整套市场销售网络，并初步进入信息化销售。

3. 实施品牌带动战略。湖南水生经济作物应充分发挥洞庭湖水网优势，赶快抢注“芙蓉”牌水生经济作物商标，要逐步实行规范化生产，统一质量标准，统一包装规格，增强品牌意识，以品牌促销售，把“芙蓉”牌水生经济作物推向全国，推向世界。

4. 推介新的饮食文化。采取政府出面组织，企业出钱赞助，社会捐款结合，举办各具特色的水生经济作物节如莲藕节、荷花节等，开展品尝莲藕、莲蓬及加工产品，观赏荷花、荷叶、水生花卉等文化旅游活动，集观赏、游玩、美食于一体，以提高产品的知名度，推介新的饮食文化，从而达到促销的目的。

（三）突出特色，狠抓产品加工

水生经济作物产品加工转化是制约水生经济作物发展和农民增收的瓶颈。目前，我省水生经济作物加工是最薄弱的环节，只要市场行情不好，就会导致农民增产不增收，影响水生经济作物发展。因此，必须大力开展水生经济作物产品加工。开展加工，要瞄准国内外市场，鼓励、引导、帮助组建龙头加工企业，进行特色加工，开发藕片、藕粉、莲汁、莲蓉、莲心茶、茭白干、马蹄汁及马蹄罐头等产品，还可逐步开发以水生经济作物为原料的保健品。目前，政府应指导、鼓励金健米业、洞庭水殖及澳琪霖食品公司等龙头企业积极从事这方面的开发。

（四）突出核心，搞好部门配合

大力发展水生经济作物，一是要提高认识，加强领导，各级政府应把发展水生经济作物纳入议事日程。成立协调小组，负责水生经济作物发展的宏观调控，督促实施，协调服务；出台发展水生经济作物的激励措施和优惠政策，鼓励农民种植水生经济作物，扶持企业开展产品流通和加工。二是部门配合，齐心协力，着力发展水生经济作物。建议农办、蔬菜办每年拿出一定资金来发展水生经济作物；水利厅、农业开发办投入一定资金进行道路、沟渠、排灌等设施建设；科技厅要把发展水生经济作物纳入重点科研攻关计划，从资金上重点扶持。总之，全省上下积极配合，齐抓共管，力争在21世纪初把水生经济作物发展成为湖南省的又一支柱产业。

湖南省社会保障基金管理的问题及对策

社会保障改革是我国建立社会主义市场经济体制的重要环节。建立和完善社会保障体系，对于深化企业和事业单位改革、保持社会稳定，建立社会主义市场经济体制，及至实现国家的长治久安都有非常重要的历史意义。自1986年以来，湖南省社会保障事业稳步发展，一个包括养老保险、失业保险、医疗保险、工伤保险和女职工生育保险在内的社会保障体系已初步形成，并基本实现了两个确保的要求，为湖南国企改革、社会稳定作出了很大贡献。但社会保障的形势仍然比较严峻，一些现实问题如两个确保还存在死角；社会保障基金困难；养老基金面临支付危机；下岗职工再就业困难等亟须解决。这些问题可以集中到一点，即社会保障基金的问题。因此，探讨如何加强社会保障基金的管理具有非常重要而现实的意义。为此，我们走访了湖南省社会保障厅及长沙、浏阳、益阳等地的社会保障部门，现将有关情况分析如下，并提出我们的建议。

一、湖南省社会保障基金管理的现状

随着人口老龄化的加速，我省自1986年开始采用部分积累筹资模式，养老保险金有了一定的结余，但实际上，目前我省的社会保障基金管理的现状仍不容乐观。首先，社会保障基金基本上还处于入不敷出的状态，潜在缺口还很大，少数地区养老金的支付已出现赤字。有关资料显示，1998年全省企业职工养老保险基金收入422457.75万元，支出446093.37万元，收不抵支23635.62万元，年末累计结余183185.52万元。1999年全省养老保险基金收入468131万元，支出576741万元，当年资金缺口108610万元，年末累计结余约173941万元。其次，个人账户空账运行。我国目前实行的是个人账户和社会统筹相结合的模式，实行“老人老体制，新人新体制”，从我国国情出发，较好地解决了新旧体制过渡的问题。但由此也引出了一个严重的问题，即新旧体制过渡期间现有职工不仅要开始按照新体制逐年为自己建立养老基金，而且还要承担目前已退休和将退休职工的养老费用。在人口老龄化加速、养老保险金入不敷出的情况下，现有职工的个人账户基本上是空账运行。到今年6月30日止，我省个人养老保险基金账户空账已达60亿～80亿元。

二、湖南省社会保障基金管理中存在的问题

（一）社会保障覆盖面仍然较低

一是失业保险覆盖面小。2000年全省城镇从业人员834万，但参加失业保险人数为346.48万人，仅占城镇从业总人数的40.15%。二是养老保险的覆盖范围基本上仍停留在国企和部分集体企业的传统范围，三资企业、私营企业、个体户的参保率较低。三是医疗保险按医保新制度启动运行的还只有50个县，启动人数115万，仅占全省城镇834万从业人数的13.6%。

（二）社会保障基金征缴难度大，拖欠现象较为严重

按照我国现行的社会保障制度，社会保障基金主要由国家、企业和个人三方按规定的比例负担，而在实践当中，由企业缴费的部分往往不能足额到位，基金的来源得不到保证。据我省统计资料显示，1998年全省累计拖欠企业职工养老保险基金178187.21万元，当年追缴40696.64万元，仍欠137490.57万元；1999年地方统筹累计欠缴191065万元；截至2001年5月底，欠缴基本养老保险费500万元以上的企业达59家，欠费总额近3亿元。究其原因：一是社会保障基金的征收缺乏有效的法律保障。虽然社会保障机构采取了禁止拖欠企业参加先进评比，收取罚息等措施，但由于缺乏法律的强制性手段，处罚力度不大，企业拖欠、漏缴、少缴甚至拒缴的现象仍时有发生。二是企业经济效益不理想或生产经营困难而无力支付社会保障费用。如益阳市灯泡厂已达破产界限，仅靠厂房出租收入来维持企业留守人员的开支，职工工资尚难以保证，自然无法缴足社会保障费。三是部分企业和职工对社会保障存在认识上的偏差，而且养老金实行社会化发放以后，一些企业出现短期行为，产生依赖思想，不能及时主动地缴足费用。

（三）管理体制不顺

1.社会保障基金管理机构没有明确地与政府分离，而是通过附属于其上级主管部门，主管部门与基金管理机构之间形成的是一种部门内的委托—代理关系。在下级服从上级的组织规则中，基金管理机构往往缺乏独立的经营决策权，社会保障基金难以实现规范的市场化运作，而且现有的基金管理机构缺乏专业的投资管理人才，也没有与金融机构建立稳定的合作关系。基金管理效率低下，投资报酬率较低。（2）我省社会保障基金目前仍主要以县（市）为单位进行统筹和管理，全省社会保障基金分散在多个社会保障管理机构里。这不仅使基金管理层次过多，管理费用过高，而且导致基金的平均规模过小，难以实施较大规模，较为稳健的组合投资方略，投资风险和经营成本增大。

（四）社会保障基金投资渠道狭窄，基金保值增值性差

根据目前的规定，我国社会保障基金只能存入银行或购买国债，并按银行现行利率和国债利率获得利息收入，从表面上看，这样做可以确保资金的安全，但实际上资金增值不大，而且在市场经济条件下，以货币形式存在的保障基金，在利息下调及通货膨胀等因素的影响下，不仅不能实现保值增值，反而会有贬值的危险。实践表明，在剔除通货膨胀因素的影响后，社会保障基金的利益率有时为负值。

（五）缺乏法制，社会保障基金的监督体系不完善

社会保障基金管理立法是社会保障基金管理的基础。国际上，社会保障制度比较完善的国家对社会保障基金的管理均制定了较为完善的法律和法规。而我国目前对社会保障基金的管理缺乏相应的法规。从中央来看，虽然我国的宪法和国务院及其职能部门颁布的一些行政法规、规章制度中涉及有社会保障方面的条款，但大家期盼已久的社会保障法仍未出台；从地方来看，虽然我省已出台了一些条例和细则，但由于操作难以到位，执行不力，实际效果并不理想。因此，尽管政府也很重视监管机构和基金管理的法制建设，但事实上基金管理的法制建设滞后于基金的发展，社会保障基金的收缴、管理、营运和支付等各环节的监管往往无章可循，监管不力。近年来，我省加大了社会保障基金的监管力度，挪用、挤占基金的现象大为减少。但由于长期以来社会保障基金基本上由各级社会保障机构自行管理，没有建立起行之有效的行政监督、司法

监督和社会监督体系，再加上已有的各种管理办法执行不力，一些历史遗留问题仍未彻底解决。

三、对策和建议

（一）强化社会保障的政府行为，建立目标责任制

要加强社会保障工作的领导，各级党委、政府的“一把手”要亲自抓，总负责，并层层分解落实；各地市政府应当建立严格的目标责任制，将社会保障纳入各级政府经济形势分析的一项内容，同经济工作一道，实行“一月一交账，一季一督查”制度，并向社会公布督查结果。

（二）改革征缴方式，实行税务代征

国务院《社会保障费征收暂行条例》规定，社会保障费既可以由税务机关征收，也可以由社会保险经办机构征收，这就确定了税务部门征收社会保障费的法律地位。实行税务征缴，至少存在两个优势：一是可以充分利用税务部门雄厚的力量、强大的征缴队伍以及完善的办税系统和征管手段，最大限度地避免企业欠缴、漏缴、少缴，提高基金征缴率；二是符合社会保障制度的改革方向。国家在强化社会保障费征缴的基础上，将来有可能开征社会保障税，由税务部门统一征收，顺应了将来的发展趋势。从实践来看，目前全国实行税务征缴的部分省市如福建省，取得了较好的效果。但我省在实行税务征缴的过程中，遇到了一些实际问题。如长沙市劳保部门反映，实行税务代征后征缴率反而有所下降。我们认为，其主要原因并不在税务代征本身，而在于各部门之间的利益协调问题。这就需要各部门之间互相配合，要从讲政治的高度民主，用抓财政税收、计划生育的力度抓社会保障的扩面和征缴，把社会保障作为全社会的一件大事来抓；政府应当出面协调，尽快制定劳动保障和与财政、工商、税务、审计、银行、法院、公安、交通等部门实行联手征缴的有关具体操作办法，形成合力，齐抓共管，确保社会保障费用的优先地位。

（三）积极开拓筹资渠道，实现资金来源的多样化

社会保障基金目前实行的是“三三制”筹资方式，即由国家、企业和个人共同负担。实际上，“三三制”筹资中的企业自筹资金没有足额到位，国家财政负担的比例较大，保险资金依然是入不敷出。鉴于我省社会保险资金的供

求矛盾较大，基本养老保险制度的转轨成本难以消化的困难，我省应在国家允许的政策范围内积极开拓新的筹资渠道。具体来说，可考虑采取以下措施：第一，调整现有的国有资产存量，可转换国有资产存量中的非生产性资产，如国有企业所拥有的学校、食堂、幼儿园、医院等，将转换收入用于社会保险基金。第二，抓住国企改制的机遇，在企业兼并、出售、转让和资产重组中划出一部分国有资产，作为财政增投的社会保障基金。在这方面，浏阳市已经取得了实践上的成功，值得其他地市借鉴。其具体做法是：实行改制的企业在改制的同时必须为职工预先缴纳15年的社会保障费。第三，进一步加大调整财政支出的力度，压缩生产经营性亏损补贴和可以通过市场筹集的事业性支出，将个人所得税收入和利息税的一部分划入社会保障基金，逐步提高社会保障支出占财政支出的比例。第四，扩大福利彩票的发行规模，从国有土地使用权变现收入中划拨一部分给社会保障基金。第五，研究减持国有股票变现补充社会保障基金的方案和基金保值增值的对策和办法，消化制度转轨成本，增加营运收入来源。

（四）建立科学的管理体制

（1）进一步理顺社会保障有关管理部门的职责分工，建立起科学的社会保障基金行政管理体系。其具体做法是：劳动保障、民政等行政主管部门主要负责监督保障基金的专户管理、使用和监督，逐步建立社会保障预算。委托银行、邮政等社会服务机构负责发放养老、失业、医疗和最低生活保障资金。即由社会保障机构制定发放标准，送同级财政部门审核后，由财政部门通知银行从社会保障基金财政专户中支付，或由财政部门从财政专户中拨付到社会服务机构中发放。税务机关主要负责及时足额征收社会保障基金。（2）建立社会保障基金管理委员会，实施省级集中协调管理。将各县（市）分散管理的社会统筹基金集中由省里统一管理。这样一可以降低管理费用；二可以集中人才，进行较大规模的科学组合投资；三可以加大调剂力度，使社会保障基金管理在政令、制度、标准、程序方面做到统一。此外，还可以在一定程度上防止各地市挪用、挤占资金的现象，便于监管。

（五）委托银行等金融机构运营社会保障基金，实现专家理财

社会保障基金的运营可以由政府机构自营，也可以委托银行等金融机构经

营。从实践效果来看，委托经营的基金不仅收益率较高，而且可以减少政府挪用而造成的基金损失。如上海市选择浦东发展银行承担养老保险基金的运营，在实践中获得了年均增值18%的效益。因此，我省可以借鉴上海的做法，将社保基金委托给实力雄厚、资信好、效益佳的银行等金融机构进行运营管理，实现专家理财，并最终实现基金保值增值目标。

（六）加强财政专户的监督管理，全面清理检查社会保障基金

目前，“收支两条线”的管理模式在实践中存在一些问题，如收入和支出专户是由劳动部门和财政部门共同监管，但对财政专户的管理有失控现象。我们认为，应从以下方面着手，加强对财政专户的监督管理。（1）由劳动保障部门会同财政、司法等部门，对全省社会保障基金进行清理检查，并在此基础上制定清理回收计划，将目标层层分解落实到人，采取切实有效措施，查处重大违纪违规案件，追回挤占挪用基金，并对责任人严加惩处。（2）建立健全劳动部门和财政部门的互相监督机制，要求财政部门及时向社会保障机构提供对账单。（3）加强审计部门对收入、支出和财政专户的全面监督检查，确保资金使用的真实性、合法性。

（七）建立社会保障预算，加强社会保障基金的财务会计管理

（1）按照全面、统一性、专款专用及适度结余的原则建立社会保障预算。即将现行各部门掌握的社会保障收支统一归并到社会保障预算之中；任何收支都统一以总额而非收支相抵后的净额列入预算；社会保障基金只用于社会保障方面的开支；年度社会保障预算收支相抵后应适度留有结余。（2）加强社会保障基金的财务会计管理，对社会保障基金的收、支、管从财务上统一规定，通过对这些财务会计制度的执行情况的监督检查，实现对社会保障基金的财务监督管理，并贯穿于社会保障预算管理的全过程之中。

（八）全面清理检查社会保障基金，限期追回欠款

由劳动保障部门会同财政、司法等部门，对全省社会保障基金进行清理检查，并在此基础上制订清理回收计划，将目标层层分解落实到人，采取切实有效措施，查处重大违纪违规案件，追回挤占挪用基金，并对责任人严加惩处。

（九）完善社会保障基金管理的监督制衡机制

当前，社会保障基金被挤占、挪用的现象之所以存在，其主要原因之一就

是监督机制不完善，资金管理的透明度较低。因此，应建立健全行政监督、财政监督、审计监督和社会监督相结合的社会保障基金监督制衡机制，并将其落到实处。具体来说，第一，组建由政府代表、企业代表、工会代表和专家代表等组成的社会保障监督委员会，对基金的运作以及行政管理部门和具体实施部门的工作实行监督，纠正偏差，提高效率。第二，加强财政监督，既要重视资金的事后检查，更要重视资金拨付中的追踪检查，并发挥中介机构的作用，将政府检查和社会监督紧密结合在一起，力求监督的公开、公平、公正。第三，建立严格的定期和不定期审计相结合的检查制度。建议审计机关至少每两年对全省社会保障基金进行一次全面审计；对群众反映的违法违纪行为进行突击审计。第四，建立公开监督机制，发挥人民群众的监督作用。可设立监督电话，并应用现代网络技术，把基金总额、基金去向、投资收益状况、个人账户都公开，有效地制止暗箱操作，预防违法违规使用基金的现象发生。第五，建立养老保险账户金卡，方便流动人员社保工作的管理，并使参保人员随时了解个人养老账户的资金储蓄情况。

（十）加强社会保障基金管理的法制建设

当前，应尽快出台以下几个方面的法律、法规。（1）关于社会保障费用的收缴，包括征收机关、社会保障费用的地位、奖惩制度等；（2）社会保障基金管理制度，包括社会保障基金管理主体模式的规定、投资模式的选择、基金管理机构的竞争规则等；（3）关于基金管理信息的披露等。

关于试行“龙头企业+基地+农民”模式的农业产业化建议

一、为什么要试行“龙头企业＋基地＋农民”模式的农业产业化

我国前后经历了13年艰苦曲折、障碍重重的谈判，即将于2001年11月加入WTO（世贸组织），这既是机遇，又是挑战。从目前情况看，挑战必然大于机遇，届时大量价廉物美、规格化的农产品涌向我国市场，带来的冲击将会很大，而我省又是农业大省，受到的冲击当然更大。为了抓住机遇，应付冲击，建议我省尽快进行台湾模式的农业产业化试点工作。

回顾新中国成立以来我国农业有过几次大的发展。新中国成立初期，进行土地改革，农民成了土地的主人，农业大发展，农民对政府、对基层干部感恩不尽。记得1954年湖南发生百年未遇的大水灾，农民和干部团结一致，干劲冲天，与洪水搏斗，那种场面在旧中国是不可想象的。那时大米是从云南运来的，水牛是从广西运来的，甚至一针一线都无偿发给灾民。这些在旧社会是不可能做到的。从上述事实中，我们更深刻地认识到，只有共产党才能救中国。20世纪70年代末实行改革开放政策，在农村推行家庭联产承包责任制，生产力又一次获得解放，农业生产迅速发展，以粮、棉、油、糖为主的农产品连年丰收，到80年代中期，粮食自给有余，还有出口。广大农民不但解决了温饱问题，部分农民还逐渐富裕起来。这时期，基层干部和农民关系融洽。

20世纪80年代，湖南省在农业产业化方面做了不少工作，取得了可喜的成绩。比如，湖南省蔬菜研究所辣椒品种产业化做出了显著成绩，名列全国第一。湖南农学院苎麻研究所李宗道教授与当时湖南省经济作物局刘长远局长并

肩作战，在80年代初试行“研究所+麻纺厂+基地+农户”的产业化模式，在两年内建成10个苎麻品种区域化（一地一种）基地县共45万亩，保证了我省20多家麻纺厂和40多家脱胶厂优质原料供应。10个基地县农民两年增收10亿元，产品出口创汇从常年2000万美元陡增到1亿美元，成为全省工农业产品出口创汇首位。前国务院领导和费孝通教授曾大加表扬。这个产业化项目为什么能够取得较大的成绩？主要是省政府和地方政府的支持，更重要的是干部一心为农民致富着想，干群关系融洽。没有这一条，任何事情都难以办好。到80年代中后期，由于农产品连年丰收，很多农产品出现“卖难”的问题，以农业生产为主的地区农民收入大幅度下降，而农民的负担却逐渐增加，造成了农民和农村干部关系日益紧张。农业生产力又一次受到抑制。现在农民不愿意种地，农村荒芜的土地随处可见。为什么过去农民那样珍惜土地，而现在却不愿种地？主要原因是种田划不来。2000年湖南省益阳地区一位区委书记和湖北省一位乡党委书记分别给朱镕基总理写信反映“农民真苦，农民真穷”的问题，朱总理很快作了批示，认真处理。因为“农民真苦，农民真穷”，其结果必然是“农业真危险”，必然会影响整个国民经济的顺利发展。

为了解决这个问题，近年来中央和地方大力推广“企业带动型”农业产业化模式，即“公司+基地+农民”，以农产品加工、运销企业为龙头，重点围绕一种或几种产品的生产、加工、销售，与生产基地和农民有机地联合，成为经济共同体。农户按合同规定，定时定量向企业交售优质农产品，由企业加工成制成品出售。山东、河南、上海等地发展这种模式较快。还有一种模式称为“市场带动型”，即“专业市场+农户”，实行产销一体化经营，扩大生产规模，形成产业优势，节省交易成本，提高运销效率和经济效应。著名的山东寿光市在发展这一模式方面做出了成绩。但是这些模式特别是“企业带动型”模式，只能使农民增收，却很难使农民较快地富裕起来。因为企业只能把很少一部分利益分给农民。这是企业本身性质决定了的。在这种模式下，农民仍不能摆脱原料供应者的地位。另外，当某些农产品原料走俏时，农民为了卖高价，也可能出现不顾合同的约束，把原料不交给企业，而自行出售的现象。

我省是农业大省，70%人口是农民。要使我省农民不但要温饱，还要较快地富裕起来，还必须尽快进行台湾模式的农业产业化项目试点工作，刻不容缓。

二、中国台湾地区农业产业一体化简介

台湾地区面积3.6万平方米，大约相当于湖南省1/6的面积，人口1920多万。全岛山地约占总面积2/3，1/3为平原。森林面积约占全岛面积60%。台湾地区自古以来就是我国领土的一部分。1895年中日甲午战争后，台湾地区被日本割据长达50年。1949年大陆解放后，国民党盘踞台湾地区。现在全国人民为台湾地区回归祖国，实现国家统一大业，正在积极努力。

台湾地区从20世纪70年代开始，推行美国模式农业产业化那一套。在政府指导下，农民成立自己的农会、专业合作社和运销系统等组织，使农民很快地富裕起来了。我们认为，台湾能够做到的，我们也应该能够做到。

（一）农会组织

农会是台湾地区分布最广、影响最大、功能齐全、真正农民自主、为农民服务的组织。农会分省、县（市）、乡（镇）三级。各级农会可以独立开展各项业务，下级农会要接受上级农会的指导。乡农会下设农事组织和产销班。各级各地农会之间又互相配合，组成一个系统的网络。农会只有农民才能参加。最高权力机关是各级会员代表大会。各级农会由会员代表大会推选一定数额理事、监事组成理事会、监事会，理事会可根据规定条件，如学历、工作经历、工作能力等从基层主管机关聘任总干事或下级部门负责人，帮助农会处理日常事务。

农会的主要功能。按农会法规定：农会以保障农民利益，提高农民知识技能，促进农业现代化，增加生产效益，改善农民生活，发展农村经济为宗旨。其功能主要有：农业推广、农业金融、供销经营、保险业务等。

（二）农业合作社

农业合作社对台湾地区农业产业化的发展有着举足轻重的作用，在发展以市场为导向的农业生产中，逐渐形成生产专业化、管理企业化、布局区域化、服务社会化的产销经营格局。农业合作社通过民主管理方式和社会会员的利益分配，达到降低生产成本，提高经营效率和竞争能力的目的。

（三）农业产销班

台湾目前实行的《农会法》及有关细则规定，在乡（镇）农会下，村可设农事小组。农事小组下，按居住邻近或农会会员的共同意愿可设农业产销班。20世纪70年代中期，农户为了克服经营土地面积过小的瓶颈，通过联合以扩大经营规模，农村出现过共同经营班。80年代以后，面临世界贸易自由化的冲击，进口农产品增加，农业被迫调整结构，引入现代企业经营观念，以提高经济效益。从1992年起，调整农民基层组织，积极发展农业产销班，目前已成为农民基层组织的主要形式之一。

目前，产销班的生产经营方式仍在不断发展。一是开拓产销区，发展综合经营。已有不少产销班除生产农产品外，还建立农产品加工厂、有机肥料厂，开展农牧业副产品的综合利用等。二是运用新技术提高产品质量，加强品质管制。三是增加公共事业的比重，逐步完善公共设施，建立企业化经营管理制度，提高效益。四是完善产销资讯的收集办法和制度，使产销班根据市场预测，确定生产计划、供销计划，降低风险，逐步形成最佳生产规模，得到合理的利润。同时，通过农民集体的力量，使产销班在决定农产品价格过程中发挥作用。

（四）农产品运销系统

台湾农产品运销系统分四种形式：一是农产品批发市场，包括产地和销地批发市场。批发市场在农产品运销中起着产品集中和分散的均衡功能；同时通过公开竞争，形成合理价格。批发市场能够提供货物保存、批发代理、结算汇总、信息查询等服务。二是农民团体的共同运销。共同运销通常由农会、合作社或产销班承办。在产地集中货物后运到批发市场上批售，有利于降低运输成本。三是产品直销。由于商业零售方式的变化，连锁店、超市的发展，为了降低成本，直接从产地运货。农民团体投资建立包装、配送中心，把生鲜果实包装后直接供应连锁店、超市或消费大户等单位。四是专营产品运销只涉及糖、烟和酒三类产品。

综上所述，台湾地区农业产业化的实现不是通过龙头企业的带动，而是通过农会、合作社、产销班等组织的结合，把分散的农民组织起来，使农业生产经营实现现代化、专业化、区域化、商品化，并建立了社会服务和运销体系，不仅有效地解决了分散的农户经营与国内外大市场的连接问题，而且生产经营的收益全部在农民内部分配，因而农民收入稳定增长，较快地走向共同富裕的道路。

三、建议

为了迎接即将到来的WTO的挑战，并使我省农民尽快富裕起来，必须加快湖南省农业产业化的进程，除了继续大力推行“龙头企业+基地+农户”等模式外，建议湖南省政府尽快召开湖南省农业产业化方面的会议，共同讨论我省农业产业化道路问题。建议，在湖南省政府支持下，由省农村办主持，组织湖南省农业厅、湖南省农业科学院和湖南农业大学共同承担“湖南省台湾模式农业产业化试点项目”，在省里选择一个乡（镇）进行试点，成功后再向全省推广，项目完成时间预计三年。

项目实施步骤和目标：第一年，选点，进行宣传教育，开始培植当地特色产业，并进行组建农民协会和专业合作社的试点，根据情况先组建1～2个具有社会化服务性质的合作社，如运输合作社或农机、化肥、种子等生产资料综合服务合作社等。第二年，在自愿的基础上乡（镇）各个村全面建立农民协会和各专业合作社，并着手组建农民合作或参股的加工企业。这种企业因地制宜，由小到大，由低到高，由一个到多个。第三年，基本形成全乡（镇）农民自主种养加、贸工农、产供销一体化的生产经营体系，并初步形成1～2个有特色的效益好、内外销有渠道的支柱产业。

项目经费预算：本着从紧的原则，三年预计需经费900万元。

项目完成时的效益：除深远的社会效益外，农民人均收入比项目实施前增加2倍以上。

关于加快筹措社会保障资金若干问题的思考与建议

一

尽快建立完善的适应社会主义市场经济需要的社会保障体系，既是党和政府的要求，也是全国人民的迫切企望和焦点问题。尽管这个问题是一项复杂的系统工程，政策性很强，涉及面很宽、很具体，每改革一步，每前进一步，都牵动方方面面的利益调整，要付出巨大的努力，但我省在这方面还是取得了可喜的进步和成绩。一是实现了党中央、国务院关于“两个确保”的基本目标，为湖南国企改革、社会稳定做出了很大贡献。1988年以来，湖南分流下岗国企职工138.67万人，通过各种渠道为他们筹集发放基本生活保障金43.36亿元；全省离退休人员111.46万人，近三年累计发放养老金150.41亿元。二是社会保障体系的管理体制已经初步理顺，全国统一的保障制度正在逐步建立。我省养老金社会发放人数已达110.34万人，社会发放率达83.65%，提前完成了省委、省政府确定的年度任务。三是社会保障的覆盖面正在逐渐扩大，如失业保险覆盖面已扩大到城镇所有企、事业单位及职工，参加失业保险人数已达346.48万人。

上述成绩，与历史的纵向比较，无疑是巨大的，但与党和人民的企盼相比，与一日千里的改革、发展对稳定情势的要求比，与加入WTO国际经济竞争时不我待的要求比，与还有许多挣扎在贫困线上渴望得到社会保障的民众心情相比，我国社会保障体系建立和完善的步伐，不免显得过于沉重，过于缓慢。实事求是地说，我国社会保障的滞后，已成为制约我国改革、发展、稳定推向前进的重要瓶颈。一是失业保险覆盖面仍然很低。2000年全省城镇从业人员834万，但参加失业保险人数为346.48万人，仅占城镇从业总人数的40.15%。二是养老保险的覆盖范围基本上仍停留在国企和部分集体企业的传统范围。这对国企改革、职工下岗分流、民众就业、社会稳定启动内需留下深深的社会阴影；对已成为纳税大户，就业主渠道的三资企业、私营企业、个体户来说，不仅成他们吸引人才、提高职工队伍素质的重要障碍，也背离了同等国民待遇的市场原则。三是医疗保险按医保新制度启动运行的还只有50个县，启动人数115万，仅占全省城镇834万从业人数的13.6%，离全省人人有医保的目标就更为遥远。四是社保资金严重短缺，去年底全省企业养老金拖欠费额高达23亿元，收不抵支现象日趋严重。五是还有相当部分的失业人员并未拿到失业救济金。我省城镇登记失业率4%，应实有失业人员34万人，但2000年只有86250人拿到了失业保险金，且年人均拿不到600元，保障水平极低。我省社会保障体系建立与完善所面临的种种问题和困难，归根结底都缘于一个“钱”字。社会保障的资金问题解决不了，那社会保障体系的建立与完善就要成为一句空话。因此，我们就如何拓展社会保障资金的筹措渠道，加快社会保障资金的筹备谈谈拙见。

二

我们认为要解决社会保障所需巨额资金的问题，最重要最关键的问题是先要解决各级领导者和国民在这个问题上的思想认识和思想观念。这是我国改革开放20多年各项事业取得巨大发展、巨大成果的最为宝贵的启示。深圳由一个荒凉的边陲小镇建成现代化的国际大都市，当时最缺的就是钱；广州、北京、上海、大连、张家港、华西村等许多城市及农村能迅速崛起成为国内外交口称赞的经济奇迹，当初最缺的也是钱。为什么这些地方在短短的一二十年里就解决了成千上万亿资金呢？靠的就是新思想、新观念而创新的新政策、新措施、新办法而筹来的巨额资金。因此，我们认为解决社会保障巨额资金的筹措问题，更需在社会保障问题上的思想认识及思想观念在下述方面进行更新。

一要树立为发展先进生产力而加快社会保障体系建设的思想观念，摒弃单纯从传统的政治观念上考虑这一问题的思想。

过去许多领导者及国人以为养老、医疗等保险待遇是社会主义制度的特有政治优势，因而只有国企等全民身份的职工才享有此待遇。打开国门发现西方发达国家的社会保障体系比我们健全、完善，且覆盖着本国的全体国民，于是再从纯政治优势推动社会保障事业发展的动力消失了。若仍用原思想观念和办法推动此事业发展，不仅收效不大，还会引发没有享受此待遇的多数国民的反感和抵触，强化既得利益者对此的依赖、眷恋，成为国企、事业单位改革的严重制约。很显然，我们必须转到为推动先进生产力的建设和发展上来，构筑适合市场经济需要的覆盖全社会的保障体系。这既能得到全体国民的认同、参与，也切合当今我国社会经济发展的迫切实际需要。大家知道，先进生产力的发展壮大，是以淘汰落后生产力为代价的，是以部分落后企业的破产和部分职工暂时失业为代价的。在充满竞争的市场经济中，谁也不能保证自己所在的企事业单位永远常青，永不落败，从而保证自己永不失业、永无病痛、永不衰老。有了覆盖全社会的社会保障体系，国民得以解除上述方方面面的后顾之忧，才能积极支持落后生产力、落败企业事业的破产、淘汰，而真心拥护先进生产力的培育、发展壮大。江泽民同志关于“三个代表”的指示精神，是我们加快社会保障事业进程的强大思想武器。

二要站在经济全球化的高度，树立加快社会保障体系建设的急切性和紧迫感。我国加入WTO的大局已定，今年底明年初，我国的各类企事业单位和职工个人，就要和西方发达国家的同行们站在同一起跑线展开面对面的全球范围的经济、技术、管理大比拼了。显然，谁的包袱轻，谁的后顾之忧少，谁就跑得快。如果我国的社会保障体系不能迅速建立、健全、完善，我国的企事业单位还要拖着“企业办社会”的巨大包袱前进，必然败下阵来。WTO有一条重要的游戏规则叫作反补贴。中国为农业补贴问题，跟美国、欧盟等发达国家在入世谈判中进行了长期的激烈的讨价还价。我们若把社会保障体系覆盖到了农村农民身上，不就是一种合理、合法、无可争议的实惠补贴吗？农业农民尚且如此，其他各行各业的出口又何尝不是这个道理呢？现在的问题是，西方发达国家已有这方面的完备待遇，我们还没有，或不全有，显然在国际经济竞争中，无形之中他们比我们多了一份隐形补贴。由此可见，从赢得国际经济竞争的角度来看，我们的社会保障体系的建立与完善，已经是时不我待，必须只争朝夕了。弄不好，我国各类企事业单位会出现人才大量流失，人才空前匮乏的严重局面。

三要树立适应社会主义市场经济的社会保障体系就是先进生产力的一部分，就是先进文化的一部分的思想观念，走出社会保障事业是慈善事业的传统误区。我们之所以说适应市场经济需要的社会保障体系是先进生产力、先进文化的一部分，一是因为它是推动先进生产力发展壮大的促进剂，是淘汰落后生产力的润滑剂；二是因为它有助于建立全国统一的劳动力市场，促进人才的流动，实现人力资源的优势组合，促进产业结构、产品结构、技术结构的调整；三是它能解除国民的生存之忧，让国民敢于把银行的存款拿出来用于消费，用于风险投资，从而启动消费，启动个人投资，拉动内需，扩大消费，直接拉动国民经济增长。

众所周知，我们的许多领导者对生产力的投资是不吝惜的，没钱会千方百计去弄，而对慈善事业则是斤斤计较，竭力哭穷的。对社会保障事业的此观念不更新，社会保障资金是很难筹到的。

四要树立为我国可持续发展战略而迅速建立健全社会保障体系的思想观念，摒弃在这个问题上的短视眼光。大家知道，外资外企进入中国是为了赚钱的，他们看中的是中国的广大市场和廉价的劳动力。赚完了钱，他们是可以一拍屁股走人的，但我们为他们打工的人是走不了的，生、老、病、死还得我们自己管起来。如果这些人在外企打工时，不按国际通行规则，不按国民待遇原则，为这些职工建立好社会保障，缴纳该缴的社保资金，等外商人去楼空又该找谁去呢？这几千万在外企工作的职工的可持续发展问题，整个国家上亿职工的可持续发展问题，难道还能允许我们慢慢来吗？现在许多资源枯竭的老矿山职工生存发展难题，难道还不足以引起各级领导对此问题的深刻反思吗？

五要从营造良好的经济环境和经济秩序的高度来更新我们对社会保障体系建立与完善的思想观念。为什么我国现在的治安状况不容乐观？为什么制假、售假如此猖獗？为什么一些政府官员虽然自己不愁吃不愁穿，却念念不忘为子女留下一份遗产，而不惜贪污受贿，铤而走险？固然原因是多方面的，但与我国社会保障体系的相对滞后，人们对充满激烈竞争的市场经济无必胜信心，因而担心生存危机不无相关。俗话说“饥寒起盗心”。显然，我们的社会保障体系搞好了，人们对生存恐惧的心理必然大大减弱，经济环境、经济秩序的治理难度自然就会大大降低。经济环境、经济秩序好，引资才会顺利，人才也才能汇集，经济和社会发展才会出现良性循环。

六要敢于应用维护我国人民的人权思想，去更新传统的扶贫济困思想，来加快社会保障事业的发展。长久以来，"维护人权"似乎成了资本主义国家的专利，从"五四"运动以来，就以维护中国最广大人民群众之人权的中国共产党反倒成了被"人权"攻击的对象。这是一种对事实与历史的颠倒。而我们许多领导者在此种攻击下，竟然不敢理直气壮讲维护人权了，害怕自己成了资产阶级的代言人。这种"左"倾年代留下的残余思想应予摒弃。在即将加入WTO的今天，我们应该敢于用维护广大国民之人权思想加快社会保障体系的建设。因为覆盖全社会的社会保障体系代表了最广大的中国人民根本利益，符合江泽民同志关于"三个代表"的精神要求，也是我国加入世界人权公约，保护每个国民的生存权、发展权之必需。用维护人权之思想推进社会保障事业的发展，既可回击西方别有用心者对我们的攻击，也使大批外资、合资企业对社保资金缴纳无法推托，还可获得国民的广泛支持。

总之，情况变了，时代前进了，我们推进一桩事业发展的思想观念也应更新，只有这样才能在新的思想观念指导下，找到开拓事业新局面的渠道与办法。

三

在解决了加快我国社会保障体系思想观念更新的问题之后，紧接着是我国我省目前是否有能力解决这个问题。由于我国人口多、底子薄，社会保障体系建设起步晚，目前收不抵支的现象普遍，资金缺口大，全国2000年缺口360亿元，湖南缺口近10亿元。如果覆盖全社会，那就缺口更大。

表面来看，似乎目前建立覆盖全社会的保障体系的时机不成熟，只能慢慢来。但我们若冷静下来算算细账，用发展生产力，推进先进生产力建设的眼光重新审视一下这笔细账，恐怕就会得出另一番结论。

我们先来算算覆盖全社会的社会保障体系的资金所需盘子有多大。按国际比例，需要政府介入补贴的社保资金主要是四大块：一是养老金；二是失业救济金；三是医疗保险金；四是城镇人口最低生活保障金。以湖南1999年底的有关统计数字为依据，所属各项社会保障资金大致如下：

（一）全省所需养老金102亿元

1.农村以65岁为领取养老金之年龄，湖南共有农业人口4350万，65岁及以上年龄人口比例为7%，每人每月养老金80元（因为他们没有因年龄大而失去土地）则需4350万×7%×12×80元=24亿元；

2.全省企业已参保人数323.2万人中的离退休总职工数为111.46万人，实需养老金59.3亿元；

3.城镇未参保职工还有511万，按退休年龄者占11%计，应有56万人，养老金按人均职工工资的50%计（美国才40%），我省2000年职工人均工资6300元，此养老金共计18亿元。

（二）全省所需失业保险金8.1亿元

鉴于国家是以土地给农民作为工作就业保障的，故其失业问题不在失去土地时是不存在的。湖南城镇职工总人数为834万，城镇登记失业率为4%，失业救济金按人均职工工资40%计，即人均2400元，即需失业救济金8.1亿元。

（三）全省所需医保资金155亿元

1.城镇国企职工原有人数286.9万人，现行待遇人年均医疗费650元，共计需费18.65亿元；

2.城镇其他职工还有（834−286.9）=557万人，按人年均400元计，需费22.3亿元；

3.城镇其他剩余人员还有（2180万−834万）=1346万人，按小病自费，大病号以商业医保每年2000元可得大病医保金4000元运作，则需资金27亿元；

4.农村人口4350万，按小病自费或由中草药自行解决，也以商业医保每年200元，可得大病医保金4000元运作，则需资金87亿元。

（四）城镇最低生活保证金10亿元

有关部门测算，我国需享受最低生活保障金的人数比率为城镇总人数的4%，则湖南此总人数为（2180万−834万从业人口）×4%=54万，按人月均160元计，共需资金10亿元左右。

上述四项共计275亿元。乍看来，这么庞大的数字够吓人的。用传统的扶危救困、慈善事业眼光来筹措此笔资金，那是绝对的办不到，绝对的时机不成熟。然而若从扩大内需、启动消费、发展生产力投资的角度去看，以下分析则说明我省是具备解决这一问题的实力的，时机也是成熟的。

1.从湖南的人均国民国内生产总值和湖南经济总量来看，1990年分别为5101元和3334亿元，而湖南覆盖全社会的社会保障体系的总资金盘子也不过280亿元左右，还不足湖南GDP总值的零头。

2.众所周知，社会保障所需资金并非政府一家独担，而是由政府、企事业单位及个人三家分担的，且政府补贴的部分远不到总量的1/3。就算1/3，一年也不到100亿元，而湖南1999年，固定资产投资总额为953.3亿元，若从中拿出10%（则有95亿元）投资于社会保障建设，不仅社会保障资金得以解决，也达到同样的扩大内需、启动消费、拉动经济增长的目的。

3.从湖南的消费增长情况来看，建立覆盖全湖南所需社保资金的对策也是可能的。1999年湖南城镇居民消费总额为1690.66亿元，同期政府部门的消费总额却达到了521.8亿元，比1995年政府部门消费的228亿元增加近300亿元，每年递增70多亿元。如果通过机构改革，压缩行政开支，节约10%，每年则可拿出50多亿元，需政府承担的社会保障部分不就很有眉目了吗？把省、市、县、乡村各级政府官员吃喝、小汽车超编超档，住房超面积超标的钱汇集起来，也足够支付社会保障金所需的。问题是看我们的各级政府官员是否真正具有为中国最广大人民群众的根本利益而服务的意识。

4.再看国民是否具备支付社保资金的能力。1999年湖南城镇居民家庭人均可支配收入为5815.4元，农村人均纯收入为2147.8元。虽说收入水平不高，但挤出钱为自己治病、养老都还是会干，也承担得起的。在近280亿元的社会保障金中，涉及农民部分的110亿元，除去政府补贴的1/3，还有73亿元，平均到每个农民头上每年不到170元，近乎农民人均年收入的零头，农民还是可以承受的。在近280亿元的社会保障资金中，涉及城镇的有170亿元，除去政府和企事业单位的各1/3，还有60亿元，平均每个城镇人口年须负担不到300元，这对人均年收入5815.4元的城镇居民来说，应该不在话下。

四

用新的思想、新的观念来拓展社会保障资金的筹措，运用市场经济的手段，则既可得到国民的积极支持和理解，还可广开渠道。为此我们建议：

（一）可利用广大结构的调整

国有资产有进有退的重组机会，实现部分固有资产作为国家社会保障基金，并使其增值、升值。这样做的主要思想障碍是所谓国有资产是不是流失的问题。按照“左”倾的观点无疑是流失。因为在他们看来，现代社会保障的受益者包括农民，个体户、私营企业等非国有职工。岂不是把国有资产转移到个人了手中吗？但我们要问，农民、个体户、私营企业等非国有企业职工在国有资产的形成中没作出贡献吗？难道他们缴纳的税费还少吗？农民在工农产品价格上的剪刀差所作出的牺牲还少吗？他们在农村包围城市取得革命政权、建立新中国，在家庭联产承包掀起中国改革开放的浪潮中作出的牺牲、贡献还少吗？国有资产取之于民、用之于民，代表最广大人民群众的根本利益，不正是共产党人的立党之本、执政之基、力量之源吗？难道国有资产非要为官员掌握手中，任凭享用才叫不作流失吗？难道非要国企职工享用才叫作不流失吗？难道这个国家只是国企职工的国家而不是全体国民的国家吗？

（二）可向国民、向国外举债筹措社会保障资金

我国是一个人口众多、家底薄、处在艰苦创业阶段的国家，如同一个家底薄、孩子多且未长大、需要教育培养成人，还要创立家业的大家庭。怎么办？此阶段家长只好举债让孩子别饿着，还要读好书，等孩子大了，家境好了再还债。我们认为，一个国家也不外乎此理。国家现在不正在提倡国民贷款读书，贷款消费吗？当然国家就同理可以通过向国民、向国外举债来筹取用之于民的社会保障资金。何况该资金还可启动国民的消费，扩大内需，刺激国民经济增长呢？

（三）可利用价格手段为社会保障筹集资金

记得国家为三峡工程筹集资金时，就曾在每度电费上加价几厘钱。今天在我国社会保障资金缺口较大、历史欠账较多的情况下，专门为此在每度电费上加价两至三分钱，并专款专用，是完全可能的，也是百姓能理解、支持的。这样既为社保筹集了资金，还调节了一些贫富差距，促进能耗的改善，以湖南每年耗电332.5亿度计，此举一年可筹资6.6 ~ 10亿元。香烟，如果平均每包加价0.1元的话。此项专费，湖南一年就可筹资12.5亿元。类似此类大宗产品，国家又有较强调整能力的，实行此法，不仅可以获取大批资金，还可以改善价

格保持低迷的状态。

（四）应对大量消耗不可再生资源的行为征收相应的社会保障金

例如土地资源、矿产资源等。众所周知，土地是农民赖以生存的根基，征用了他的土地，他的社会保障金就应全由征地费给足其所需。但传统的一亩土地几万乃至几十万的征地费中，又有多少钱用于了社会保障金呢？恐怕是一分钱也没有，因为那时的社会保障根本就没有把农民覆盖进去，现在再不考虑就不行了。矿产资源的开采，存在类似的问题。计划经济年代就根本没有考虑矿山职工的失业救济金的储备问题。现在，许多矿山资源枯竭了，矿山职工的失业问题无法回避，而原来的社会保障无失业一说，既给国家的稳定带来极大隐患，也给矿山职工带来极大苦忧。这种经济发展过程中的短视悲剧不能再重演了，要未雨绸缪了。

（五）应全面开征社会保障税，此举应是国家机关、事业单位、社会团体也不例外

这是因为：其一，他们是国家社会保障体系的更大受益者，不能只受益不出力；其二，他们的经济来源是出自纳税人缴的税款，他们理应精打细算，节省部分开支为社会保障出力；其三，国家机关是共产党员云集之处，是国家方针政策的制定者、执行者，理应在重大国策上起模范先锋作用。这自然存在由国库的一个口袋转到另一个口袋之嫌，但若限定不能因此增加预算，不能追加拨款，其意义就大不同了。

（六）应采用四两拨千斤的方法调动国民和单位缴纳社会保障金的积极性

目前许多单位和个人拖欠社会保障金的问题，并非完全缺乏缴费能力，而是出于对部分政府官员和部分政府机构缺乏信任感。这种信任危机一是因为一些政府部门政府官员的乱收费，乱花钱；二是因为一些官员的贪污腐败；三是官僚作风，衙门习气，权钱交易，付给百姓难。加之报端也不时披露一些社保干部贪污挪用社保资金的案例，使许多单位和个人认为这笔养命钱还是抓在自己手里牢靠。当然，也有些单位和个人因为自己面临的失业、病痛、衰老压力不大，钱交出并不能立即看到收效，产生先交先吃亏的思想。这就需要我们的领导者，针对国民的这些心理创新我们的收缴方法。为此，可借助国民热心储蓄，对国有银行信任度高的心理，为每个国民开放保障专项存折，并给予不缴

利息税，比同期银行利率高出0.5%左右的优惠，规定存款的年限和累计总额，限定支取年限和条件，百姓是会乐意把自己的这种事办好的。有了这样的专项存折，百姓一则感到放心，认为此钱抓在自己手里而不是掌握在官员手中；二则感到按年限按条件支取比找政府官员领取要容易得多；三则可依据自己经济情况灵活机动地把散钱尽早存入账户，获取存款优惠。若能以此为据，规定其所在的工作单位把相应比例的金额打入个人账户和国家账户，在符合支付条件时，国家以此为据补贴相应金额，岂有国民不高兴不支持社会保障金的存缴之理呢？我们认为此举的真正障碍是部分政府官员老想把权力把钱抓在自己手中的心理，缺乏真心实意为百姓服务的优秀品质。

（七）应设立国家级的社会保障事业筹资彩票，并应将其作为长期、稳定的筹资渠道

此种彩票由于面对全体国民发行，又受益于全体国民，只要组织宣传发行得当，资金走向透明（应纳入社会保障基金），应比社会福利彩票和体育彩票更为老百姓所支持所热心。

（八）应将各级执法机关查获的贪污、受贿、走私、贩毒及其他违法、违纪的罚款，一律上缴国库列入社会保障基金中

这既是人民财产应该回到人民手中，为全体国民所享用的要求；也体现了党和政府代表人民意志反腐倡廉的坚定决心；还可避免一些部门为一己之需又对此类款项动起歪脑筋，把一场严肃的经济、政治斗争引向邪路。

（九）应对所有破坏污染国民生存环境的行为在征收排污费时，应加征社会保障金的一块进去

过去这个问题仅考虑了治理环境所需的费用这一块，而没有考虑污染了的环境已无形中增加了国民医疗费用开支，已剥夺了部分国民赖以生存的资源（如水、土地、草、森林、鱼类）而加重社会保障金负担等后果，今后要将此块缴费计入进去，并及时拨入国家社保基金之中。这样可以更有效地动员全体国民关注环境，爱护我们的家园。保护自己的合法权益。

总之我们认为，只要我们不断更新我们的思想观念，以江泽民同志“三个代表”为指导思想，加快建立适应社会主义市场经济需要的完善的社会保障体制是完全可行的。

农村土地流转问题及其政策建议

农村土地承包期再延长30年的政策出台以后，农村集体土地的流转问题已成为当前农业和农村工作中的一个重大课题，直接关系着农业和农村经济的整体素质和效益，关系着农业第二个飞跃的实现。对此，笔者结合湖南省娄底市的实际情况作了一些初步探讨。

一、土地流转的现状

当前，农村集体土地的流转日趋活跃，土地流转已成为一个带普遍性的问题，且土地使用权出现了买方市场，呈现出以下三个明显特点：

（一）流转形式单一

土地流转有多种形式，包括转包、转让、互换、入股、租赁（包括反租倒包）等。娄底市有关部门的调查表明，尽管土地流转的面积已达到一定规模，但土地流转的形式过于单一。突出表现在实行转包和租赁的面积居多，而以其他形式流转的面积太少。娄底市现有耕地244.42万亩，流转面积32.4万亩，占耕地面积的13.3%，其中转包的面积20.84万亩，占总流转面积的64.3%；租赁的面积5.69万亩，占17.6%，以这两种形式流转的面积占总流转面积的82%，而以其他形式流转的面积加起来仅占总流转面积的18%，其中入股经营的面积尚不到总流转面积的1.5%。由此可见，流转形式单一的问题十分突出。

（二）流转范围狭小

当前，国家关于土地流转的相关法律法规尚未出台，土地流转市场尚未发育完善，农村集体土地往往是“有买找不到卖，有卖找不到买”，土地流转局限在比较小的范围内进行，农村土地被外地老板租赁开发得极少。据娄底市的调查，绝大部分地方农村土地的流转在农户之间自发进行，实行户间自发流转的面积占整个流转面积的80%，且转出土地的对象大都为外出打工户，转入土地的则大部分是在家务农的老人、小孩和年龄偏大的妇女，有人戏称他们为“996138”部队，他们大约耕种着农村60%的土地。

（三）流转收益倒挂

土地使用权出现买方市场以后，相当一部分地方土地流转收益出现了倒挂的现象。转出土地使用权的农户不仅不能取得土地流转收益，相反大都还要倒找钱。据娄底市最近的一次农村调查显示，转出户需要倒找钱的占整个转出对象的70%左右，其中60%左右的转出户要求转入户每亩提供100～200斤稻谷，折合人民币40～80元，其余40～60元负担由自己承担（娄底市平均亩平土地承载负担为100～120元），40%左右为转出户只要求户不荒田就行了，土地的所有承载负担全部由自己承担。正因为如此，近两年来50%左右的农户不愿耕田，一些地方双季稻田改单季稻种植的现象比较普遍，全市耕地抛荒面积占总耕地面积的6%左右。

二、原因剖析

土地流转不畅、效益低下的原因是多方面的，既有体制上的障碍，也有市场机制的作用，主要体现在以下几个方面：

（一）土地的财产属性不清

《中华人民共和国土地管理法》虽已明确了农村集体土地的权属关系，也廓清了土地所有权与承包权的关系，但对土地的财产属性却没有作出明确规定。现有法律虽然规定农村土地作为一项财产，为集体所有，承包农户在30年承包期内具有承包经营权，但农户的承包经营权是否可以构成农户的财产权，却没有明确。这就导致了承包者不将承包土地作为财产看待，欲转入者也不能将土地作为资产看待，土地使用权流动没有内在的驱动力。显然，这已构成了土地流转的体制性障碍。

（二）农业比较效益偏低

近年来，农业生产资料价格增长很快，远远超出了农产品价格的增幅，“剪刀差”再度扩大，农业增产不增收的问题较为突出。尽管一些农民通过调整产业结构，获得了可观的经济收益，但由于惧怕市场风险，绝大部分农民仍然以种稻谷为主，而种稻谷的收益却十分微薄，农民增收举步维艰。据娄底市的一项调查表明，一般情况下，一亩双季稻田种两季稻谷的收入为720元左右，支出为440元左右，收入减支出余280元左右，而每亩水田一年共需上缴农业税、特产税、“三提五统”等费用100 ~ 120元，如果将每亩双季稻田的收支余额280元再减去其承载负担100 ~ 120元，农民耕种一亩稻田的实际收入仅为170元左右，按30个劳动工日计算，每个工日仅获报酬5.70元，如遇天灾，收入将更少。在这种情况下，农民很难获得社会平均利润，更谈不上超额利润，对土地的需求缺乏利益驱动。

（三）中介组织尚未发育

与普通商品交换相比，土地流转的运作程序相对复杂，涉及所有者、经营者和使用者等多个产权主体的经济利益，这就要求有完善的中介服务机构为之服务。然而，由于体制的障碍以及利益驱动力不够等原因，当前我国绝大部分地方尚未设立专门的土地流转中介服务组织，在大多数情况下是村组集体经济组织在充当中介组织。这样，集体经济组织既当“运动员”，又当上了“裁判员”，不可避免地会干涉其他产权主体的权益，从而使这种中介组织失去应有的媒介功能。这显然也是一些本地种养大户和外地老板不敢或不愿承包经营土地的原因之一，使得农村土地无法在更大范围内合理流动和优化配置。同样，由于中介组织的匮乏，农户之间私下流转土地使用权的现象也无法避免，且这种现象将越来越普遍。

（四）社保体系建设滞后

土地是农民的命根子。当前，由于相当一部分地方没有建立农村社会保障体系，绝大部分农民仍然把土地作为安身立命的基本生产资料，作为获取收入的主要来源，在没有寻找到稳定、安全的生存替代来源之前，他们不愿放弃土地使用权。一些转移到二、三产业或外出打工的农民尽管已相继富起来了，但由于缺乏长远的收入预期，仍然把土地作为“活命田”“保险田”看待，一旦经济波动，非农收入下降，他们依然可以回流农业部门。很多外出打工的农民宁肯种“粗放田”“应付田”，甚至不惜抛荒，也不愿转让和放弃承包地。

三、政策建议

为促进农村土地的合理流转和土地资源的优化配置，有必要在体制和机制上有所创新，在外部环境上有所改善。

（一）合理界定土地使用权主体的权利范围

土地使用权应是一项相对独立和完整的财产权利。农户或其他经济联合体通过承包、受让等方式获得土地使用权后，就相应拥有对土地的占有、使用、收益和部分处置的权利，而且还可以依法从事有偿转让、转包、联营入股、贷款、抵押等活动。然而，长期以来，关于农村土地使用权（承包经营权）的权属关系问题，我国只用红头文件的形式作了一些规定，土地使用权（承包经营权）的法律地位仍然不很明确。《担保法》强调：耕地的土地使用权不得抵押，新颁布的《土地管理法》也仅仅提到“农民的土地承包经营权受法律保护”，究竟如何保护，无实质内容。因此，当务之急是国家要尽快出台《土地承包法》和《农村集体土地流转管理办法》，正式以法律条文的形式进一步廓清农村土地的权属关系，合理界定土地使用权主体的权利范围，真正从体制上保证农村土地流转有法可依，有章可循。

（二）建立土地使用权流转的良性机制

针对当前农村土地流转中出现的无序状态，有必要完善机制，规范操作。一是要构建适应土地使用权市场化的管理体制。主要措施是加强对农村土地的宏观管理，明确规定农村土地使用权流转的原则、范围、条件、形式和具体操作程序，建立健全土地向规模经营发展的引导机制。二是要缔造土地使用权交易中介组织。主要是建立相应的土地信息、咨询、服务系统，成立托田所、土地经营公司等多种形式的服务机构，并使这些服务机构逐步专业化、社会化、企业化。三是要推行土地使用权证券化。要借鉴发达国家实施土地证券化的成功经验，允许持有《土地承包经营权证书》的农户以转让、租赁和入股等形式流转土地。同时，要对土地使用权流转实行权属登记制度，按照“认证不认人”的原则，集体经济组织与最后登记在册的土地产权主体发生契约责任关系，从而以证券形式促进农村土地在更大范围内的优化配置。

（三）改善农村土地流转的外部环境

当前，我国对农业的保护在世界各国中尚处于最低水平。农业得不到保护，土地经营就不可能有好的效益，农民就不愿种田，农村土地的流转也就步履艰难。因此，必须切实加强对农业的保护，着力为土地流转创造良好的外部环境。一是要调整农产品的价格剪刀差，缩小工农产品的价格差距，尤其是要对粮食、棉花等大宗农产品的价格实行更进一步的保护，确保农民增产增收；二是要加快乡镇企业的相对集中和农村新型小城镇的建设，加快农村剩余劳动力的转移，通过减少农民来致富农民；三是要加快农村税费改革步伐，理顺国家与农民的税收关系，将暗税转为明税，同时，还要理顺集体经济组织与农民的关系，实行规范收费，切实减轻农民负担；四是要建立多层次的农村社会保障体系，通过发展农村社会保险、社会救济、社会福利、社会互助等事业，完善农村社会化服务体系，逐步弱化土地的福利和社会保险功能，为转出土地者解决后顾之忧。

关于加速推动我省检测机构建设和检测市场形成的建议

一、检测在国民经济和社会生活中的作用和地位

（一）检测是国民经济发展的基础

我们知道，国民经济的发展，必须以产业为支撑，产业发展的快慢，产业效益的高低，取决于产业素质和满足社会需求的程度，这就需要依托其检测手段、检测能力，以使其产品质量得到稳固和提高。检测是企业质量管理的眼睛，提高检测水平，企业可以不断发现产品弱点，消除产品缺陷，俗话说得好：只要检测得出，就能生产得出。通过检测，可以克服人体器官和肢体的缺陷，触及通常不能涉及的领域，发掘一些新的产品，附加新的使用功能。可见检测在企业产品质量的改进和提高，确保国民经济得到持续、健康、稳定发展所起的重要作用。

（二）检测是社会生活质量的提高，人民身体健康、安全的保障

随着社会的不断发展和进步，人民生活的方式、要求也在不断发生改变，从解决温饱问题到追求生活多层次，同时对生活质量也提出了远高于以往的要求，企业必须不断识别这种社会需求，才能生产出符合社会需求的产品，同时消费者也对其吃、穿、用、居家环境是否安全、是否符合人体健康提出了更高的要求，所有这些，均必须依赖检测来判别、来实现。

（三）检测为社会资源的有效发掘、利用及社会持续发展提供了手段

我国人口众多，资源相对贫乏，而经济的发展又有赖于资源的支撑，如何合理发掘、利用有限的资源，最大效益地服务于国民经济建设，是政府、社会各界必须慎重对待的事。检测恰为这种要求提供了有效手段。

（四）检测为商品的国际流通，为经济和贸易全球化创造了前提

随着我国加入WTO，经济和贸易全球化在加速进行，我省产品走向世界，也就摆在我们每一个企业面前。检测一方面可为企业提升产品质量做了大量的工作，同时也可为企业减少国际贸易堡垒、降低企业产品成本做了很多工作。同时根据我国入世谈判承诺，四年后，外资可全面进入我国检测市场（合资或独资），这对我省现有检测机构无疑是一个很大的挑战。所以，如何尽快提高我省检测机构的检测能力和水平，形成规范的检测市场，是我省社会经济的发展、人民生活水平的提高和企业产品成本的降低、检测机构从容面对入世挑战所必须解决好的一个问题。

二、我省检测机构和检测市场的现状

湖南省现有检测机构1100多家（不完全包括企业内、学校内的实验室），分布在农业、环保、机械、电子、电力、化工、建设、建材、冶金、地质、煤炭、交通、铁路、水利、卫生、药品、通信、轻工、纺织、节能、消防、防雷、劳动保护、测绘、技术监督等行业或部门，大多是在计划经济或半计划经济体制下设立的，主要依托各行业、部门的职能职责，为行业、部门的行政管理和监督执法提供技术支持。这种背景，一方面促进了检测机构的建设，但由于行业、部门的界限，也限制了检测机构的发展。由于政府投资有限和逐步萎缩，随着形势的发展，大部分检测机构逐步暴露出水平低（设备的配置、人员素质和设施环境配备的适应性等）、能力差（跟踪产品技术发展的能力和适时满足社会、企业需求的能力）、责任心不强（因各检测机构当前主要解决吃饭问题，难以顾及自己的工作责任和社会责任）。

这种现状和构架，同时也带来了诸多弊病：

（一）盲目或重复投资，造成资金有效使用率降低，同时，由于缺少持续、有计划的投资武装，导致检测机构跟不上产品升级换代、社会生活健康安全的检测需要

大家知道，检测的投资额往往较大，维护费用高且难以马上得到回报，由于部门、行业的界限，一方面是投资面广（省、市、县），资金分散；另一方面，相关行业和部门对近乎相同的检测对象拥有几乎相近的检测系统，

由于政府投资资金的限制，同时缺少部门负责统筹，致使绝大多数检测机构无力、也不敢投资高风险的新产品检测，大多停留在常规产品的检测上，严重滞后产品发展的要求。对社会生活健康安全方面的关注也往往是事后发觉，予以补救。

（二）因界定为各行业、部门的检测机构，而各行业、部门往往各自依法执法，导致对同一行政相对对象重复检测、重复执法，严重损害了政府部门的形象

如对水质的检测，涉及卫生、环保、水利、自来水等系统，对室内装饰装修及室内空气质量的检测（涉及人体健康、安全）有卫生、环保、建设、建材、地质、核工业、技术监督等部门，诸如此类。导致信息重复发布，企业不堪负担，不仅扰乱视听，且不利于经济环境的优化。

（三）因体制、机制的限制，加上现有检测机构能力和管理水平的低下，很难面对入世以后检测形势的要求

由于行业、部门的限制，导致有的检测机构忙，有的闲置，社会检测资源未能得到有效的利用，加上收费水平低，对检测机构的重复检查、评价，致使检测机构有效资金少，因行业差距，管理不规范，很难为我省企业产品提供得到国际认同的检测结果，检测机构自身也不可能相应得到促进和发展。

三、对我省检测机构和检测市场发展的建议

（一）破除行业、部门界限，根据国际运作惯例，加速引导、建立中介检测市场

（二）根据我省产业产品特点，人民健康安全保障的需要，重点投资建设、扶植若干产品质量检测中心，建设我省检测网络

在建设过程中，要根据统筹规划，社会资源共享的原则，责成一部门牵头，既充分利用已有社会检测资源（破除行业界限），又充分利用社会力量，因地制宜地制定我省检测机构发展规划。

（三）因势利导，推动我省检测机构的规范建设

检测市场形成后，政府部门应严格门槛要求，加强监管，按照市场运

作规则，引导关、停、并一些不能适应社会发展要求的检测机构，对于有条件的检测机构，责成有关部门引导他们按照国际规则规范管理，同时引导一批为其创造条件，承担国家急需的检测项目（如产品认证检测）使其尽快成长、壮大。

关于改善非公有制经济融资环境的几点建议

随着我省市场经济的深化发展和加入WTO以后对外开放步伐的不断加快，非公有制经济在促进我省经济发展和提升我国经济的国际竞争力方面的地位和作用不断增强。但目前我省非公有制经济的发展还面临一系列障碍和制约，其中最突出的表现是非公有制经济的融资环境差。为了真实地了解非公有制经济融资环境的状况，最近，我们对湖南的长沙、怀化、吉首、张家界等地几个城市非公有制经济的融资环境问题进行了深入的调查。

一、非公有制经济融资环境的现状及成因

调查中，大多数非公有制企业特别是私营企业主及其政府各级主管部门都反映目前非公有制企业发展中融资困难的矛盾非常突出，特别是一些经营规模较小、经营实力较差的私营企业，融资难的问题非常严重。据我们调查了解，导致非公有制企业融资难的原因，主要有以下几个方面：

（一）非公有制企业融资途径少，融资渠道单一

目前怀化、吉首和张家界市，非公有制企业融资主要依赖于银行贷款，特别是国有商业银行的贷款，其他资金融资渠道极少。而国有商业银行的发展和经营战略的定位是“大城市、大企业”，非公有制企业由于其经营规模小而不能列入其贷款的重点。

（二）适应非公有制企业发展的经营中介机构很不发达

目前在怀化、吉首和张家界市，服务于中小企业的中小民营银行和外资银行还没有，城市商业银行和农村信用社自身发展还面临重重困难，难以充分发挥充当中小企业和私营企业融资主渠道的功能。

（三）缺乏为非公有制企业融资服务的资本市场

（四）风险投资发展滞后

（五）国有商业银行信贷机制和体制不能适应中小非公有制企业的信贷要求

一方面表现在目前国有商业银行对非公有制企业的贷款基本上都实行抵押贷款和担保贷款，而非公有制企业普遍资本规模小、可供抵押的资产少，且资产变现难，银行一般不愿意接受；另一方面表现在基层金融系统对贷款特别是私营企业的贷款实行严格的责任制，对贷款人责任追究过重，且上级银行对基层银行授权、授信不足，导致对非公有制贷款门槛高，非公有制企业往往很难从国有商业银行获得信贷资金。

（六）非公有制企业现有状况普遍不佳，银企之间信息不对称问题严重

据我们了解，怀化、吉首和张家界三市部分私营企业，其制度和经营管理还停留在较原始的家庭作坊阶段，企业主素质普遍偏低，财务制度和经营管理很不规范，缺乏现代经营观念，现代企业制度尚未建立；不少私营企业的企业财产和家庭财产不分，财务管理混乱，甚至没有一套真实、完整的会计报表。加之一些私营企业信用观念淡薄，故意赖账、恶意逃债行为也时有发生，严重影响了私营企业的整体信用。而目前各个城市均没有建立私营企业的信用评级机构和信用评价制度，各银行之间对私营企业的信用状况也未建立相应的信息交流和信息共享机制，使银行与企业之间存在严重的信息不对称，个别企业的不守信行为恶化了私营企业的整体信用，加大了私营企业的融资困难。

二、解决非公有制经济融资困难的对策建议

（一）适度增加支持非公有制经济基础发展的财政资金投入

可以采取逐年增加科技三项费用，并从中专门划出一块用于扶持非公有制经济，特别是非公有制科技企业，设立非公有制科技企业技术创新资金、科技成果转化基金，以贷款贴息、无偿资助和资本注入等方式支持非公有制科技企业的发展。

（二）进一步改善国有商业银行对非公有制经济的金融服务

增加新的金融服务品种，加大对非公有制经济、特别是非公有制高科技企

业的信贷资金投放。

一是国有商业银行应该根据非公有制企业贷款额度小、期限短、储蓄贷款时效性强的特点，尽量简化贷款程序、适度放宽信贷限制，提高办事效率，增加对非公有制企业的信贷资金投放。

二是国有商业银行应积极创新金融服务工具，因地制宜地开发各种新的融资渠道和方式，拓宽非公有制企业的融资渠道。在贷款担保和抵押上，可以考虑在现在的不动产担保抵押的基础上，实行动产担保的抵押，允许非公有制企业以原材料、半成品、成品库存等各种形式的动产作为抵押；也可以考虑允许非公有制企业以企业订货单作为贷款的凭据和抵押。

三是国有商业银行必须彻底改变对非公有制经济的歧视。尽管自中央银行出台了鼓励国有商业银行改善对中小企业金融服务的金融政策，但在实际执行中，国有商业银行的“恐私”心理仍非常严重，对非公有制经济特别是私营经济的贷款歧视现象仍非常严重。如据我们调查，在很多国有商业银行中，对同样数额的不良贷款，贷款对象如果是国有企业，承办贷款的银行工作人员往往不会受到责任追究，即使被追究，责任也很小。而如果是私营企业，这往往被怀疑接受了什么好处，从而要受到严厉责问追究，甚至还可能受到司法机关追究，导致银行工作人员在对私营企业贷款时往往过于谨慎、贷款手续烦琐、条件苛刻、对抵押品要求过严等，严重限制了对非公有制企业的融资。因此，从观念上、政策上、体制上和法规上对改变非公有制经济的歧视已十分迫切。

（三）进一步发展和规范中小金融机构

改善国有商业银行非公有制经济的金融服务虽然有助于改善非公有制经济的融资环境，但国有商业银行的体质特征、目标定位及加入WTO后所面临的外资银行的挑战，使国有商业银行不可能成为非公有制经济融资的主渠道，对大多数非公有制企业特别是中小企业来说，中小金融机构仍将是融资的主要来源，也是其贷款最理想的对象。目前我国中小金融机构总体来说已获得了较大发展，其在改善对非公有制经济融资环境方面也发挥了非常积极的作用。但要使中小金融机构真正成为非公有制经济融资的主渠道，目前还存在一些亟待解决的问题：一是中小金融机构在数量上严重不足，远远不能满足非公有制经济的融资需求，这在经济落后的地区更为突出。二是中小金融机构的发展本身困难重重，如资产规模小，抗风险能力低；信用状况较差，竞争能力弱，揽储困难，存款流失严重；内部管理欠规范；由于贷款对象的复杂性和低信用，经营风险大，不良贷款比例高等。因此发展中小金融机构，还必须有政府的大力扶持。

（四）积极发展为高科技中小企业和私营企业融资服务的风险投资体系

一是应加快建立科技型中小企业创业基金，为科技型中小企业，特别是私营科技型中小企业的技术创新提供资金支持。

二是应加快发展高新技术风险投资公司，对处于高速成长阶段的非公有制高科技企业给予资金支持。

三是加快建立风险投资项目推介机制，采用多种形式向国内外宣传推广非公有制高科技企业的高科技投资项目，广泛吸引国内外风险投资基金投资非公有制企业的高科技投资项目，解决非公有制高科技企业的资金来源问题。

（五）加快建立非公有制企业的信用担保体系，努力改善非公有制企业的融资环境

为非公有制企业提供信贷担保业务是一项高风险的政策性业务，需要政府的财力支持。但目前各级政府特别是地方政府普遍财政资金紧张，信贷担保基金完全由政府包下来是不可能的，也是缺乏效率的。因此，可考虑由政府投入导向性资金，构建政府投入为主导、企业投入为主体、广泛吸收社会资金和境外资金的多元化、多渠道的信用担保基金。对于地市及以下地区，也可考虑建立由工商联牵头，以非公有制企业和个体工商户的投入为主体，广泛吸收社会资金参加的多元化信用担保基金。同时也应鼓励民间建立纯商业性的担保机构如担保公司等。为了保证担保基金的正常运作和良性循环，不论哪种形式的担保基金，都应该依照市场经济原则实行商业化运作。

（六）加快建立非公有制企业的信用评估体系，完善中小企业的信用评价机制

一是政府相关主管部门应加强对非公有制企业的守法和诚信教育，帮助非公有制企业树立遵纪守法、诚实守信、公平竞争的经营理念。

二是应帮助推广非公有制企业加强财务管理，依法建账，健全内部会计制度，确保会计资料的真实完整，并主动及时地向银行等融资机构提供全面准确的资信资料。

三是应加快出台非公有制企业信用评价标准和评价体系，并建立信用评价机构，定期或不定期地公布非公有制企业的信用状况。这样一方面可以较好地解决金融和投资部门与非公有制企业之间的信息不对称问题；另一方面又可以较好地督促非公有制企业树立诚实守信的经营原则，积极改善自身的信用记录。

关于在我省确立职业经理人地位、实施职业经理人资格认证、培植职业经理人队伍的建议

一、必要性与紧迫性

人类社会发展的历史表明：不管是什么样的国家与地区，也不管她处于什么样的发展阶段，由政治化社会或行政化社会向企业化社会发展是一种历史的必然，这是社会发展的客观规律。因此，推进社会发展的核心——人力资源也必然由政治领袖或行政精英过渡并让位于企业家。而在迈向企业化社会的进程中，企业家也有一个先后继起、不断演进的换代过程。从全球来看，先是自由资本主义时期的资本家，接着是垄断资本主义和跨国资本主义时期的金融家。20世纪90年代，“职业经理”这一极具魅力的“知本家”登上了历史舞台，她同资本家与金融家一道，“三足鼎立”“三驾马车”，共同推动社会向前发展；尤其是当代，职业经理已成为全球最稀缺的资源，在我国更是如此。目前全球最稀缺的资源是人才，而人才中最紧缺的是两类，即IT人才和职业经理。但是，IT人才可通过高校来培养，而职业经理只能通过社会实践来打造，其难度更大，成才者更稀少。已经入世的我国，在发达国家企业“人才本土化战略”的推进下即将引发我国第三次人才大转移，并使我国进一步面临人才尤其是职业经理的短缺，加剧职业经理市场的供求矛盾。为了防患于未然，更为了进一步发展我省经济，把“确立职业经理人地位、培植职业经理人队伍”作为一项重要的战略举措予以确立，这对大力促进我省民营经济的迅速发展、改善国有企业的经营管理、优化企业的资源配置有着十分重大的现实意义。

二、指导思想与目标

中国的职业经理人正处于萌发状态，除了IT业内一些成熟的外企和少数的民营企业外，大多数公司管理层的职业化程度不高，职业经理人短缺已成为我省向市场经济体制转轨和建立现代企业制度的瓶颈。目前，有一批职业经理人开始活跃在管理前台，但职业经理人市场的发育仍很不完善，职业经理人大多是自己摸索走过成长的道路，这个过程太慢、太艰辛，职业经理人的出产率不高、出产速度不快。与此同时，我省企业多数已经过创业期而进入成长期，这一阶段的管理已变得越来越复杂，各种要素与业务均要求规范化、流程化，企业的管理模式也必然要求具有不断强化的战略适应能力和持久的创新力；而且随着我国国门的大开与全球第四次产业大转移的加速，同国外企业同台较量的职业经理们将面临新一轮更严酷的竞争挑战。因此，我们的指导思想与目标是：适应经济转型、企业成长、挑战国外省外同行、进一步振兴我国经济的要求，以政府引导、规范为基础，立足湖南，面向全球，培植一大批高水平的职业经理人与团队，迅速提升我省企业的整体素质，积极创造条件，推进我省迈入企业化社会。

三、思路与建议

第一，以深入贯彻落实江泽民同志“三个代表”思想为契机，进一步解放思想，通过人大的立法方式，正式颁布我省有关职业经理的地方性法规，以确立职业经理人的业种性质、身份地位、分类标准，确定职业经理人的执业资格与认定制度以及相关的管理机构与管理办法，在全国率先以规范化的方式解决有关职业经理的定性与定位等问题。

第二，由于我省企业家市场化进程的障碍主要来自三个方面，即企业人事制度改革滞后导致企业家不能有效流动，过渡时期双重体制的摩擦导致企业家具有亦官亦商的“两栖”色彩，传统文化背景制约企业家角色的合理定位。因此，建议在省委、省政府的领导下，由“两办”会同省人事厅、省经贸委等部门在人大立法的基础上，成立职业经理人资格认证委员会，负责职业经理人的资格认证工作；制定与法规相配套的实施细则，并建立有关的激励约束机制（如年薪制度、期权制度、监督制度等）以及资质测评与资格认定制度。从而有利于打破现有企业管理者的条块垄断与行政等级界限。

第三，为了促进职业经理人市场的快速发育与有序化成长，应对职业经理人实行分类考核与等级认定制度。可依据职业经理人的德行、才干、学历、学位、经理岗位工作的时间长短、业绩以及培训考核的结果等因素分成A、B、C三大类予以资质测评与资格认定，其中，A类经理人应具有管理国有大型企业的资质，B类经理人具有管理拥有一定规模的民营高科技企业资质，C类经理人具有管理其他企业的资质。并制定相应的政策鼓励他们优先为本省服务以及在本省范围内流动。

第四，颁布实施具有湖南特色的《职业经理人职业标准》，由政府提供专项补助用于职业经理人执业资格认定培训，在确定好培训内容与要求的前提下，引入社会化的动作和竞争机制展开培训；但培训内容应与MBA有不同，可考虑分2个阶段进行10大模块的内容进行培训：（1）企业管理模块，通过对不同管理模式的比较分析，学员可从中吸收利用，改进自身的企业管理模式；（2）资本运营与财务管理模块，包括财务管理办法、投资理念、资产评估、资本运营与上市策划等；（3）企业信息化模块，教授电子商务、管理信息与决策支撑系统等；（4）现代物流模块；（5）人力资源开发模块；（6）市场营销模块；（7）企业发展战略模块；（8）WTO规则与国际贸易模块；（9）产业政策模块；（10）法律知识模块。培训的2个阶段是：首先是基本知识与理论的培训，然后是出国、出省进行实战研修，尤其是对于A、B类职业经理人。

关于实施我省无公害农产品发展战略的建议

发展无公害农产品是确保广大群众农产品消费安全的重要手段；是提高我国农产品市场竞争力，应对WTO和经济全球化的客观要求；是提高我国农业整体效益，增加农民收入，促进农业可持续发展的重要举措。我省是农业大省，农业资源十分丰富，无公害农产品生产发展迅速，形成了一定规模生产能力，并打入了国际市场。不过，我省无公害农产品生产与农业大省的身份不符，尤其是与发达地区比较差距很大。我们应该从“五统筹”的高度认识发展无公害农产品的长远利益，在推进我省的“三化”进程中，大力整合我省的农业优势资源，制定相关政策，实施发展无公害农产品战略，着力提升我省农业生产水平。

一、我省无公害农产品生产存在的主要问题

（一）农产品污染严重，农业生产受到很大冲击

目前，我省蔬菜、粮食、茶叶、畜禽及水产品等主要农产品都受到不同程度的污染，2001年我省蔬菜有毒物质综合超标达80.6%，其中农药残留检出率达39.7%，铅、铬等重金属超标率达50.7%，硝酸盐、亚硝酸盐超标率达47.2%。全省约20%的稻米受铬、铅等重金属污染。由于有毒有害物质超标导致我省2000年茶叶出口量比上年减少27%，2001年我省有19个县（市）外运牲猪被检出含有瘦肉精，受到黄牌警告，外运牲猪锐减，因食用污染农产品中毒事件每年有增无减，农业生产因此损失巨大。

（二）农业生产环境恶化

水体污染严重，包括工业废水污染、生活污水污染、农药化肥人畜粪便等生活垃圾污染，全省70%以上的河段不符合渔业水质标准。耕地迅速退化，

长期大量使用化学农药和化肥，将有益微生物杀死，土壤肥力丧失，土质恶化，全省约1/4的土地受到不同程度的污染，土地质量整体下降，如常德市近40%的耕地由一级降到三级，30%的土壤有机质含量下降，缺磷面积占33.4%，缺锌面积达20.8%，轻度或潜在缺锌面积占72.8%。我省相当部分耕地硝酸盐、亚硝酸盐及重金属含量超标

（三）检测体系不健全，监测力度不够

我省对无公害农产品检测覆盖率低、检测手段落后，检测结果不精确。有的甚至敷衍塞责，检验检测形同虚设，让一些不合格农产品流入市场，损害了无公害农产品市场声誉。

（四）政府引导力度不够

我省无公害农产品生产规模小、技术含量低，主要是一些部门在农技推广、政策扶持、科技投入等方面工作力度不够。

（五）相关法制建设落后

在农业生产环境的保护方面和无公害农产品标准方面没有适应我省特点的相关法律法规。

二、加快实施我省农产品发展战略

（一）统一思想，提高认识，增强责任感和紧迫感，形成大力发展无公害农产品的共识

各级政府要把发展无公害农产品生产作为提高我省农民收入水平、振兴湖南农村经济的大事来抓，将其纳入重要议事日程，有关部门要通过多渠道、多途径，加强无公害农产品的宣传力度，使各级领导和广大干部群众充分认识无公害农产品生产的重要性。

（二）抓好环境普查，建立无公害农产品生产示范基地

一是抓土壤普查，建议对全省耕地土壤的农药残留量、重金属、硝酸盐和亚硝酸盐进行一次全面普查，摸清底子，建立台账。二是抓灌溉用水普查，重点查清水体中重金属、氟化物、氰化物、石油类、大肠杆菌等的含量。三是抓空气普查，主要弄清农田空气环境中的悬浮颗粒物、二氧化硫、二氧化碳、氟化物的含量。四是抓其他普查。主要弄清城镇污水排放情况，工矿企业“三

废”的处理情况，医院及有关单位化学试剂的污染情况等。在此基础上建立无公害农产品生产保护区，通过政府扶持建立生产示范基地。

（三）搞好配套服务，大力推广无公害农产品生产技术

一是制定符合湖南实际，又与国际接轨的无公害农产品质量标准和生产技术规程。抓紧制定产品质量等级、污染物控制、检测方法及无公害农产品标志、包装、运输和储藏等技术规范。二是采取多种形式，广泛开展无公害农产品技术培训。农业部门要科研单位、大专院校和从事无公害农产品开发的企业，开展无公害农产品生产、储运、保鲜及加工技术的研究与推广。三是搞好无公害农产品开发的信息服务，建立无公害农产品生产技术与物质服务体系。四是推广农业、物理、生物防治等综合治理措施。五是推广经无害化处理后的有机肥、无公害混配肥，尽量少施化肥，忌偏施氮肥，更不能把不易降解的生活垃圾、污泥和工业废渣等充当肥料。

（四）加强法制建设，建立无公害农产品质量监控体系

对农产品质量安全立法，是推进无公害农产品生产的有力保障。要抓紧研究制定《湖南省无公害农产品管理办法》《湖南省农业环境保护条例》及相关法律法规，规范无公害农产品生产和经营行为。农业部门要建立健全农业环境保护与农产品质量监督管理体系，建立主要污染源控制、产品质量监控和认证管理、市场准入等一系列管理制度。建议组建湖南省无公害农产品质量监测中心、各市（州）成立监测分中心，各县（市）和重点无公害农产品生产基地要设立监测站，抓好无公害农产品产前、产中、产后的质量监控，建立从“基地到市场，再到餐桌”的全程质量监控体系。

（五）出台优惠政策，营造发展无公害农产品的良好环境

建议各级政府加大基础设施投入，积极扶持无公害农产品生产、营销、加工企业和大户的发展，在信贷、税收上给予优惠，开辟绿色通道，发展专运专储技术，尽量降低加工和流通环节生产成本。在大型农贸市场设立无公害农产品专营区，对经认定从事无公害农产品生产、销售、加工的企业及大户实行挂牌保护。

关于发展我省天然彩色棉花种植产业和彩色棉加工产品产业的建议

一、发展我省彩色棉种植业和加工业的意义

（一）促进农业增收

天然彩色棉（又称有色棉）是利用现代生物工程技术培育出的一种在棉花吐絮时纤维具有天然色彩的新型纺织原料，在种植过程中不使用化肥和有害农药，可以大幅度降低种植成本。彩色棉收购价在国际上达到2美元/磅，我国四川省农业科学院采用远源杂交方法培育的彩色棉，亩产90 ~ 113公斤，据业内专家测算，彩色棉种植每亩可增收248 ~ 300元。彩棉种子收购价更高，如果在全国推广彩棉种植80万亩，即可为棉农增收19亿~ 2.4亿元，我省推广30万~ 40万亩（占现有种植面积的20%），即可增收0.8亿~ 1.2亿元。

（二）极大地降低环境污染

彩棉实行生态种植和生物全速降解，在加工时不需漂、练、染色，避免了化学染料中有害和有毒物质对纺织品及环境的污染，极大地降低了印染废水排放。现有印染厂每吨织物染色后污物排放量，按1992年7月1日执行的GB4287−92标准，废水排放为Ⅲ级，BOD_5为300，COD_{cr}为400，硫化物为2.0，六价铬0.5，铜2.0，苯胺类0.5，二氧化碳0.5等，严重污染江河水质。

（三）极大地节约了能源

我省按40万亩种植面积算，其产量可达32万吨（亩按80公斤计算），不经漂、染加工，减少耗水量相当于一个数十万人口的中等城市一年的生活用水。减少煤、电消耗，一个日产40万米织物的印染厂，每天漂染产品烘干耗

煤量就达20吨，彩棉织物就省去了这笔开支，节约了能源。

（四）增加对外出口贸易

近年来国际市场上彩棉制品受到消费者的青睐，市场行情十分看好。彩棉制品价格比普通纺织品要高出3 ~ 4倍，一件彩棉服装的标价可达138美元。而加工成本相对普通棉可降低30% ~ 35%，利润十分可观。

根据国际有机农业委员会的预测，未来30年内，全球彩棉产量将占棉花产量的1/3。这就是说，全球年产2000多万吨棉花纤维中，将有700万吨彩棉。2001年我国彩棉产量是1900吨，预计未来五年，我国彩棉种植面积将扩大到80万～ 100万亩，在四川、甘肃、河南、新疆、海南等省都建有规模种植基地。像北京九彩罗彩色棉有限公司、新疆天彩科技股份有限公司等已发展成为科研、种植、加工、出口一条龙的产业化集团。

二、我省彩棉推广种植、加工的可行性

我省种植棉花历史悠久，地域较广，常德、益阳、岳阳等地是我省的主要产棉区，种植最多年份有近260万亩。现有种植面积近200万亩，年产40万担（225万吨），每亩单产120公斤。我省曾经对彩棉进行过开发研究，常德棉花种植研究所曾试种过彩棉，由于力度不够未获突破性成果。然而，我省有种植天然彩棉的优势：

（一）中南地区棉花主产区，有种植棉花传统，棉农种植经验丰富

（二）我省有较强的科技开发能力

目前从事棉花研究的有农业大学棉花种植研究所、常德棉花种植研究所；我省利用杂交技术培育了“杂交水稻”“杂交辣椒”“杂交高粱”等，在国内乃至国际均处于领先水平，从事基因转移技术的科技人员较多，水平比较高。

（三）我省是传统农业大省，常规水稻、小麦、油菜、棉花等农产品转移种植特种经济作物，符合国家农业结构调整政策，是符合我省建立现代农业体系的发展目标，是促进我省“三化”进程的重要途径，必定会得到各级政府的积极支持与扶持

（四）易于推广

彩棉与白棉亩产相当，而且彩棉有耐干旱、抗病虫害特性，棉农不需要

施化肥和农药，生产成本低。彩棉与彩棉棉籽售价都比普通白棉高，棉农有种植积极性。我省除常德、益阳、岳阳地区外，其他丘岗地区都可以种植，近期发展30万～40万亩彩棉种植（占现有种植面积的20%）是完全有可能的。再组织省内科研部门联合攻关，通过引进现代生物技术开发适应湖南土质和气候的新彩棉。

五是经济效益可观。在推广种植形成规模的基础上，形成彩棉纺织加工、出口贸易等是指日可待的，而且必将成为我省新的积极增长点。据测算，如果我省实现40万亩彩棉种植面积，每年产值可达64亿元，棉农比种植白棉增收0.8亿～1.2亿元，棉纺织加工业产值可达15亿元，出口创汇1.26亿美元。

三、发展我省彩棉种植业和加工业的目标建议

（一）由省科技厅牵头，组织农业厅、农业大学、农业科学院、常德棉花种植研究所、省纺织品工业部门等单位成立“湖南省彩色棉培育种植、纺织品加工开发研究中心”，规划、协调、指导我省的彩棉开发研究工作

（二）组建湖南省彩棉公司

由华升工贸集团公司、省棉麻原料公司等有实力的企业参股，实行“农、工、贸”一条龙经营思路，公司建立彩棉种植基地，免费为农民提供彩棉种子和栽培、管理技术，并订单收购；建立彩棉纺织品加工基地和彩棉纺织品贸易公司等。

（三）成立彩棉研究基金

作为彩棉开发研究的资金投入，由省政府、省经贸委、省计委、农业厅、省科技厅、彩棉公司等联合出资，并成立彩棉开发研究基金管理委员会。实行以奖代拨政策，奖励在彩棉开发、研究、推广工作中成绩突出的科研人员、纺织工程技术人员、地方政府、棉农等，争取在十年时间内，在我省实现30万～40万亩彩棉种植规模。

（四）近期工作目标

先引进国内外优良彩棉品种进行种植，在此基础上，通过引进国内相关方面的专家、人才，聘请农业、纺织加工业等方面技术顾问，研究开发适应湖南土质和气候的新彩棉品种。

关于建设“毛泽东主题公园”，加快长株潭一体化进程的建议案

一、案由

（一）经济一体化应建立在文化一体化的基础上

文化和经济一体化是知识经济时代经济发展的必然规律。进入21世纪以来，人们逐渐感受到，经济和文化日益成为不可分割的紧密体。一个商品的营销生命力主要靠它的文化价值，一个城市的辐射力和吸引力也是靠它的文化价值，一个区域的经济振兴同样离不开文化的振兴。省委副书记、常务副省长于幼军在前不久举办的一次文化论坛上谈道：“当今世界，文化和政治相互交融，在综合国力竞争中的地位和作用越来越突出。文化的力量，深深熔铸在民族的生命力和凝聚力之中。经济要取得持续发展，必须要有文化的支撑；要想经济强大，必须挺直文化的脊梁。”他还强调，随着科技的进步和信息社会的到来，包括思想、观念、知识、科技、信息和人才在内的文化因素，正取代自然资源和物质资本，成为决定经济发展潜力和后劲的最主要因素。文化要素是劳动力的首要素质，文化优势是地区经济发展日益重要的环境优势。

文化是人类一切创造活动的成果，是人类智慧的结晶。随着人们对社会全面发展的关注，文化的地位和作用亦日益显现。资本的涌入，GDP的增长，可以造就经济一体化一时的发展，但难以形成一体化持续发展的源泉，更难以形成城市群的人文特色与人文精神。因此，我们在打造长株潭经济一体化的发展进程中千万不能忽视了融城与经济一体化的精神纽带与文化价值。一个缺乏人文精神的城市群，一个不善于抽象思维的经济群体，是不可能朝着正确方向迈向未来的。

（二）长株潭一体化进程的加速需要文化或精神的链接

区域经济的竞争正进入城市群战略时代。继西部大开发、振兴东北等热潮后，“中部崛起”在今年12月5日召开的中央经济工作会议上被列为2005年6项经济任务之一。湖南、安徽、湖北、河南、江西5省暗中发力，都在努力打造各自的核心城市群和经济圈，以抢得中部地区经济竞争的制高点，成为中部地区的中心区域。湖南应站在全球化的高度谋划未来，将长株潭三市融城与经济一体化作为湖南提升区域竞争力的重头戏，并以此辐射省内周边城市，带动其他城市的建设与发展，从而提高全省的城市化水平，加快湖南区域经济发展。

长株潭经济一体化自1982年12月提出，迄今已有22年。20多年来，湖南省各级政府为三市融城与经济一体化做了大量的工作，特别是近几年来交通、通信、金融等产业领域的联合与融通，使三市融城的城市形态有了一个初步意向，而最近《长株潭城市群区域规划》的出台，更是为长株潭经济一体化确立了明确的战略目标，勾勒了一个清晰的轮廓。但是，我们应清醒地看到，长株潭三市融城与经济一体化的进程还是相对缓慢的。我们认为，要打造一个具有综合优势和强大竞争力的城市群，实现良性发展的共同体，不仅仅要求经济上的联结，更重要的是它应该具有一种高于经济层面的精神纽带，来形成长株潭三市人民的凝聚力和向心力，从而实现长株潭三市融城与经济一体化。这种无形的东西就是长株潭所代表的文化价值与精神动力所在。正是这种来自人类内心深处的崇高信仰与力量源泉，才能构建我们城市的不朽灵魂，才能使我们同心同德营造长株潭一体化的共荣圈。

什么才是长株潭三市融城与经济一体化的精神坐标？什么才是这个未来城市群的最佳契合点？什么才能成为长株潭最核心的品牌标志？一个城市群的文化，即是组成这个城市群的所有城市共有的地域文化。地域文化具有鲜明的地域性和历史性，而长株潭三市共有的地域文化就是源远流长、特色独具的湖湘文化。毛泽东是现代湖湘文化的集大成者和典型代表，他传承并发扬了湖湘文化，将湖湘文化的特性和魅力发挥到了极致。全国人民乃至世界人民从毛泽东身上领略到了湖湘文化的内涵和风格，同时也感受到了湖南人的精神风貌和个性特质，感知了湖南所独有的地域形象和地域特征。

毛泽东是一代伟人，毛泽东是一个时代，毛泽东更是一种精神。如此宝贵的财产，应该让它在伟人故里光芒四射。毛泽东的精神，毛泽东的文化，毛泽东的品牌，就是我们长株潭三市融城与经济一体化的最佳精神纽带，而毛泽东主题公园的构想，正是这种精神的最好载体和契合点。

（三）毛泽东思想的永恒性

毛泽东思想依然是全党、全军和全国各族人民的指导思想。江泽民同志在中国共产党第十六次全国代表大会上的报告中指出："坚持用马克思列宁主义、毛泽东思想和邓小平理论武装全党、教育人民。"胡锦涛同志也在学习十六大精神的会议上强调："在新世纪、新阶段，中国共产党高举的旗帜，就是马克思列宁主义、毛泽东思想和邓小平理论的旗帜，就是'三个代表'重要思想的旗帜。"

毛泽东情结积淀在全国各族人民心中，积淀在全世界所有热爱和平、追求正义与平等的人们心中，是一种挥之不去的永恒。他的丰功伟绩永远铭记在人们心中；他所开创的中国社会主义事业，正一代一代地继承和发扬；他的理论和思想至今在影响着世界。

（四）建设毛泽东主题公园的重大意义

其一，毛泽东主题公园是毛泽东思想的宣传基地；也是全国各族人民特别是青少年热爱社会主义的教育基地；更是人们体验毛泽东时代的实践基地；还是人们怀念毛泽东及其他革命伟人的纪念场所；是人们追求和向往共产主义理想的精神家园。

其二，毛泽东主题公园的建设是长株潭经济一体化的文化基础。毛泽东主题公园的建立，不仅可以推动长株潭经济一体化的纵深发展，而且能成为三市人民的精神纽带，以激发整个城市群产业链的活力，驱动长株潭加快三市融城和经济一体化的步伐。同时毛泽东主题公园本身也是文化产业链中最重要的一环，成为长株潭一体化的凝聚力和向心力的源泉。

二、毛泽东主题公园的建设思路与方案

（一）总体思路与目标

1.结合长株潭三市融城和经济一体化的基本思路，打造一个以精神文化为纽带，凝聚三市人心的毛泽东主题公园；

2.以经济观点解读毛泽东，以毛泽东的品牌形象推动区域文化产业的发展和三市文化、经济的融合；

3.以毛泽东生平关键数字为结构轮廓，以毛泽东思想体系、生平经历、兴趣爱好及中国革命和建设过程设计园区项目；

4.以介绍毛泽东及战友，宣传毛泽东思想和其他革命伟人，寄情毛泽东为宗旨设计园区活动内容，融观光旅游、教育旅游、运动旅游、体验旅游、生态保护旅游和寄情寻梦旅游为一体；

5.以“红太阳升起的地方”为特色，在主题公园的每个节点上营造红色品牌的氛围。

从目标定位上看，要通过打造，把毛泽东主题公园建成全国最大的综合性爱国主义教育基地；建成最具特点、最具个性的湖湘文化景区；建成长株潭三市融城后最大的标志性人文景观和生态保护基地；最终把它建设成为最具中国特色、具有世界级影响力的风景名胜旅游景区。

（二）总体布局

1.项目

（1）主体项目。毛泽东哲学园、毛泽东经济园、毛泽东军事园、毛泽东体育园、毛泽东教育园、毛泽东文学园、毛泽东艺术园、毛泽东外交园、毛泽东亲情园、毛泽东友谊园、毛泽东手迹园、毛泽东语录园、毛泽东希望园（台湾、香港、澳门回归）、毛泽东纪念园等。

主题项目应体现观赏、教育、了解、参与、体验一体化特点，如“毛泽东军事园”，应设计三次围剿、四渡赤水、三大战役、渡江作战、地道战等战争体验内容和“爬雪山、过草地”等生存体验内容。

（2）延伸项目。中国革命领袖园、世界革命领袖园、世界名人园、中国名人园、世界革命之路微缩园、革命纪念性标志园、革命历史风情园、改革开放

成就园、共产党森林公园、共青团森林公园、历代名人名树园等。

（3）相关项目。宾馆（毛泽东别墅山庄），毛家饭店、娱乐设施，商业服务设施。

2.布局

毛泽东主题公园的最佳地理位置应选择在昭山地区。长株潭三市的地理位置在空间概念上类似一个等边三角形，昭山是三角形的中心区，毛泽东主题公园的最佳地理位置应选定在昭山。本提案所指的昭山地区包括长沙县暮云镇、湘江西岸望城县的白泉、湘潭县的九华、湘潭市的易家湾和株洲市的白马垅。长株潭三市交界处的“金三角”昭山地区，无疑是三市一体化的一个“绿心”，但它又不仅仅是一个规划上的“绿心”。而且这一地区生态环境好，区位优势明显，交通优势突出，文化底蕴丰富。无疑，这里是规划上的一个重要节点，也应该是三市中的一个重要标志性地段。从建筑上讲，这里应建成一个现代和传统交融的典范：从生态上讲，这里应是良好的生态和人居环境的典范；从经济上讲，这里应是产业发展特别是文化产业发展的龙头；从文化上讲，这里应是彰显湖湘文化底蕴和中国特色社会主义建设理论的典范；从发展动力上讲，这里应该是长株潭一体化推进的精神标志。近年来有学者提出在三市接合部，布局以体育产业、影视拍摄基地、教育产业、会展业、休闲业等为主导的综合性文化产业基地。我们认为，最主要的是要在昭山建设一个能体现湖湘文化底蕴，又能引领长株潭文化产业发展，还能成为长株潭一体化向心力源泉的标志性工程——毛泽东主题公园。

（1）地理位置：昭山是长株潭三角形的中心区，距三市市区均为20多公里。

（2）交通网络：这里的交通得天独厚，京广、湘黔铁路，107、320国道及京珠、上瑞高速公路贯通南北、连接西东。

（3）生态环境：昭山境内（含三角地区）群山环抱，峦峰重叠，碧水蜿蜒，绿色葱茏，风光秀丽。湘江穿行其间，水边有一天然溶洞，号曰“龙洞”，据说古时候，洞庭龙君携女南巡，公主喜昭山之美景，筑水下龙宫。龙宫曲折幽深，秋冬水落，游人可携火而入。山下有潭，名曰“昭潭”。《水经注》记载：“湘水又北，经昭山西，山下有旋泉，深不可测。”这里的水质、地质、水文、气候、空气质量等综合效应良好。无风沙扬尘及龙卷风现象，不地震、不湿热、不干燥、多植被，自然生态环境有着良性循环系统。

（4）人文环境：昭山传说系因当年周昭王南征至此而得名。这里有许多名胜古迹，最著名的有：毛泽东同志的借宿处（毛泽东青年时代做社会调查，曾与张昆第、彭则厚等新民学会会员步行至昭山，晚上则借宿于昭山古寺）、张同嗣烈士的读书处（张在“马日事变”后英勇牺牲，当时写下“而载忘生死，千秋有是非”的壮烈诗句）黄兴母墓葬处、秋瑾厝棺处、刘琦筑室处和昭阳古寺等。另外，以昭山这个中心为圆点，以这个圆心至炎帝陵的距离为半径，画一个圆圈，在这个圈内，你会发现“唯楚有才，于斯为盛”的奇观，毛泽东、刘少奇、彭德怀、曾国藩、胡耀邦、朱镕基、齐白石、李铁映等100余位伟人、名人聚集其间，还有名山、名江、名楼（亭、寺）等。

关于提高粮食行政管理能力的建议

党的十六届四中全会《关于加强党的执政能力建设的决定》(以下简称《决定》)，提出了加强党的执政能力建设。党的执政能力建设是关系中国社会主义事业兴衰成败、中华民族前途命运、党的生死存亡和国家长治久安的重大战略课题。提高党的执政能力涉及党和政府的方方面面。作为粮食行政管理部门，如何提高粮食行政管理的能力，是摆在我们面前的一项重大课题。特别是今年新的《粮食流通管理条例》颁布后，国家放开了粮食收购、粮食经营市场，我国加入WTO过渡粮食优惠条款也将到期，粮食将面对复杂多变的国际市场。在国际、国内两个市场的双重复杂局面下，如何管理好粮食将是对我国粮食行政管理能力一个严峻的考验，我们决不能掉以轻心。

一、提高粮食行政管理能力的重要性

民以食为天。俗话说基础不牢，地动山摇。粮食是国民经济的基础，如果发生波动，势必造成整个国民经济的波动，轻者可造成经济剧烈动荡、大起大落，重者还可能发生政治危机、危及国家安全。我们通过多年观察和研究发现：自改革开放以来，我国经历了4次较大的经济周期，这4次经济周期的波动都是由粮食波动开始，进而引起通货膨胀，导致经济衰退。具体如下：

第一次经济周期（1981—1985年）。1984年由于不重视粮食生产，农民种粮效益差，使粮价大跌，致使1985年种粮面积减少，再加上自然灾害，1985年粮食产量仅为3.79亿吨，比1984年减少了2801万吨，从而导致了1985年发生了较严重的通货膨胀，经济增长率由1985年13.5%滑落到1986年的8.8%。第二次经济周期（1986—1988年）。1987年粮价下跌，使1988年粮食总产量减产，致使1988年粮价上升了23%，并推动副食品价格上涨357%，当年发生了严重的通货膨胀，经济增长率由1988年11.3%跌落到1990年的3.8%。第三次经济周期（1989—1993年）。1992年粮价大跌，且收粮“打白条”现象普遍，使1993年粮价又一次大涨，紧接着发生了1993—1994年我国改革开放后时间最长、最严重的一次通货膨胀，对经济产生了巨大冲击。第四次经济周期（1994年至今）。由于多年来粮食产量的下降，耕地面积的减少，加之2003年南方发生了较严重的旱灾，使2003年粮食产量为近年来最低水平，从而导致了2003年下半年和2004年粮价上涨，给经济造成了一定冲击。

以上是我国不重视粮食生产的经验教训，每一次都让我们付出了很大代价。但我国也有重视粮食生产使经济发展的成功范例，我国经济经历的4次周期，从我国4次经济周期运行的时间看，前3次周期都在5年左右，而第四次周期自1994年运行至今，时间长达11年，为前3次周期时间的2倍多，且仍在延续；从国内生产总值率、增长率来看，第四次周期最低的增长率为7%以上，最高在10%以下，可谓是平稳、持续发展，没有以前周期的大起大落。为什么这轮周期经济能保持长达11年而经久不衰呢？有一个很重要的因素，就是这期间重视粮食，粮食的充裕，保证了国家经济的平稳发展。据国家统计局资料：1994年至2003年，除1994年、2003年外，我国每年粮食都在4.5亿吨以上，其中还有1996年、1998年、1999年三年达到5亿吨以上（1997年接近5亿吨），也就是说除1994年、2003年两年外，每年粮食都能基本满足需求，即使是2003年下半年发生了粮价波动，但由于2003年粮食产量不是太低，仍有4.3亿吨，加之2004年国家及时出台了一系列促进粮食生产的优惠政策，使2004年粮食产量很快恢复到4.5亿吨以上水平，故这次远没有前三次粮食对经济的影响大。

以上分析说明，粮食决定了我国经济的稳定，粮食稳，经济就稳；粮价上升，经济波动。所以，我们要保持国民经济的持续快速协调健康发展，就必须重视粮食，保持粮食生产的平稳发展，提高粮食行政管理者的能力。由此，粮食行政管理者的管理能力与国民经济的健康发展紧密地连在一起。

二、提高粮食行政管理能力的行动建议

（一）增强粮食宏观调控的能力

粮食宏观调控是国家新的《粮食流通管理条例》赋予粮食行政管理部门的一项重要职责。但在全面放开粮食收购和经营市场后，粮食宏观调控难度无疑将加大，现在国家对粮食的宏观调控手段有：财政调控、国家储备调控、进出口调控等，我们认为其中主要手段还是财政调控，即用财政资源来调节粮食生产。如对农业基础设施的资金投入，种粮补贴、良种补贴、农机具补贴，降低农业税，最低保护价收购粮食等。但是财政调控粮食需要讲究“艺术”，财政对粮食的支持不是一成不变的，也要因时而异。在粮食供过于求时，要减少财政支持；在粮食供应不足时，要增加财政支持力度，刺激粮食生产，以保证粮食供应稳定。我们要时刻做好粮情分析工作和粮食统计工作，关注粮食生产、把握粮食市场，特别是现已加入WTO后，我们还要高度关注国际粮食市场的动向，总揽我国粮食市场的全局，认识粮食生产流通的经济规律，把握经济规律，做到运筹帷幄、未雨绸缪。

（二）提高国家对粮食市场的监管能力

市场监管是粮食行政管理部门的一项重要权力，粮食市场化改革后，参入粮食市场的主体增加，粮食市场监管的难度增大，对我们市场监管能力也是一种挑战。我们必须依法治粮，加强对粮食市场的监管。我们认为对粮食市场监管总的思路是“政府制定规则、积极引导、当好裁判，市场参与者合法经营、有序竞争，粮食市场活而不乱、稳定发展”。具体监管内容有：一是严格市场准入制度，凡从事粮食收购的企业，须经县级以上粮食行政管理部门审核入市资格。要严把陈化粮购买资格准入关。粮食行政管理部门对取得收购资格的企业要进行定期审核。二是强化粮食批发、零售市场的管理。从事粮食批发和零售的企业要承担保证市场供应、稳定市场粮价的义务。三是加大粮食市场监管和调控力度。所有粮食经营企业都要建立粮食经营台账，定期如实向粮食行政管理部门报告粮食购、销、存数量。粮食经营者必须服从政府对粮食市场的调控，不得囤积居奇、牟取暴利、哄抬物价、扰乱市场。四是加强对非国有粮食购销企业的服务和监管。

（三）提高粮食储备管理的能力

粮食是一种特殊商品，不重视粮食，不仅会引起经济风险、严重时还将危

及国家安全。各级粮食行政管理部门担负着国家粮食储备的主要职责，科学合理地储备国家粮食，能增强国家应对自然灾害或突发事件的能力，还能为稳定粮食市场、保护农民利益，有效发挥储备粮食在国家宏观调控中的重要作用。

在粮食市场化改革后，我国应建立高效、灵活的粮食储备体系。因为，粮食越是走向市场，越需要建立储备制度，要利用国家储备粮在调节粮食生产上发挥主要作用，以加强对市场的调控。所以我们建议：一是要选择好国家粮食储备的入市时机，即在粮价高企时，不增加或少增加粮食储备库存；在粮价低迷时，扩大粮食储备。二是要选择好储备地点，即以地方财政投入为主（因为大部分销区财力雄厚），扩大销区粮食储备，也可实行委托代储。三是要加强国家储备粮的管理，降低储备成本、节约财政资金。

（四）培育粮食国有龙头骨干企业

《粮食流通管理条例》第三条和第二十条分别规定："国有粮食购销企业应当转变经营机制提高市场竞争能力，在粮食流通中发挥主渠道作用，带头执行国家粮食政策；国有和国有控股粮食企业应当积极收购粮食，并做好政府委托的粮食收购和政策用粮的购销工作，服从和服务于国家宏观调控。"明确了国有粮食企业的主渠道作用和宏观调控的载体作用。所以，各级粮食行政管理部门有责任、有义务把发展壮大国有及国有控股粮食企业作为一项主要工作，要提高这方面的工作能力，要在这方面多下功夫。我们建议做好以下几项工作：一是要帮助国有改制企业切实转变经营观念，要从计划经济的经营观念彻底转变到市场经济的观念上来；二是帮助国有企业按现代企业制度的标准，建立新的现代企业制度；三是要帮助国有改制企业建立粮食大产业思路，即从粮食生产、加工到销售一条龙的产业化、品牌化经营模式，提高抗风险能力；四是帮助解决国有改制企业在融资、政策优惠和历史包袱等一些具体困难；五是帮助建立行业协会，防止恶性竞争，扩大信息资源共享能力。

提高粮食行政管理能力，是时代的要求，是粮食事业发展的要求。我们一定要以党的十六届四中全会精神为指针，认真学习，积极思考，努力工作，全面提高自身素质和工作能力，为发展湖南粮食事业作贡献。

关于在我省农村实施“星火富民示范工程”的建议案

一、案由

进入新的历史时期，“三农”问题已成为我党执政兴国面临的最大问题，各级政府都在为如何加强农业，发展农村经济，富裕农民，切实解决好“三农”问题做文章。农业、科技、教育、财政等各部门也都在为解决“三农”问题特别是“三农”的核心问题——农民致富问题而积极推行各种措施，诸如“农业科技入户示范工程”、农业产业化推进工程等。特别是关于如何发挥科技的生产力功能，使农民通过应用技术而致富更是一个重大的挑战性问题。而农民对新技术的采纳通常离不开农业科技的示范推广。农业科技示范推广体系，是农业科技进步的重要支柱，是实现农业工业化、产业化、现代化的基本保障。因而如何创新农业科技示范推广模式，使科技推广能有效地为农民致富服务已成为摆在人们面前的一项重大课题。

湖南现有的农业科技推广体系是在长期的计划经济体制下形成的，虽然经过多年改革，但仍未能突破原有的体制框架。其特点是：农业科技推广工作由乡镇以上国家农业科技推广机构独家支撑；涉农企业，特别是从事农产品加工的龙头企业基本上不具备产业技术服务功能；农林专业技术协会一类的合作经济技术组织发展缓慢，农民组织化程度低，自我进行科技服务的功能很弱；同级农业科研、教学、推广单位之间彼此独立，科技推广机构之间各自为政，上下级推广机构之间互不隶属；农业推广机构和职能仅仅是从事技术推广，很少涉及其他服务项目。这种单一的、行政分割式的农业科技推广体系日益显露出种种弊端：一是专业技术推广机构林立，政事企职能交叉，队伍庞杂，战线过长，包袱沉重。特别是近些年来，在政府对农业科技推广机构支持保障力度相对弱化的情况下，科技推广工作运行十分困难，许多县市农技推广机构已处于瘫痪或半瘫痪状态，有的已经是“人散、网破、线断”。二是农业生产分散千家万户，农业科技推广量多面广，加上产业链的拉长和结构多元化，农民对科技的需求日趋多样化，单靠政府建立的专业农业科技推广机构，就是使出浑身解数，也已经无法满足农民对科技的多种需求，而要想通过这种单一的推广体系来提高科技成果的入户率已经非常困难了。三是农业的发展日益注重经济效益和生态效益，农业科技成果的应用也越来越讲究成套性，而要有效推广应用成套技术，就必须要求农业科技推广机构具有较强的技术综合服务功能。而目前农业科技推广机构按专业分设的方式，已不能适应科技应用综合化发展的需要。因此，只有尽快建成区别于原有模式的新型农业科技示范推广体系，才能弥补现有科技推广体系的不足，适应市场经济的发展和农业发展新阶段的战略任务要求，充分发挥农业大学在科技示范推广中的重大作用。

自四级农科网在改革中“线断网破”之后，农村的农、科、教如何开展，农产品产、供、销问题如何得到妥善解决，这是关系到农村发展的全局与农业现代化是否实现的问题与“瓶颈”。而开展“星火富民工程”是有效解决这一瓶颈制约的关键举措。没有农民的富裕，就没有全国人民的富裕；没有农村的小康，就没有全面的小康。开展“星火富民工程”是富裕农民、小康农村的重大战略举措，是我省农村农业增产与农民增收长效机制的有益探索。

二、基本方案设想

（一）将全省分为4大农业区，并选择有代表性的10类产业

4大区：环洞庭湖经济区、长株潭衡经济区、大湘西经济区与泛湘南经济区。

10类农业产业：稻谷、油料、茶叶、药材、辣椒、烤烟、水产养殖、柑橘、生猪、牛（羊等）养殖。

（二）选择有代表性的村和农户

每个产业选择10个有代表性的村，每个村选择有代表性的、决心务农的、有一定知识水平与技能的10个农户，进行重点培养与打造。形成100户高质

量、高水平、有国际化观念的附加价值高的农业示范户，并通过示范户的示范作用，发展形成100个高质量、高水平、有国际化理念的附加价值高的示范村。

每类产业10个村；每个村10个农户；每个农户带动20户。

总的扶持规模：10×10×10×20=20000。

（三）以食品产业为核心，选择和确立十大产业链及50家龙头企业

经过50年的建设与发展，我省食品工业规模不断扩大，建成拥有4个大类、22个中类和77个小类的门类齐全的食品工业体系。截至2003年，我省规模以上食品工业企业实现工业总产值407亿元（含烟草加工业，下同），占全省规模工业总产值的15.6%；实现利税134.98亿元，占全省规模工业利税总额的39%。全年完成工业增加值196.69亿元，实现销售收入389.41亿元、利润28.16亿元。

2003年，我省食品工业产值为407亿元，在全省18个工业行业中，食品工业的产值和利税都居第一位。食品工业加上由其带动的种植业、包装业、机械装备工业、化学工业等食品工业的前后向产业，估算食品工业及相关产业总产值在2000亿元以上，占湖南省工农业总产值的1/3以上，是湖南省工农业相互促进的最大的产业链。

农业产业链主要由农产品生产、农产品加工、产品销售和服务等环节组成。它从田头到人身与餐桌，贯穿第一、二产业和第三产业。农产品生产是农产品产业链中的主要环节之一，与其相关联的产业包括肥料加工业、农药加工业、农业机械与用具加工业、饲料加工业和兽药加工业等。农产品加工是农产品产业链中的另一个主要环节，与其相关联的产业包括食品添加剂加工业、食品机械制造业、食品加工用具制造业、食品包装材料制造业、食品包装加工业、印刷业、检测设备制造业和认证服务业等。产品销售是农产品产业链的重要环节，既是产品实现其价值的过程，也是产品品牌创立的过程，还是整个产业链获得信息的重要窗口。此外，产业链的下游产业涉及物流、餐饮和跨国销售等产业。

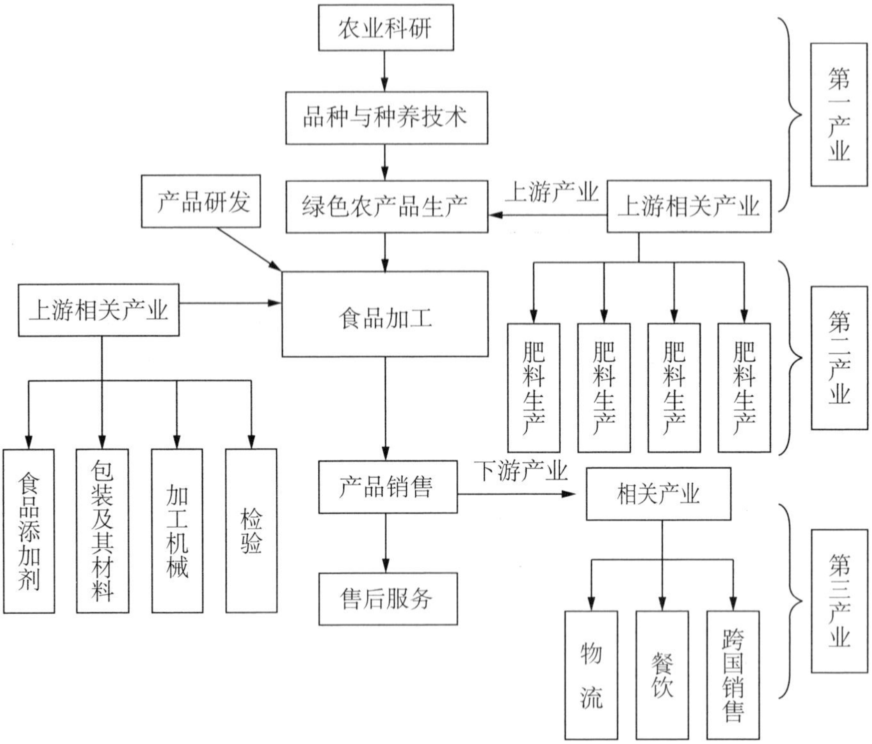

农产品产业链图示

十大产业链：粮食产业链、食用油产业链、茶叶产业链、中药产业链、辣椒产业链、卷烟产业链、淡水鱼产业链、柑橘产业链、肉食产品产业链、乳产品产业链。每个产业链至少应在第二、三产业的环节培育5个左右龙头企业。累计培植50家龙头企业。尤其是要重点打造和提升以下产业链：一是以白沙烟厂、常德烟厂为龙头的卷烟产业链；二是以隆平高科、亚华种业、金健米业、粒粒晶米业、盛湘米业、沐林食品等为龙头的粮食产业链；三是以黄花集团、谊信公司等为龙头的蔬菜产业链；四是以油中王、闻得福、长康、金浩等为龙头的食用植物油产业链；五是以正虹、唐人神、亚华种业、伟鸿食品、先锋集团、舜华鸭业、洞庭水殖、洞庭牧业、益阳益华、光明派派等为龙头的畜禽水产品和乳制品产业链；六是以省茶叶公司、君山银针、兰岭茶厂、辣妹子、熙可食品、老爹公司等为龙头的果、茶产业链。

（四）建立星火富民工程的社会化服务体系

1.以湖南农业大学为基础建立“星火富民工程”的产业链职业技术教育体系。

2.以湖南农业大学、省农业科学院、国家杂交水稻工程中心等单位的技术成果和技术力量为依托，构建“星火富民工程”的产业链技术推广体系。

3.建立合理的标准体系与认证体系。我国提出了无公害农产品、绿色食品和有机食品三种不同的安全食品标准，其中无公害农产品标准较低，是政府要求农产品必须达到的安全性标准；绿色食品和有机食品标准相对较高，是企业希望取得的绿色认证标准，有利于提高产品在国内外市场上的竞争力。但三类食品标准没有严格区分的界限，绿色食品标准界于其他两类食品标准之间，有一定程度的重叠。其次，三类食品标准的制订和认证分属于不同的政府部门，其中无公害农产品和绿色食品属农业部门，有机食品属环保部门。再者，三类食品的认证机构又是监督机构，加上产品的抽样方法、检测标准、监督检查等环节存在不合理、不科学、不到位、不落实等问题，产品是否真正达到并始终保持其质量标准还无法保证。据了解，还存在花钱买认证的现象。

4.建立较完善的市场体系。农产品大多具有保存期限短的特点，因此应尽量减少库存，加快交易速度。目前，全省农产品市场体系还很不健全，不能适应农产品快速交易的需要。现阶段必须把农产品市场体系和营销网络建设作为一项大事来抓。一是在长沙建立粮食、蔬菜、水果、油料等大宗农产品期货市场，引导农产品加工企业从事期货交易，分散农产品价格风险。二是完善农产品批发市场，改善交易场所设施，扩大吞吐量。三是建设农产品拍卖市场。许多发达国家的农产品拍卖市场已经较为成熟，如荷兰的鲜花拍卖市场已经与国际贸易直接接轨，对其成为世界花卉第一大国起到了重要作用。湖南可以借鉴他们的做法，由政府组织农产品贸易公司和农产品加工企业根据生产销售布局建立一些大型的拍卖市场，对时鲜水产品、水果、花卉和一些蔬菜等进行拍卖，以减少流通环节和费用。四是扩大农产品连锁超市的数量和规模，发展配送业务，进一步提高产品直销比率。五是加强信息网络建设，省里重点支持1～2个绿色食品信息网，积极开展电子商务，鼓励企业上网交易，提高农产品的交易速度和交易比率。六是政府以公益广告的形式对绿色食品进行舆论宣传。

5.建立完善的综合物流体系。

（五）实施的重点任务

在于探索“星火富民工程”中政府、企业与农户之间的良性关系。包括：

其一，探索处理好政府、企业、高校、科研部门、农民之间的利益关系及其内部的运行机制；

其二，探索实现农民增收、农业增产的具体实现模式；

其三，探索在新时期新阶段政府部门、大学、科研部门、农民和企业的链接途径。

关于我省大力实施产业链招商的建议

2004年，我省成功举办了“湘洽会”“欧洽会”等重大招商活动，引进了包括世界500强企业在内的许多大型投资项目。据统计，全年直接利用外资实际到位13.5亿美元，引进省外境内资金500亿元，分别增长27.4%和49%。为促进我省经济社会跨越式发展注入了新的活力。然而，随着世界经济一体化和经济全球化的迅猛发展，经济社会的发展更加注重区域合作和产业协作。这就要求我们进一步加大招商引资力度，提高招商引资水平，将我省招商引资工作从传统的政府主导的招商引资转变为以市场主导的产业链招商。

一、产业链招商的主要特点

产业链招商是以围绕构成一个产业的主导产品和与之配套的原材料、辅料、零部件和包装件等产品来吸引投资者投资，谋求共同发展，形成倍增效应，以增强产品、企业、产业乃至整个地区综合竞争力的招商方式。产业链招商的主要特征：一是以市场为导向，突出发挥市场配置资源的基础性作用。二是以政府的产业政策为指导，突出以招商地的优势产业、支柱产业为基础，以未来主导产业为方向，延长产业链，做大产业群。三是以企业为主体，突出产业中不同企业间相互协作、合作或联合，谋求共同发展。四是以利益的一致性为纽带，突出产业中各要素实现匹配，提高依存度；并着眼于相互间的长期效益，长期回报。五是以提高一个地区综合竞争力为目标，突出以产业基地为载体，形成集聚和倍增效应，在市场上形成强大的竞争优势。在目前，产业链招商成为我国新一轮利用外资的重要竞争手段，全国各地的产业链招商方兴未艾。

二、关于我省开展产业链招商的建议

1.明确产业链招商重点。（1）围绕我省所确立的装备制造、钢铁有色、卷烟、电子信息、新材料、生物医药、食品加工、石油化工、建筑材料、造纸产业10大优势产业，立足"龙头企业"推出产业链招商项目；（2）以"龙头企业"和主导产品为核心，围绕卷烟、工程机械、轨道交通设备、越野汽车、钢铁、有色金属、生物医药、电子信息、文化传播、新材料、旅游和粮食、生猪、肉奶牛、鸭、淡水鱼、棉麻、柑橘、茶等加工在内的20个优势产业链推出产业链招商项目。要抓住发达国家和沿海发达地区制造业转移的机遇，重点围绕我省10大优势产业开展产业链招商，形成集中投入，提升区域生产能力和产业集聚度。同时加速对现有产业的链化延伸，培育我省的优势特色产业集群。要围绕优势产业制定产业链发展规划，尽快出台我省产业投资指导目录，在网络及相关媒体上公布。建议省委、省政府成立产业链招商领导小组，统一领导和协调全省的产业链招商工作。重大项目要由主要领导跟踪服务。

2.打造产业链招商主体。重点骨干企业可通过项目合作实现外资嫁接，外资企业可通过增资扩股，扩大生产规模，外贸企业可通过订单共享，联动发展，私营个体企业可通过出让股权，连锁经营。各地、各有关部门和国有企业要打破行政隶属关系的束缚，加快企业改制和资产重组的步伐，拿出优势企业、优质资产、优良品牌、优选项目对外进行合资合作，搞活机制，降低国有股比重，实现股权多元化，增强竞争力。

3.强化产业链招商载体建设。第一，园区建设要按照规模化、特色化、市场化、集约化的要求，搞好产业规划和产业合理布局。大力整合各开发区和工业园区的资源，避免招商引资中的无序竞争。第二，应积极引入国际先进的市场化运作理念和公司制管理方式，通过政府规划、政策引导、企业运作、放宽领域，明确园区招商、建设、管理等各个环节的运作主体，吸引跨国公司投资，形成在生产环节上下游连贯配套，成块、成片、成区的持续投入机制。第三，按照"大项目—产业链—产业群—产业基地"的方向推进园区建设，增强园区的产业承载能力。

4.打造产业链招商服务体系。(1)成立CEPA服务中心，在CEPA框架下主动有效对接港澳服务业，将包括管理咨询、法律、物流运输、银行、证券等26项港澳服务业引入我省。(2)围绕10大优势产业，组建“湖南省优势产业链促进中心”，并围绕每一类优势产业，整合我省现有科研机构及其资源，构建产业链意义上的技术创新平台。(3)围绕10大优势产业，组建10大产业链意义上的行业协会，支持或参与龙头企业的供应商年会。(4)成立(跨国)采购促进中心，打造跨国采购集聚地。为了充分发挥有色冶金、电力机车与工程机械制造等行业优势，长株潭应率先成立跨国采购中心，该中心可以是一个集跨国采购服务、信息服务、会展服务和评估服务为一体的非营利性中介机构。(5)引进港澳等地的权威的第三方质量认证机构，推动跨国采购本地化。(6)充分利用港澳现有国际招投标中介机构，不仅要满足政府采购及其他公共物品采购的招投标需要，更重要的是要满足10大优势产业链条中企业的特殊需求。(7)大力发展与产业链相配套的职业技术教育，打造产业链职业教育体系。鼓励高等院校、职业技术教育机构围绕我省20个优势产业链、10大优势产业及其集群，定向发展职业技术教育，大力培养中高级技术工人。(8)建立英语网站与平台，加大对外宣传力度，引导虚拟运作，充分利用CEPA与“9+2”合作框架，发挥港澳的服务平台作用，加大湖南的外向营销力度与影响。(9)加强招商队伍的专业化建设，培养能招商、会招商的专业化人才，增强招商引资的成功率。(10)必须始终不渝地营造诚信氛围，丰富诚信内涵，打造诚信品牌，树立诚信形象，最大限度地追求和实现承诺与践约的有机统一。

5.采取灵活的产业链招商方式。(1)对于工程机械制造业、轨道交通设备制造业、卷烟制造业和越野汽车产业来说，我省应利用终端产品和核心产品优势，吸引配套企业投资落户。(2)就电子信息产业、新材料产业和旅游产业而言，我省应利用产业优势，吸引组团式投入。(3)对于中医药产业、绿色食品产业来说，我们应利用生产企业群体优势，吸引龙头企业投资发展。(4)对于资源性产业和服务性产业，我们应立足于利用CEPA和“9+2”的合作协议，吸引优秀的港澳企业加入。(5)利用新兴产业，吸引优秀传统产业企业加入。

6. 搞好产业链招商策划。（1）产业链招商策划要有准确的目标定位；（2）招商策划要有战略高度，要立足长远；（3）产业链招商策划要知己知彼，把握优势；（4）招商策划要把握时机，适度超前。

关于尽快试行廉政公积金制度的建议

根据2004年9月12日结束的全国纪检机关工作会议传出的消息，今年1—7月，全国检察机关共立案查处贪污贿赂犯罪嫌疑人22913人；副处级以上领导干部要案1767人，其中包括原北京市交通局副局长毕玉玺等厅级以上干部109人。这些触目惊心的数字，使人们不禁要问，为什么有这么多的贪官“前仆后继”，不惜杀头也要去犯罪呢？我们认为，中国反腐败的制度建设还存在缺陷。由于没有从源头上建立反腐败的根本机制，从而造成了腐败的层出不穷。

今年以来，深圳、苏州、慈溪相继推出了廉政公积金制度，廉政公积金是按公务员职务或工资的一定比例从个人工资中扣缴，同时财政按个人扣缴金额配套缴存，其建立方法与现行的住房公积金制度基本相同。若公务员出了问题按规定没收已缴存的廉政公积金作为处罚。这项制度不失为一剂反腐倡廉的良药。纵观现行的反腐措施，以教育和惩处为主，虽然有从行政处分到刑事处分的严厉惩罚，但仍有不少贪官视而不见，甚至“视死如归”。所以在反腐制度建设上光靠教育和制裁还不够，还应该建立必要的奖励、激励制度。廉政公积金制度其最大优点是建立了反腐倡廉的长效激励机制，一方面，对于没有腐败的公务员进行奖励，激励了那些廉洁的公务员；另一方面，对于有腐败行为的公务员一经查出，不但取消奖励，还要扣掉已缴存工资，丢掉老本，从而约束了那些想腐败的人而不敢去腐败。所以，它是一项行之有效的反腐制度。

一、实行廉政公积金制度的好处

（一）廉政公积金制度建立了利益防腐机制

贪污受贿从本质上分析就是为个人捞取好处去牺牲国家和公众利益。但这些违法行为被查处仍然是少数，可以说是挂一漏万，特别是那些小腐败，由于涉及范围广、人员多就更难查处，而只有那些多行不义、贪得无厌或“时运不佳”的腐败分子才被查处。所以大多数人都带着侥幸的心理去搞腐败而犯罪，这也是当前腐败猖獗的重要原因之一。如何有效扼制这些不良现象，我们认为最好的办法是控制贪欲。一个人如果没有贪欲，就绝对不会去做贪污受贿的事。实行廉政公积金制度能用利益去约束那些贪欲强的人，贪污受贿不仅要受法律的制裁，还要受经济制裁，对个人而言很不合算，并且鼓励了那些遵纪守法的公务员。所以是一项利益反腐机制，能起倡廉、助廉的作用。

（二）廉政公积金制度是一项长效防腐约束机制

深圳提出建立廉政公积金制度，不出问题的公务员有望退休时拿到100万元以上的廉政公积金，这种提法虽有“夸大其词”之嫌，但由于廉政公积金是按职务或工资的比例缴存，公务员任职时间越长，职务越高，公积金就累存越多；一般而言，公务员从政时间越长，所担任的职务将越高，所产生腐败的概率就越大。然而，个人廉政公积金账户滚存金额也越多，这种利益机制使公务员随着任职时间的延长、职务越高将越来越谨慎，越来越不敢做出越轨的事，所以它确立的是名副其实的长效防腐机制。

（三）廉政公积金制度是一项预防机制

大家都说廉政公积金是廉政期权，可促使公务员理性保廉。该制度在利益激励的同时，更重要的是引入了预防机制。每月从工资中扣出工资不断累存公积金，可时时提醒公务员要廉洁自律，否则个人利益将得不偿失。现在被查处的大贪官，大凡开始时是小贪，认为收小额的“红包”、礼金不算问题，随着胆子越大，就变成巨贪。廉政公积金从一开始就能预防公务员不小贪，能帮助国家公务员远离腐败陷阱，形成一种廉洁自律的理念。所以说廉政公积金累积的不仅是金钱上的收益，更重要的是累积了作为官员的廉洁和信誉，是终身受用的财富。

二、实行廉政公积金制度的可行性

实行廉政公积金制度目前国内争议较大，有人认为效果不佳；有人认为将加重财政负担；有人认为难以操作。而我们认真研究后认为切实可行。

（一）国外成功的经验值得借鉴

新加坡、中国香港先后实行廉政公积金制度，这些制度的实施除带来了这些国家和地区公务员队伍的清正廉洁外，还带来了一个行政高效运转的政府，带来了经济繁荣，都跃为亚洲“四小龙”，创造了世界奇迹。

（二）住房公积金制度的运行模式值得效仿

20世纪90年代末，为从根本上改变职工住房依赖国家负担的状况，我国实行了住房公积金制度。当时争议很大，主要认为职工工资低，财政负担重，无力拿出额外资金用于购房支出。通过近几年的实践看，随着经济的发展，国家减轻了包袱，职工个人也得到了实惠。廉政公积金制度也由公务员个人和财政同时负担，与住房公积金运行模式基本相同，一定能行得通。

（三）高薪养廉的替代方案

国外防止腐败的模式是高薪养廉。从我国的情况来看，公务员基数大，经济实力不雄厚，财政底子薄，很难实行高薪养廉制度。实施廉政公积金，一方面其承受能力在国家财政和公务员个人的承受能力之内，据测算，湖南省若每人按人均每月200元财政配套，省级财政每年负担约5000万元即可解决省级公务员的问题；另一方面增加了公务员的累积收入，使公务员到退休时积累了一笔数额较大的储蓄资金，解除了后顾之忧，不失为高薪养廉的替代方案。

三、实行廉政公积金制度的具体方法

（一）廉政公积金实施范围及来源

廉政公积金制度只能在公务员中推行，不能扩大到事业单位。目前有2种提取方案：一是按职工个人工资总额的10% ～ 15%扣取，财政配套相应的数额；二是按职务级别扣取，按科员、科级、处级、厅级、省级5级，对应的基数是每月100、200、300、400、500元，财政配套相应的数额。上述比例可根据财政承受能力调整或逐步提高，但总体而言，起步时比例不能太高。

（二）建立廉政公积金制度处罚规则

应制定详细处罚规则，公务员必须保持绝对廉洁，只要有贪污受贿腐败行为，一经发现，则不管金额大小，全部取消已缴存的廉政公积金，如违反法律，还追究相应的法律责任。

（三）建立相应的配套制度

如建立个人廉政档案，记录个人廉洁公积金数量及相关处罚；建立公示制度，公务员因调动、退休或因重大疾病等廉政公积金需支取的要向社会公示。

（四）加大对廉政公积金制度的正面宣传

深圳提出不出问题的公务员有望退休时拿到100万～200万元廉政公积金，这种提法有“夸大其词”之嫌，造成了较大负面影响。要向广大群众宣传：一是该项制度的好处，能起到“开前门，堵后门”的作用；二是目前公务员的工资并不高；三是该项制度的执行财政支出不大。该项制度也可在一省或数省先行试点，但不宜在一个单位或部门试行，否则达不到预期效果。

关于我省粮食主产区建设社会主义新农村的策略建议

党的十六届五中全会指出，建设社会主义新农村是我国现代化进程中的重大历史任务。要按照生产发展、生活宽裕、乡风文明、村容整洁、管理民主的要求，坚持从各地实际出发，尊重农民意愿，围绕统筹城乡经济社会发展、推进现代农业建设、全面深化农村改革、大力发展农村公共事业和千方百计增加农民收入5个方面，扎实稳步推进新农村建设。湖南是我国中部粮食主产区之一，承担了保障国家粮食战略任务的重担，2004年，中部六省粮食产量14468万吨，占全国粮食总产量的31%，全国粮食增产的56%来自中部，该地区不仅要以全国1/10的土地养活超过全国1/4的人口，还要解决其他省市“吃饭”问题。2003年中部六省农业产值占GDP比重达18.9%，高于全国平均水平4.12个百分点；农村人口达2.44亿人，占全国农村总人口的31%，而农民人均纯收入只相当于全国的81.3%。其中，湖南又是十分典型的省份。作为我国传统农业产业地区，湖南粮食主产区经济社会发展相对落后。在粮食主产区建设社会主义新农村是一个紧迫而又极具挑战性的课题，我们既要遵循经济社会发展规律，科学决策、长远规划，又要因地制宜、区别对待、统筹考虑。

一、湖南粮食主产区建设现代化新农村紧迫性分析

首先，这是实现国家发展安全战略的重要保障。其次，是破解“二元结构”的重要举措。最后，是事关农村改革成败的重要实践。

我国粮食主产区承担国家粮食战略安全重任，保证粮食种植面积和产量是当地农业的首要任务。然而，由于历史和现实的原因，这些地区“三农”问题尤其突出。主要表现在农业经济结构单一，粮食价格长期被人为压低，农业

收入增长缓慢，农村基础设施建设严重滞后，政府投入远远不能满足需要，农业信贷出现萎缩，农业资金和技术投入偏低，农业效益下降。更为糟糕的是由于农村生产生活状况长期得不到改善，农村出现生产要素流失现象，包括耕地大量减少、科技人才和高素质农民离开农村、农村储蓄大部分转为非农信贷等，导致在整个国民经济快速增长过程中，农村和农业整体呈现塌陷的趋势，在中部粮食主产区这种现象表现尤为突出。农村成为国家振兴整体战略的一块短板，如果说国民经济和社会发展靠的是工业和农业两条腿走路，农业是一条严重萎缩的短腿。粮食主产区这样的传统农业地区的发展更有示范性，这些地区在建设现代化新农村速度的快慢、质量的好坏事关国家全局。因此，湖南建设社会主义新农村就要从这些地方破局。

二、湖南粮食主产区建设社会主义新农村的重大策略

粮食主产区建设社会主义新农村，既要立足现实基础，又要创新发展思路。具体策略如下：

（一）分阶段发展策略

建设社会主义新农村是个长期的、不断发展的过程。根据粮食主产区实际情况和产业特点，我们要立足长远，整体规划，划分阶段，明确任务，制定分阶段发展战略。具体思路如下：第一阶段，以基础设施建设为主。第二阶段，以农业产业建设为主。第三阶段，以城乡一体化为主。

（二）分重点发展策略

湖南粮食主产区大致可以划分为湘东、湘南、湘北、湘中等区域，结合湖南四大区域经济（长株潭地区、环洞庭地区、泛湘南地区、大湘西地区）发展特点，要从全局的高度实行功能划分，错位发展，统筹协调，优势互补等发展指导原则。

（三）分特色发展策略

根据粮食主产区的区位特征、地理环境、资源禀赋、历史文化、传统习俗等区别，从总体来讲，湖南地区粮食主产区可以大致划分为5种类型：平原地区、湖区、丘陵山区、老少边山穷库区、城市郊区。针对5种类型区域，因地制宜，突出特色，实行一地一策，促进“三农”发展。

三、湖南粮食主产区建设社会主义新农村的建议

由省委、省政府统一规划，加强统筹协调，采取区别对待，分类指导的推进策略。在此，提出建议如下：

1.第一阶段，加大基础设施建设投入。争取中央在转移支付中确定一定比例资金支持，用于湖南粮食主产区江河治理、防洪抗灾、水电路基础设施建设和改造升级等；省、市、县要以五年为一个周期，确定不低于GDP的增幅投入农村粮食主产区的综合设施、乡村道路、农田水利等方面，基本满足农业现代化对基础设施建设的要求，为进一步发展奠定基础。第二阶段，针对农业产业化的薄弱环节，充分利用农业“绿箱政策”，采取财政、税收、金融等优惠政策，加大农业科技投入，大力扶持农业产业化项目，大幅度提升农业产业化水平，提高农业产业化质量，发挥农业比较优势，促进农业效益增长，逐步缩小工业产业和农业产业收益率差距。第三阶段，统筹城乡发展，加快城镇化建设，壮大县域经济，加大城乡教育、卫生和文化事业资源的公平分配改革，以工补农、以城补农，逐步缩小城乡发展差距。

2.根据分类划分区域，实行分类指导。一是在平原地区，实施新农村建设示范工作，推行农村土地流转制度创新改革，完善农村税收、金融体制配套改革，加强乡村基层组织建设等。以规模化、机械化种植业（包括粮、果、树、草等）、农产品加工业、现代农业服务业、物流运输业等为主导产业。二是在湖区，即洞庭湖区等。要加强湿地保护，退耕还湖，治理湖区环境，维护湖区生态多样性。以发展水产养殖、水产品加工、旅游等为主导产业。三是丘陵山区，湘东、湘南大部分地区。推行农村综合改革，加强对农村剩余劳动力就地转移就业引导，提高土地的整理和利用率，提高单位土地产出率。以发展精细农业、传统养殖业、山林产业、农产品加工业、物流信息业、旅游业等为主导产业。四是老少边穷库区，通过对口扶持，促进改善生产、生活条件，提高自身造血能力，对生存条件恶劣的进行搬迁移民。以发展特色和绿色农业、风情和红色旅游、货物贸易等为主导产业。五是城市郊区，包括各大城市近城区、城市和城镇郊区。要率先建设新农村，通过创建示范等，建设好新农村样

板。以发展城市接替产业、配套产业、旅游产业、服务业、物流贸易等为主导产业。

编者注：此提案提出的加大基础设施建设投入、提升农业产业化水平、统筹城乡发展、逐步缩小城乡发展差距问题，在省委、省政府下发的《关于推进社会主义新农村建设的意见》（湘发〔2006〕1号）文件中得以采纳。

关于规范建设工程土地征用行为的建议

一、珍惜耕地资源，厉行节约应成为建设用地的重要原则

随着工业化、城市化进程，改变一部分土地使用性质，发生建设项目征用土地事项是必然的，这也是社会生产力进一步解放和发展的必然途径。然而我们的国情、省情却是我国人均可耕地资源甚少，而长江以南又仅占全国的35%，湖南则更是“三山六水一分田”。国家对于土地的征用，早有一系列政策法规制约，如规定土地的征用只能是政府行为，其他任何单位和个人不能违规占用土地；土地需在限额指标内征用，实施前应向被征地域公示征地范围（红线）面积、用途、批准文号及批准机关名称等，且《土地法》规定征用农用地35公顷以上须经国务院批准。可见，党和国家是十分珍惜土地资源的，问题出在我们的用地者，往往一个工程项目确定后，受利益驱使，看准了地价升值的潜力，占地越多越好，丘陵地区耕地往往是填方区，红线在其中通过，回填土常常使毗邻未征耕的遭殃，一条道路动辄幅宽百米、数十米，经过大片农田，往往单纯从工程造价出发，直接放坡，很少见采用适当降低高程，外侧直立挡土边坡结构，压缩路幅底宽度，尽量少占土地的措施。如长沙金港码头，并无合法征用批文，占（租）用七家湖耕地一块，农田基础设施已不成套，剩余的大片农田只得撂荒长沙市新港镇征用农用土地3000余亩，并无批准文号、批准征用机关公示，其中一个名曰“保税物流中心”项目，占地千余亩，目前已夷平700～800亩，至今尚无用地单位，有似“鳌拜再生”，反正土地是“皇家”的，先圈了再说，认准了地价是会升值的。

可见，严格规范农用土地征用的审批，并应将尽量少占可耕地列为重要划线原则；批划线后，加强用地稽查，并严肃处罚违规事件已是十分必要。

二、要依法规范政府的土地征用行为

土地的征用既是政府行为，就应无为自身谋利的图谋，所谓“盘活土地”“筑巢引凤”，无非是个别政府利用种种行政权力，从农民和农村集体经济中征收土地，然后招商待价而沽，从中获取经济利益，实有土地掮客之嫌。

首先需要理清的是农用土地的权属问题，不能笼统地称之为“土地是国家的土地”。的确，土地是国家的，960万平方公里，包括台湾地区都是国土（国家的土地，国家的领土），国家有权安排使用。因此，国家规定土地的征用只能是政府行为，未经相应政府批准，其他任何单位和个人征用土地均属非法。土地的原使用占有人有义务服从国家的安排，支持国家建议需要，同时国家亦应保障原使用占有人的合法权益。

就农用土地而言，这些土地是新中国成立初期党和政府自当时的“地主”等土地占有者手中“共产”而来，依法分给农民，实现了耕者有其田，并给农民颁发了“土地所有权证”。几经变革，农民以“土地入股”的形式，将土地转移至集体经济组织。至今集体经济组织又以“联产承包责任制”的形式，一定30年至若干年将土地使用权转移至农民个人手中。

当前实施的土地征用，亦非土地买卖，仅限于土地使用权的转让。由政府主导，将农民或农村集体经济组织手中的“土地使用权”转让给建设项目法人。因而其间所发生的土地使用权转让费，不论你是采取什么“盘踞土地”措施或“筑巢引凤”所获取的经济效益，应属农民或农村集体经济所有。政府应不得插手谋利。若不关闭此门，将土地征用中政府的纯粹“政府行为”，隐约演变成市场交易，势必酿出一系列的“以言代法”“以权压法”，甚至“徇私枉法”，损害农民或投资商的合法利益。开福区所谓的“保税物流中心”是由区政府主持征拆的，现在地表房屋等附着物已全部铲除，土地已大部分夷平，至今尚无“凤来就巢”，土地补偿、安置补偿资金无法到位，而失地农民则是地不能种了（包括已遭破坏的毗邻农田），居家房屋也没了。

调研情况说明：随着工业化、城市化进程，改变一部分土地使用性质，发生建设项目征用土地事项是必然的。由于土地是稀缺资源，因此在土地征用过程中更要注意合理性。但是通过对长沙等地的建设用地征用情况调研发现，土地征用过程中存在着许多问题。

关于尽快刹住中等职业学校招生回扣歪风的建议

近几年来，我国的职业教育取得了长足的发展，为社会培养了大批技能型人才，为国家的经济建设发挥了很大的作用。但是，中等职业学校招生中出现的问题也值得重视。各中等职业学校为抢生源不惜大额回扣贿赂生源学校老师。这些违法行为不但给中等职业学校造成经济上的较大损失，而且败坏了社会风气，严重影响了职业教育的质量和效果，不利于职业教育健康发展。

一、中等职业学校招生回扣问题严重

虽然教育部门曾三令五申禁止在招生中收受回扣、买卖生源，但中等职业学校在实际招生过程中“钱生交易”普遍，变成了现行招生的潜规则。招生回扣风最早始于1998年，刚开始时是100 ~ 200元/生，到2005年已经演变成600 ~ 800元/生。有的按实际招生人数多少支付。条件好一些的公办学校回扣低一些，有些软硬件不足，自身没有吸引学生能力的学校，出现了回扣超过千元每生的天价。而招生后每个学生每学期学费为1200元左右，招生回扣加上其他招生费用开支正好等于一个学期学费收入。回扣支付方式有：在招生前期，为认识生源学校的领导、班主任老师，招生学校采取上门送礼、请客的方式拉关系，并承诺输送一名学生给多少好处费；在招生过程中，招生学校按每招一生预付100 ~ 200元给校长；毕业班主任老师用招生学校提供的临时内部收据，向录取学生收取300 ~ 600元/生的预录费，新生开学时可拿预录费收据作抵，学校按差额开正式收据给学生，这些钱不用交招生学校，招生学校也不作账务处理，直接进了毕业班主任老师的腰包；开学后或年终，招生学校再按实际提供生源数向学校校长结付100 ~ 200元/生。更有甚者，为了吸引生源，不惜采取坑蒙拐骗手段，做一些违法行为，如今年湘潭县科旺电脑学校以“勤工俭学”为名，将部分未满十六周岁的初中毕业生直接送到沿海的工厂打暑假工，严重影响了学生的身心健康，该事件曾在《湘潭晚报》、新浪网等媒体上曝光。

由于回扣风愈演愈烈，现在不拿回扣根本招不到学生，形成了中等职业学校间招生的恶性竞争。回扣支出一个学校少则几十万元，多达上百万元，几乎等于一个学期的学费收入。其产生了巨大危害：一是学校花巨额成本招收新生，就会想方设法待学生进校后从其他方面巧立名目收取费用，增加学生的经济负担。二是有些学校不按规定的学制修学，三年制学生在学校修一年或一年半时间，收取三年学费，就提前推荐工作，来降低学生在校的教学成本，从而导致了学生根本没有学到应学的知识和技能，不能胜任工作。三是使中等职业学校财务收支状况雪上加霜，无力更新设备，无力改善教学条件。四是每一位中等职业学校的老师不但要完成规定的教学任务，而且每年都有招生的压力，有些老师，尤其是年轻老师对于招生任务是最头痛的事，无从下手，整日为招生犯愁，势必对老师们的教研教改和教学工作造成影响，教学质量得不到保证。这些严重影响了中等职业教育健康发展。

二、问题形成的原因

（一）受“教育产业化”错误思潮的影响

曾几何时，“教育产业化”风靡教育界和经济界，不少人憧憬着教育这块“大蛋糕”的美妙滋味。但教育是一个要体现社会公平的最重要的部门，教育是一种崇高的公益事业，关系到国家的长期繁荣和未来发展，所以教育绝不能搞市场化、产业化。

（二）财政投入职业教育资金过少

如湖南中等职业学校财政资金不到学校总支出的30%，民办学校财政基本没有资金投入。

（三）地方利益作怪

教育行政部门不敢下决心治理，关键是怕影响本地区利益，以致对本地区的问题睁一只眼闭一只眼，任其泛滥。

（四）教育行政部门把关不严，管理不力

由于过去几年，对一些新开办的学校的办学条件把关不严，导致小规模甚至不合格的学校大量增加，僧多粥少，生源有限，学校为了生存互相恶性竞争。没有制定出一套严谨、完整、可操作的中等职业学校招生制度，招生计划流于形式，如湘潭市2005年招生计划为2.3万人，实际招收生2.7万人，超招4000人，招生工作管理失去控制。

三、解决问题的建议

（一）建议要全国或全省统一治理

招生回扣是多年的顽疾、痼疾，涉及各地方利益，只有综合治理，才能达到效果。

（二）要坚决从重从严打击

政府部门应负起责来，对于中等职业学校为争取生源而向生源学校行贿的，一经发现，应追究该学校领导的法律责任；对于初中学校的领导、老师索要生源回扣的，一经发现，应作开除公职处理。情节恶劣、数额较大的，应移交司法机关处理；对于地方教育部门听之任之，放任不管的，要追究行政责任；坚决扼制招生过程中的不正之风。

（三）树立科学发展观，统筹规划中等职业教育

现有中等职业学校数量过多，是前几年受“教育产业化”思想影响的结果。以湘潭市为例，至2005年10月，全市共有各类职业教育机构101个，其中47所中等职业技术学校，大大超过了实际需求。建议政府部门应对办学条件进行重新认证，对不能达到办学标准的学校，实行关停并转，整合现有的办学资源。

（四）建议把中等职业学校招生纳入教育部门的统一招生计划

中等职业学校招生应执行与普通高中“四同时三不准”政策。四同时：招生计划同时下达；招生宣传同时开展；填报志愿同时开始；录取工作同时进行。三不准：不准突破招生计划；分数线一旦划定，不准降低标准；不准中等职业学校直接进入中学招生。

另外，各级政府应增加财政资金投入，从根本上帮助解决中等职业教育经费不足的问题。

调研情况说明：各中等职业学校为抢生源不惜大额回扣贿赂生源学校老师的违法行为不但给中等职业学校造成经济上的较大损失，而且败坏了社会风气，严重影响了职业教育的质量和效果。为了解决这个问题，我们对长沙、湘潭等地区（特别是湘潭）的中等职业学校招生情况进行了调研。

关于进一步落实中国共产党领导的多党合作和政治协商制度的建议

中国共产党领导的多党合作和政治协商制度是我国的一项基本政治制度，是具有中国特色的社会主义政党制度。2005年2月18日中共中央“关于进一步加强中国共产党领导的多党合作和政治协商制度建设的意见”和6月24日中共湖南省委9号文件“关于贯彻落实‘5号文件’的意见”是发展社会主义民主政治、建设社会主义政治文明的需要，是落实科学发展观、维护社会政治稳定、构建社会主义和谐社会的需要，是发挥我国政治制度和政党制度优势的需要；也是进一步加强执政党能力建设的需要。

为了进一步加强中国共产党领导的多党合作和政治协商制度，推动社会主义物质文明、政治文明、精神文明的协调发展，结合我省实际，我们特提出如下建议：

一、在遵循中国共产党领导的多党合作和政治协商长期形成的一些重要政治准则的基础上，进一步完善政治协商的内容、形式和程序

1.把政治协商纳入决策程序，就重大问题在决策前和实施过程中进行协商。其内容可包括：省级代表大会的议题，省委省政府准备出台的重要政策性文件、重要的人事任免（厅级以上）、重要的决定、关系到广大人民群众利益的重大问题、重要法律法规和规章制度的制定与修改，重要文件精神的传达和重要情况的通报等。

2.协商主要通过采取民主协商会、小范围谈心会、座谈会等形式。省委省政府主要领导人可定期邀请各民主党派主要负责人举行民主协商会，如年初就

工作计划、年末就工作总结进行协商；每季度举行一次情况通报及协商会。对民主党派人士用书面提出的意见和建议应用书面形式反馈和进行归档保存。

二、完善民主监督机制

1.省委省政府在知情环节、沟通环节、反馈环节上进一步建立健全制度，对民主党派及时通报重要情况和重大问题，如纪检、财政预算等；邀请民主党派负责人参加重要情况检查、专项检查和监督工作，对民主党派提出的批评意见认真研究并及时反馈。

2.根据中共中央“5号文件”和中共湖南省委“9号文件”要求，建议建立省委委员同民主党派负责人交朋友的制度，经常进行情况了解与交流，并定期召开会议听取意见及时沟通思想。

三、进一步支持民主党派加强自身建设

1.根据“照顾民主党派的政治利益和物质利益，做到政治上充分信任、工作上大力支持、生活上关心照顾，为民主党派履行职能、发挥作用创造条件”及有关政策的精神，落实民主党派负责人的政治及行政待遇和给予一定的工作量补贴。特别要重视对基层民主党派负责人的政治和行政待遇。

2.建议把民主党派的活动、办公、考察、调研、教育和培训等经费分专项计算，经费列入省级财政预算予以支持。

四、进一步落实党外干部的培养工作

1.建议省委统战部和省委组织部密切配合，加强民主党派人才的选拔、培养、使用和统筹考虑，把培养选拔党外干部及民主党派干部纳入省委干部队伍建设和人才工作的总体规划；在培养选拔民主党派干部时，应与民主党派进行充分协商。

2.应加强党外人士选拔任用工作的组织协调，即由省委组织部、统战部共同担负选拔任用党外干部的职责，进一步坚持和完善共同制定规划、共同物色选拔、共同培养教育、共同考察人选、共同讨论研究、共同督促检查的工作机制。

调研情况说明：为了进一步加强中国共产党领导的多党合作和政治协商制度，推动社会主义物质文明、政治文明、精神文明的协调发展，结合我省实际，在对省属高校和部分事业单位的统战部门和民主党派基层组织进行调研的基础上形成本篇提案。

关于加大扶持力度，积极推进中部地区农业产业化的建议

破解“三农”问题，建设社会主义新农村的重要举措在于农业产业化，而农业要实现产业化，核心又在于龙头企业。龙头企业是农业产业化的主力军和火车头。在我国，只有培育一批农产品加工骨干龙头企业、名牌产品和产业集群，推进农业产业化经营，才能实现农业产业的高效、协调、可持续发展。近几年来，中部地区农业产业化龙头企业蓬勃发展，不断壮大。如中部产粮大省湖南省，至2005年6月，已形成了有较强市场竞争力的粮食加工龙头企业80多家，其中有常德金健米业、益阳粒粒晶米业、长沙盛湘米业等国家级农业产业化龙头企业4家，省级粮食龙头企业20家，省优质稻加工龙头企业65家。这些企业一头连接市场，一头连接基地和农户，为促进农民增收，企业增效发挥着重要作用，已成为湖南粮食产业化经营的重要带动力量。

在肯定成绩的同时，我们还应看到中部地区农业产业化龙头企业目前面临的困难和问题。突出表现在：一是普遍资金周转困难。如湖南的粮食加工龙头企业，近两年改制后，开户银行从农发行划出转入商业银行开户后，争取收购资金困难；设备等技术改造资金不足。二是能享受的优惠政策少，且优惠政策落实困难。如湖南仅4家国家级龙头企业享受免交企业所得税的优惠政策，而地方的80多家粮食龙头企业不能享受该优惠政策。三是小生产与大市场的矛盾突出，龙头企业与农民签订的农业订单农民履行率不高，企业承担的风险大。四是基地普遍种养植规模不大，企业化优势不强；加工规模小，技术装备落后，精深加工水平较低。以上问题严重制约了龙头企业的发展。为此，提出以下建议：

一、加大政策扶持力度

农产品生产加工企业是弱势行业，既有市场竞争的压力，又受自然生产条件的约束，加之生产成本高，运输等经营费用大，毛利润率低。故要增加政策支持力度。一是建议实行税收优惠。1.免征企业所得税。现只有国家级农业龙头企业享受免除企业所得税的优惠政策，建议其他地方农业龙头企业统一享受该政策。2.免征流转税。免征农产品加工环节的增值税。二是建议实行交通运输优惠政策，现只有鲜活农产品享受绿色免费运输通道，建议让粮食等农产品也统一享受该政策。三是建议设立农业龙头企业专项资金，用于龙头企业的基地建设、科研开发、技术服务和信息网络建设。四是建议设立农产品风险资金，专项补偿农业龙头企业遭受自然灾害的损失。五是建议增加农业龙头企业设备、技术改造贷款的财政贴息额度。六是建议农业发展银行应增加对农业龙头企业资金贷款支持。

二、实施科技扶持

一是建议农业部门要加大农业新技术培训与指导力度，搞好农产品标准化生产基地的示范建设。二是建议抓好优质农产品品种的选育、引进、提纯复壮与评选，应把良种补贴与龙头企业推广优质品种挂钩。抓好无公害和绿色农产品的技术开发和推广，这是创立优质农产品品牌的关键。三是建议提高农产品加工技术水平的科技含量，提高龙头企业的经济效益。

三、加大政府工作支持力度

在市场条件下的农产品生产企业，一是建议加强领导，应把发展农业龙头企业的产业化经营列为各级政府工作的一项目标考核内容，作为一项重要政绩来考核。二是要搞好协调，包括利用行业协会，搞好组织协调。如在种养基地的建设中要搞好农户、农业技术部门、公司企业的方方面面关系的协调。三是建议加强宣传教育，实行依法监管。如订单农业的“公司+基地+农户”是发展龙头企业的主要内容，现存在许多农户订单毁约现象，各级政府应宣传教育各方遵守法律、遵守合同，并运用法律维护正当权益。四是建议政府应牵线搭桥帮助龙头企业整合资源，实行强强联合，开展有序竞争。

调研情况说明：农业产业化的核心又在于龙头企业。近几年来，中部地区农业产业化龙头企业蓬勃发展，不断壮大。我们对湖南省主要的粮食加工龙头企业，如常德金健米业、益阳粒粒晶米业、长沙盛湘米业等进行了调研。

关于加强财政审计，从源头铲除腐败的建议

在中共湖南省委、省政府的领导下，我省财政、审计监督的力度越来越大，管理制度越来越健全，非税收入管理逐步走上正轨。但由于行政管理体制诸多方面的制约，加之处理缺乏力度，财政、审计监督还存在一些问题，致使腐败现象屡禁不止。主要表现在：一是行政执法部门的收入没有全部纳入非税收入管理，以收抵支现象依然存在。像政府执法部门的行政、事业性收费、事业单位办培训班收取的培训费、检测检验收费、信息咨询费等并没有全部纳入非税收入管理，有的则以收抵支，从而乱收费现象屡禁不止。如工商部门向私营企业收取的工商管理费，按规定每户每月只收30元，但在实际操作中，一般每户收150元，关系好的或送了礼的则只要交80元。这些多收的费用均未纳入非税收入管理；质量技术监督部门收取的“信息咨询费”，私营企业每年要交200元、300元或500元不等，只收钱不服务，如不交钱，他们则想办法找企业的岔子。湘西自治州一化工厂反映：质量技术监督局检测一台秤要收检测费2000元，而买一台新秤只要1000多元，企业反映强烈，而这些收费基本未进入行政的非税收入管理。二是社会团体、中介机构利用政府部分职能强制企业入会、交会费，而开的只是内部收款收据，行政无法进行监督。据调查，全省各种协会、学会、联谊会等社会团体共有6500多个，绝大多数都是政府职能部门组建成立的，而且有4600多名在职领导干部在各种协会、学会中兼职。有些协会则利用政府部分职能，强制企业入会和收费。衡阳市有个企业，省、市、县的各种协会都要参加，一年光交各种协会会费就要30多万元。这些协会开的收据均是财政内部收据，收支多少财政也不过问。因此，有的单位领导不好报销的单据要协会、学会报销，有的则变成了单位的小金库。三是摊派、

赞助、捐赠名目繁多，且赞助、捐赠、摊派款失去财政、审计监督。现在明显摊派现象少了，但向企业拉赞助、要捐赠的现象是越来越严重。有的是以政府的名义，有的是省、市、领导打招呼，有的利用打广告、作宣传的名义向企业要赞助、要捐赠。常德市有个企业2003年赞助费达到5000多万元，企业不堪重负。政府有关部门收了这些钱后，支出情况怎样，财政、审计并未监督，这给腐败增添了温床。四是各行政事业单位的小金库表面上都取消了，但是由于各种行政事业性收费和变相收费有部分还没有纳入行政管理，这从某种意义上讲还是成了某些部门的小金库。有些部门由于有些收入没有接受监督，所以可以任意发奖金、津贴。省直有个部门给每个处级干部一月增加60元电话补助费，即每人每月发300元。上述问题，对我们的反腐倡廉带来很大影响，为此，我们建议：

1. 加强财政、审计对行政事业性收费的监督管理力度，严格执行行政收支两条线的原则。行政、事业单位按政策规定的各种收费，必须严格执行收支两条线，收入全部上交同级财政，支出再按规定程序办理手续，任何单位和个人不准预支。财政部门应每年进行一次审计或委托中介机构进行审查。

2. 各行政事业单位的各种收费都必须使用财政印发的非税收入票据，其他收据一律不准使用。

3. 对政府部门和事业单位到企业拉赞助、捐赠款的，审计部门每年要进行一次审计，特别是大型活动所拉赞助款、捐赠款，要进行重点审计，防止腐败发生。

4. 进一步健全财政、审计监督机制，建立一些切实可行的规章制度，杜绝腐败行为发生。

5. 加强税收征管力度，减少一些数额小、涉及面广、对财政收入影响不大的行政事业性收费项目。物价部门对各种事业单位的行政、事业性收费标准和检验检测收费标准应重新审查，对有些执行很久而且不适应现在形势的收费标准要重新进行修订。

提案调研情况说明：在中共湖南省委、省政府的领导下，我省财政、审计监督的力度越来越大，管理制度越来越健全，非税收入管理逐步走上正轨。但由于行政管理体制诸多方面的制约，加之处理缺乏力度，财政、审计监督还存在一些问题，致使腐败现象屡禁不止。为了更好地解决这个问题，通过对部分省直机关、行业协会、常德、衡阳、湘西等地区的企业进行调研，形成了这个提案。

关于加强对青少年道德思想教育的建议

近年来，党和国家都非常重视青少年的教育问题。在当今现代生活中，到处充满诱惑，青少年涉世不深，对是非的判断力较弱，在人生之路之初往往误入歧途，给家庭和社会带来很多不安定的后果。因此对青少年的道德行为加以约束和规范是促进精神文明建设和各项事业和谐发展的重要问题。建议如下：

1. 建立健全学校、家庭、社会三位一体的教育网络。全方位地密切关注学生的心理动向，及时给他们指引疏导。

2. 要加强媒体的宣传引导。报纸、电台、出版社要多报道优秀青少年先进事例，使青少年从小树立追求科学知识、为人类造福的愿望。

3. 改善教育方式。对青少年的道德教育应减少讲座式的方式，增加参观访问、知识问答等亲身参与的方式，减少他们的抵触情绪，增强教育工作的针对性、实效性。

4. 法制教育从娃娃抓起。中小学校、幼儿园要增加社会主义道德法制课程教材。

5. 家长要以身作则。带头守法守纪，为子女做好榜样，不能采用打骂等简单粗暴的方式教育子女。教育子女艰苦朴素，勤俭节约，不铺张浪费，不违法乱纪，学习先进事迹和人物的优良品质，求上进。

6. 应加强政府对娱乐场所的管理。要创造有利青少年健康文娱活动场所。对有害青少年的色情和毒品，违法乱纪行为严加处理，重罚拐卖、诱骗青少年的犯罪分子。

7. 继续加大力度健全和完善青少年活动场所。使青少年业余、课余生活丰富多彩，强调内容健康而丰富，并适当降低活动场所费用，使他们有地方可去，减少对网吧的依赖性。

8.增加对青少年教育力度。加强法制教育和禁毒宣传，可以用参观展览、劳教所、在押人员现身说法等方式进行。

9.创造条件，引导青少年的技能培训。创办勤工俭学公办和民办学校，解决贫困户子女就业困难的工作问题。培训期1年，免收培训费和食宿费，进行科技服务，科技扶贫。

这些活动能有效地帮助青少年学习、有针对性地对青少年进行教育，增强青少年的民族自信心和自豪感，激发他们的爱国热情，引导他们把爱国热情转化为报效祖国的实际行动。加强青少年的思想道德建设，这是一项系统的社会工程。必须整合全社会的教育资源，共同担起教育责任。

调研情况说明：近年来，党和国家都非常重视青少年的教育问题。对青少年的道德行为加以约束和规范是促进精神文明建设和各项事业和谐发展的重要问题。调研对象主要是长沙地区一些社区和工厂中的青少年。

关于加强湖南省森林资源经营与保护的建议

加强森林资源保护，加强生态建设，是实现人与自然和谐的根本途径，是构建社会主义和谐社会的重要内容。充分认识森林资源在经济建设、生态建设和社会发展中的重要战略地位，是加快林业发展的根本保证。

一、我省森林资源与质量现状

据统计，全省林业用地面积18343.2万亩，占全省土地总面积的57.73%。森林覆盖率53.13%。全省有林地总面积14579.55万亩，占全省林业用地总面积的79.48%，全省活立木总蓄积量31352.34万米，楠竹总立竹株数15亿株。在质量现状方面，一是中、幼林多，近熟、成熟、过熟林少，林组结构不合理。二是针叶林多，阔叶林少，防护效能差。三是单位面积产量低。乔木林分平均每公顷蓄积40.92米，平均每亩2.73米。四是森林资源地域分布不均。怀化、邵阳、郴州、永州4市，林地占全省林地面积的48.47%，有林地占全省有林地面积的49.53%，活立木蓄积占全省活立木蓄积的55.97%。楠竹资源主要分布在益阳、邵阳两市，占全省楠竹株数的29.93%，而自治州只占全省的0.18%。

二、我省森林资源经营与保护中存在的问题

1.森林经营意识淡薄。从客观上讲，近些年来，各项林业重点工程项目多，任务重，主要人力、物力、财力都用在前期造林任务上，无力顾及森林经营。事实上，各级政府部门都把完成重点工程任务，特别是人工植苗任务作为考核各级林业部门政绩的主要指标，进行量化评分，而林业部门则以完成当年上级下达的造林任务为重点，很少考虑造林后森林的培育问题。

2.森林经营投入不足。现阶段林业重点工程的投入，只考虑了种苗费和前三年的抚育费用，幼林封闭后的森林经营，没有资金的投入。再者，就整个林业行业来说，资金投入仍然不足。县级林业部门负债多、负担重，育林基金大都成了“育人基金”。地方财政对林业的投入有限，有些重点林区县甚至从林业部门挖走部分育林基金。国家、省、市对森林经营都没有投入专项资金，森林经营难以开展。

3.森林经营管理水平较低。重造轻管、经营粗放、管理水平低是现阶段林业生产的普遍问题，即使是日益受到重视的人工植苗也是如此。林木所有者大多数是林农，由于林业的回报率低、见效慢，林农对自己的林木任其生长，基本上在成林后没有投入；而森林经营培育具有一定的技术含量，林农缺少相应的技术。另外，林业部门特别是县乡林业部门由于森林经营的好坏与自身利益关系不密切，责任心不强，指导、督促不到位、不及时，致使森林经营培育开展缓慢。

4.森林资源保护力度有待于加强。森林资源保护工作政策性强、涉及面广、工作量大、责任重大，备受社会的关注，但我省森林资源保护无论从可操作性的管理制度、长效管理机制的制定还是人、财、物等执法内外部环境的设置，都有待加强，以便使执法人员能够安心地、有力地执法等。

三、建议与对策

未来我国木材供需形势不容乐观，在国内供给能力逐渐下降、结构性矛盾突出的情况下，如何解决供应缺口，达到既能满足国民经济发展和人民生活水平提高对木材的需求，又能达到保护森林资源、改善生态环境的目的，实现经济社会的可持续发展，已成为亟待解决的重大课题。强化森林资源的经营和保护已成为我省实现林业现代化的关键所在，为此，提出以下建议：

（一）调整林业结构，搞好森林分类经营

林业要实现可持续发展，必须进行“两个根本性转变”，对森林实现分类经营。当务之急是切实做好3000万亩国家重点防护林和特种用途林的管护和生态监测工作。加大树种结构调整力度，引导林农种植速生丰产阔叶树种和优良乡土阔叶树种，提高林分防护效能。完善全省生态体系建设，多方筹措资

金，建立各级生态公益林补偿制度，维护生态公益林管护者的合法权益，充分调动全社会保护生态公益林的积极性。在搞好生态建设的同时，要大力发展林业产业，培植林业经济新的增长点。统筹规划、因地制宜建设商品林基地，形成规模经营。

（二）科学育林，提高林地单位面积产量

一是加强对中、幼林的抚育间伐的技术指导和检查验收。国家应将中、幼林抚育间伐完成情况纳入全国营造林综合实绩核查中，在全国实行通报制度，以引起省市林业主管部门的重视。二是科学选择采伐方式。区分公益林与商品林，合理选择采伐方式，禁止大面积皆伐，提倡择伐，及时更新。三是强化封山护林。加大对封山护林的扶持力度，并且将封山护林也纳入全国营造林综合实绩核查中，在全国实行通报制度，避免封山护林流于形式，走过场。四是加大对低产低效林的改造力度。将低产低效林改造纳入全国营林目标管理考核体系，下达生产任务，实行检查验收。并且加大对低产低效林改造的投资力度，结合工程项目将低产低效林改造纳入建设内容。

（三）抓好政策和机制创新

1.积极做好土地利用规划，变被动管理林地为主动保护。造成长期被动的原因，就是我们林业主管部门没有自己的《林地保护利用总体规划》。规划是依法管好林地和合理开发、利用、保护林地资源的依据。主要任务是通过对全省林地现状、存在问题和林地资源开发利用的潜力进行综合分析的基础上，根据社会经济可持续发展理论和在规划期间本省对林业的需求和环境状况的预测，制定全省林地保护利用的目标和方针，进行林地保护利用布局和结构调整规划，界定林地保护利用分区，提出各分区林地保护利用的原则和方向。

2.改革和完善林木限额采伐制度。一是要在木材限额采伐指标管理中，区别对待间伐材指标，实行计划单列并且保证间伐材指标。在间伐材“一金两费”征收比例上应实行减免。鼓励林业部门搞好技术服务。二是对集体所有和农民自有的林木，按照资源现状分解下达的采伐限额，凡采伐胸径5厘米以上林木纳入限额管理，取消自用材和燃材分类限额。三是对毛竹采伐限额放宽管理，因为竹农已有比较成熟的毛竹经营管理经验，毛竹已成为部分农民致富重要经济收入来源。

3.采用“3S”等现代科技手段，全面推进森林资源管理现代化进程。为提高资源监测效率和准确率，增强资源信息的处理、分析能力，以便及时、准确地掌握资源消长变化动态，建议我省在“十一五”林业规划中要把林业现代化技术放在林业工作的首要位置。

（四）以法兴林，切实抓好森林资源保护管理

保护森林资源，改善生态环境，是建设和谐社会的主要目标，也是林业建设的一项重要内容。各级党委政府应正确认识和处理好保护与发展的关系，牢固树立保护就是发展的观念。坚持建设与保护并重，数量与质量并举。坚决制止乱砍滥伐、毁林开荒和乱占耕地、林地、绿地的现象，切实维护森林资源安全和林区社会稳定，巩固生态建设成果。结合国家实施生态公益林、退耕还林和封山育林项目，认真抓好退耕还林补植补造，搞好幼林抚育，防止森林火灾，防治森林病虫害，使林业生态建设发挥更大的生态、社会和经济效益。

（五）制定政策，加大对林业的投入和扶持

一是加大对林业的财政投入。各级政府应把公益林建设、重点林业基础设施建设和退耕还林工作经费纳入本级财政预算，并予以优先安排。在认真落实和解决好乡镇林业站事业编制和工资待遇的同时，加大乡镇林业站的改革力度，做好富余人员的分流工作，解除基层林业职工的后顾之忧。二是继续对林业实行长期限、低利息信贷扶持政策。林业经营者和退耕农户可依法以林木抵押申请银行贷款。对纳入国家政策性贷款的林业重点加工项目和速生丰产林建设，各级财政应给予贴息。三是加强退耕还林科技服务。建议由各类科技协会、学会牵头，组织有关技术力量，开展退耕还林科技培训和服务活动，着力培养和扶持一批退耕还林科技示范户、林业开发大户，以点带面，推动科技兴林和科技致富。

调研情况说明：加强森林资源保护，加强生态建设，是实现人与自然和谐的根本途径，是构建社会主义和谐社会的重要内容。在对我省森林资源、林业部门、林业规划进行了解和调研的基础上形成了这篇提案。

关于加强信访工作，构建和谐社会的建议

信访工作是维护社会稳定中的不可缺少的重要力量。因此，要进一步增强信访工作的主动性、积极性和创造性，拓宽信访工作的渠道，重视发挥信访工作协助党委、政府及其部门解决社会矛盾，促进各种社会力量的良性互动，维护社会的公平与正义，为构建和谐社会创造良好的社会环境。

目前信访工作中，主要存在着以下几个问题：1.信访办的权威性不够，在工作中处理问题比较被动。从目前信访工作的落实处理来看，由于近年来，信访办自身没有或很少有自主处理权，这样，对群众反映的一些本属政府管辖范围的问题，不能及时落实处理，一定程度上影响了政府在个别群众中的威信。2.信访工作不到位，反映的问题迟迟得不到解决。比如，益阳沅江鹿湖芦苇场的农民反映场领导轮换过于频繁、农场资产严重流失、农民生活水平下降，甚至连农场农民户口也被卖了，他们多次到省里上访，省领导杨正午、谢康生同志也均有批示，但至今未得到妥善解决。

为进一步做好信访工作，特建议如下：

一、实现信访工作的规范化、制度化

一是从建立和健全责任制着手，坚持谁主管谁负责和分级负责的制度，实行信访工作目标管理考核，做到有案必接，有案必查，有案必结。二是不断完善信访工作的登记、呈批、立案、调查取证、领导包案处理、答复、上报、归档、回访等工作制度，提高信访案件处理效率。三是完善信访问题反馈回访、征询信访投诉人的制度。四是建立信访工作考核制度。五是建立重要信访案件的督办制度。六是坚持“领导接访日”制度、信访“首问负责制”、重大信访案件“领导挂牌督办”制度。

二、破解难题，做为人民服务的公仆

在信访工作中要本着“三尽”即“尽心、尽力、尽职”的原则千方百计地为来访者排忧解难，实事求是地解决群众的实际问题。信访干部要坚持每季度分析一次信访工作情况，向信访领导小组报送有倾向性、苗头性的信访信息，做到半年一小结，一年一总结，不定期地提供信访信息。努力做到早发现、早介入、早控制、早解决，切实把问题解决在基层，化解在萌芽状态。

一是建立信访信息上报预警机制。二是要明确信访信息的上报程序和上报时限。三是对敏感时期的信访隐患重点进行排查。要求各级各部门在国家重要活动、重大节日、重要会议以及各级重大政策、决策出台之前，都必须认真及时地排查潜在的信访隐患。四是变上访为下访，深入基层开展排查调研活动，排查信访隐患，从而使大量的信访问题在事发的初始阶段就有所掌握，为尽快解决问题争取工作的主动权。

三、加强信访法规宣传，加快信访工作法制化建设步伐

为规范群众的信访行为，维护正常的信访秩序，引导群众依法开展信访活动，要在信访工作中进一步加强信访法规宣传。通过对信访法规的宣传，使群众清楚怎样上访、如何上访，减少群众在上访过程中出现一些违规现象，从而较好地维护信访秩序。

四、坚持解放思想，与时俱进，不断创新工作方式

（一）聘请律师参与信访接待处理工作

聘请律师作为处理有关信访问题的顾问，是当前依法信访、做好信访工作的重要举措之一。依靠律师力量做好有关接待处理工作，一是有利于引导来访者依法上访，主动使用法律释疑解惑；二是有利于增强信访处理力度，缓解矛盾；三是有利于群众得到无偿的律师服务，体现平等原则。

（二）运用信息网络做好信访工作

要充分利用信息网络资源，建立信访信息系统，把来信、来访等有关资料

及时输入电脑，既可以及时传递和反馈信访信息，实现信访信息资源的共享，也有利于提高信访工作的效率。另外，为信访人在当地提供信访事项、查询信访处理情况提供便利。

（三）创新工作方式，通过各种渠道和方式，促进信访问题有效解决

一是通过信息专报、呈阅件等形式，引起领导的重视，促进有关问题的解决。二是注重同法院、检察院、公安、总工会等有关职能部门的联系沟通，争取他们的支持和帮助，促进问题的有效解决。三是建议成立省直单位信访联席会，及时了解各单位信访工作新情况、新问题和新经验，改进工作。四是将热点、难点问题的信访件编辑为《信访呈阅件》或《信访专辑》，给予重点解决。

五、要进一步加强信访工作队伍的素质，提高信访工作水平

建议省委、省政府加大力度，强化信访工作人员的培训，提高信访干部的整体素质。不断提高信访人员的政策水平、业务水平和工作能力，以适应新时期信访工作的需要。

为加强和改进信访工作，在信访工作人员中可开展“立足全局发展，培养两种能力”的活动，信访工作人员要在两种能力上下功夫：一是提高综合分析问题的能力。信访工作人员对待每个信访案例要从大局着眼，从本质上分析，及时掌握基层群众的热点、难点问题，洞悉社会上出现的新情况、新问题，为省委、省政府提供及时、准确的信息，提供好服务。二是提高解决实际问题的能力，做到“三个好”，即做好思想政治工作，处理好信访件的及时调查和交办工作，督办好需要对口部门处理的信访件。同时要对接访人员进行业务培训，可通过“模拟接访”等形式进行考核和相互学习，以取得明显效果。

调研情况说明：信访工作是维护社会稳定中不可缺少的重要力量。目前，信访工作中还存在着一些问题。我们对部分信访部门和一些信访案例（益阳沅江鹿湖芦苇场）进行了调研。

关于进一步优化经济环境，切实减轻企业负担的建议

近几年来，湖南省在省委、省政府的领导下，在优化经济环境、治理对企业乱收费、乱罚款和乱摊派方面做了大量工作，“三乱”现象得到了一定程度的抑制。但由于行政管理体制等方面原因制约，我省治乱减负工作仍任重道远。主要表现在企业综合营运成本仍然偏高，变相乱收、乱罚、乱摊派现象严重；少数企业反映强烈的问题不仅没有得到解决，反而愈演愈烈，引起社会各方不满，严重损害党和政府在人民群众中的威信。

导致我省企业营运成本偏高、企业负担过重的因素主要有以下几个方面：

1.投资项目审批程序繁杂，前期税费过重。据调查，在湖南上一个生产性项目，从立项到办给厂房报建审批程序需盖100多个章，耗时一年左右。有些开发区的所谓“一个窗口”式服务实际上无法办妥有关审批手续，名不副实。同时，投资项目前期税费负担达36项之多，占总投资的20%以上，个别项目高达40%。有些税费是投资者无法预计的，因而也没有列入投资预算，导致部分投资项目出现资金缺口，影响项目正常投产运作，打击投资者的信心。

2.收费项目仍然过多，企业费负重。据统计，目前我省对企业的行政事业性收费项目仍有283项，分别比北京市和江苏省多136项和90项；收费总额占财政总收入的26.45%，高于全国平均水平（18%）8.45个百分点。

3.检测项目收费标准畸高，重复检测现象严重。据了解，质监部门对电子秤、锅炉以及部分食品抽样检测收费标准畸高，且随意性大。

4.政府机关筹建的协会、学会多，强制入会，强制“服务”，变相收费现象严重。据统计，全省有各级各类协会、学会6500多个，表面上与政府机关脱了钩，但实际上仍行使政府职能部门的职能。这些协会、学会倚仗行政权力

机关，强制企业入会，强行为企业提供培训，咨询等“服务”，变相收取各种名目的费用，企业若不愿意，则以不予注册登记、不办理年检等相要挟，与勒索无异。这类收费体现在个体劳动者协会会费和质监部门收取的信息服务费等。

5.行政执法检查多，以罚代管现象严重。工商、税务、财政、审计、质监、卫生等部门都拥有对企业的执法检查权，有些部门的检查不是以对企业进行政策法律咨询、指导、服务企业为目的，而是利用企业对政策、法律理解偏差进行处罚。质监部门对企业的乱罚款现象尤为严重。

6.税收征管行为不规范，提前征税，重复征税现象时有发生。

为进一步优化我省经济环境，降低企业营运成本，切实减轻企业负担，特提出以下建议：

1.建立涉及企业的政务信息平台，全面推行政务公开。各种审批程序、收费项目及标准要公开透明，便于投资者和企业了解。

2.继续清理收费项目，调整收费标准。建议把对企业的收费项目压缩到200项以内；同时对企业反映强烈的各种检测费标准进行重新核定并公示。

3.进一步清理整顿各类协会、学会，使之与政府行政事业单位的人、财、物真正脱钩，政府行政事业单位不能将职能赋予协会、学会。

4.对企业反映强烈的质量技术监督、工商部门进行重点整顿，彻底制止该部门乱收费、乱罚款、乱摊派歪风。

5.规范税收征管行为，依法征税，明令禁止提前征税和重复征税的行为。

6.取消一批收费额小、涉及面广、对财政收入影响不大的行政事业性收费项目，全面取消管理费性质的行政事业性收费项目。

调研情况说明：近几年来，湖南省在省委、省政府的领导下，在优化经济环境、治理对企业乱收费、乱罚款和乱摊派方面做了大量工作，“三乱”现象得到了一定程度的抑制。但由于行政管理体制等方面原因制约，我省治乱减负工作仍任重道远。调研对象主要是长沙、衡阳等地的企业。

关于大力发展科普旅游事业，努力打造张家界世界级科普旅游精品的建议

科普旅游产业投入大获利周期长，在我国有着巨大市场潜力和机会。在国外，科普旅游寓科学技术于娱乐之中，寄科普知识于展品之上，集高新科技于一体，取得了良好的社会和经济效益。随着科普本身的大众化、社会化和产业化，科普旅游在国内具有广阔的发展前景。张家界世界地质公园是第一批世界地质公园，依托张家界独特的石英砂岩峰林地貌和保存完好的原始森林生态环境，发展张家界地区的科普旅游将产生巨大的社会效益和经济效益。

一、张家界市科普旅游资源优势

（一）自然科普旅游资源

1.国家重点保护野生植物和国家珍稀濒危植物。

据统计，张家界境内自然分布着国家重点保护野生植物和国家珍稀濒危植物共30科、43属、52种。这些珍稀和重点保护植物，主要分布在八大公山国家级自然保护区、武陵源风景区以及猪石头国有林场、永定区林科所的喻家溪实验林场等林区，尤其在八大公山国家级自然保护区内有珙桐群落、水青树群落、黄杉群落，其数量之多、或纯度之高或面积之大，实属世界罕见。

2.国家重点保护野生动物资源。

张家界属于全球200个重要的生态区之一，其气候条件复杂，自然环境多样，野生动物种类丰富。境内野生动物种类繁多、资源丰富，且南北种类混杂，华中、西南兼有。野生兽类有60余种，野生禽类有150余种（包括候鸟），野生两栖类有10余种，野生蛇类有27种，各类昆虫达22目、210科、

4175种。其中，珍稀濒危动物有29种（类），国家一级保护动物8种；国家二级保护动物50余种，省重点保护动物80余种。

3.地质地貌旅游资源。

张家界地质复杂，主要由二叠系、三叠系、石灰系、白垩系、志留系、侏罗系、泥盆系、板溪系、第四系、寒武系、奥陶系、震旦系上统、震旦系下统所构成，并且基本表现出各自的典型地域。市内地质构造类型也十分丰富。由于地质、地貌构造的多样性，形成张家界市丰富多彩的地质、地貌科普旅游资源。

4.古生物化石科普旅游资源。

芙蓉恐龙化石于1970年7月在桑植县芙蓉桥乡芙蓉桥村出土，经鉴定系古龙亚纲槽牙恐龙一新科新属新种，距今约2.1亿年，填补了中外古生物考古研究的一项空白。芙蓉龙化石在芙蓉桥、洪家关刘家坪三乡邻近地区方圆20多平方千米的红壤丘陵呈窝状分布，仅出土处水塘四周及下层又发现4具骨架化石。另外，在不少层状石灰岩中有震旦角石或菊石，在八大公山国家级自然保护杉木界灰质、砂质板岩中大量存在三叶虫类化石。

5.水体科普旅游资源。

张家界的水体科普旅游资源主要是以温泉、溪、河、瀑布、涌泉、水库等形式存在。尤其是高山、峭壁形成了许多飞瀑，其高程差异明显，水量大小不一。在张家界境内，已发现温泉13处，这些温泉的形成主要与断裂构造、地质有关。涌泉主要为碳酸岩岩溶水，有地下河强烈发育与中等发育两种类型，是张家界市地下水的主要类型，分布广。

6.气象科普旅游资源。

张家界山多、峰高、林密、空气湿度大，导致了雾浓、云厚，气象万千。特别是在一些相对高差大的山区，常常是山上、山下不同天，有时山下骄阳似火，而山上是细雨蒙蒙。尤其是在秋、冬季，山上浓雾密布，能见度不超过10米，大有人在天上行的感觉。每到雨后天晴就是到八大公山、天门山等山峰观日出、望云海的大好时机。而每逢冬季又是登山观雾凇，赏冰瀑、冰挂的最佳季节。

7.森林群落类型科普旅游资源。

张家界的森林群落类型非常丰富，有些群落在全省乃至全国都是罕见的。如张家界特有的武陵松群落；桑植四方溪的黄杉因其面积之大，纯度之高也是全国少有；八大公山的珙桐群落属世界罕见；八大公山的原始森林是华中地区极为宝贵的物种基因库。八大公山除了上述主要纯林外，还是领略森林生物多样性的最佳所在。而张家界国家森林公园的森林类型却另有一番景象：在金鞭溪及其两侧谷地多数是常绿阔叶混交林，树种丰富，藤本多且大，板根现象到处可见，具有明显的亚热带雨林特征。这在湘西北其他地方很难见到。

8. 名优特果茶种质科普旅游资源。

张家界传统名优特果茶种质资源比较丰富，有重要科研和保护价值，如菊花芯柚、金香柚、白玉霜柚、西连三合园贡茶等。

（二）民族人文科普旅游资源

张家界是土家族、白族、苗族等少数民族集居的地方，各民族世世代代沉积的文化实属我国民族文化瑰宝，不仅有很强的实用性，而且有很强的艺术性，还有很深的科学性。民族文艺体育科普旅游资源包括歌舞戏曲、民族工艺品和民族体育等。民族建筑科普旅游资源包括民居建筑、石拱桥建筑、小型水坝等。

二、发展科普旅游事业的建议

（一）打造张家界世界级科普旅游精品路线

1. 根据地域条件优选科普旅游精品线路。

（1）北路科普旅游线。此线路从市区经武陵源石英砂岩峰林、索溪峪、三官寺、江垭到慈利。沿途主要有张家界生态农业观光园、张家界国家森林公园内的武陵松群落、金鞭溪亚热带山地雨林、润楠群落、黄龙洞、龙王洞、江垭温泉及江垭人工湖、万福温泉、五雷山道教古建筑群、赵家垭提水蓄能工程等科普旅游景点。

（2）西路科普旅游线。西路科普旅游线沿澧水西进，直达澧源头的八大公山国家自然保护区的斗篷山。沿线有茅岩河、苦竹河峡谷、渔潭水电站、温塘温泉、水洞瀑布、九天洞特大溶洞。

（3）南路科普旅游线。此线路包括天门山国家森林公园、大小狭洞、三望坡、沅古坪、王家坪。沿途主要有大小狭洞、天门山公路奇观、天门洞、天门山日出、天门山云海、一碗水龙虾花茶生产基地、沅沽坪飞潭瀑布、王家坪土家族转角楼等自然、人文科普旅游景点。

（4）市区科普旅游环线。此线路以市区为重点。现有的科普旅游景点主要有土家风情园、秀华山馆、白羊古刹、张家界生态农业观光园、李军声砂石画院、热水坑温泉和可以开发的张家界航空工业职业技术学院的航空科普基地、张家界一中科学馆、吉首大学湖南省林产化工工程重点实验室、吉首大学生物及制品科普基地、青少年国防教育基地、青少年消防教育基地、市自来水厂、污水处理厂以及张家界科技工业园，以及待建的植物园、民族综合博物馆、石拱桥博物馆等。

2.根据科普主题设置专项科普精品旅游线路。

（1）张家界生物多样性科考三日游。张家界森林公园—国家大鲵救护中心—八大公山国家级自然保护区—芙蓉桥大鲵养殖基地。八大公山国家级自然保护区和武陵源世界自然遗产地是最具生物多样性特征的典型代表。

（2）张家界珍稀植物科考三日游。八大公山国家级自然保护区—张家界森林公园—猪石头国有林场—永定区林科所喻家溪实验林场。沿此线路可考察到张家界境内分布有国家重点保护野生植物和国家珍稀濒危植物。

（3）石英砂岩峰林地貌发育过程二日游。张家界国家森林公园—袁家界—杨家界—天子山。武陵源石英砂岩峰林风景区构成的物质基础虽然都是石英砂岩，但是由于景区内不同小景区形成的年代和外力作用的强度不一，因而在地貌形态上形成了不同发育阶段的地貌。

（4）岩溶（Karst，喀斯特）地貌二日游。天门山—黄龙洞—龙王洞—高峰乡。在这个游程中，游人可以欣赏到岩溶地貌的地表和地下两类形态。天门山、高峰乡属于地表地貌，黄龙洞、龙王洞（包括洞口的天坑）属于地下地貌。同时，由于天门山的地质背景与武陵源核心景区不同，成因有异，因此形态神韵也另具特色，可以让游客在对比观赏中增添旅途的乐趣。

（5）古生物化石一日游。桑植芙蓉桥。芙蓉龙是2.1亿年前生活在该地的恐龙的祖先。因首次在湖南省桑植县芙蓉桥白族乡发现而得名，具有非常重要的研究价值。目前桑植芙蓉桥乡还没有恐龙化石展出，若争取在本地设馆展出化石骨架等，并保留发掘现场，同时将其栖息地通过精心策划，可设计出一种能满足游客需要的产品，这条线路将有可能走俏。同时，还可以就便参观刘家坪红军长征出发地、黄国兴大鲵养殖基地、贺龙故居和九天洞等景点。

（6）奇山异水成因三日游。张家界国家森林公园—袁家界—杨家界—天子山—宝峰湖—黄龙洞—龙王洞—天门山。在这一线路上，游客可以欣赏到石英砂岩的发展过程和岩溶地貌的多种形态。将两种地质地貌形态放在一条线路上，可以让游客对两种地质地貌形成进行对比，加深认识。

（7）奇山异水成因四日游。张家界国家森林公园—袁家界—杨家界—天子山—宝峰湖—黄龙洞—龙王洞—江垭电站、库区和温泉—芙蓉桥—天门山。将世界自然遗产武陵源和张家界世界地质公园科普旅游资源糅合到一条线路中，让游客在一次游程中能充分领略到大自然的神奇，了解到各种景观的成因。

（二）打造张家界世界级科普旅游精品的相关措施

1.建立健全资金支撑体系，完善财税支持系统。

发展科普旅游业的投融资总体思路是采用多元化投资、多渠道融资的投融资机制。在实施多元化投融资策略时，可以考虑通过国际组织贷款、政府贷款、外商直接投资、项目融资和创建境外科普旅游产业基金融资等多元融资方式，积极利用内外资开发专项科普旅游产品；同时运用中央和地方财政手段引导和控制科普旅游建设项目投资资金流向，促进科普旅游产业结构调整和合理发展；借鉴国外经验，开辟旅游税和旅游资源税，所得款项的相当部分专门用于科普旅游基础设施建设、科普旅游资源开发，实现环境效益与经济、社会效益的有机统一。

在张家界地区发展科普旅游业，考虑到当地科普意识相对薄弱，旅游从业者开发科普旅游的积极性还不高，因此，在科普旅游业发展初期，政府在其中应扮演主角，可以采取贷款贴息、开发项目担保等方式，重点扶持有市场前景、效益明显的科普旅游旅游开发项目。同时，各级政府应逐步增加对科普工作的资金投入，在3 ~ 5年内达到或超过本级财政支出的1.5%，并列入各级财政预算。

2.加强政府对科普旅游和科普旅游业的管理、指导与政策支持。

我国旅游业实行以政府为主导的体制，政府在依法进行管理的同时，应对科普旅游业给予指导与政策支持。诸如：制定对企业参与开发科普旅游和发展科普旅游业给予优惠和奖励的政策；制定鼓励科技人员参与科普旅游的政策；制定鼓励向科普旅游和科普旅游业投资的政策；制定景区门票价格管理的规定（特别是限制门票价格和对青少年学生减免门票费的规定）；制定由优秀旅行社专营精品科普线路的政策；制定在景区开发科普旅游资源时保护资源真实性与完整性和保护景区生态环境的规定等。

3.建立张家界科普旅游业发展与研究中心。

可由张家界市科协牵头组织有关部门、有关专家成立“张家界科普旅游业发展与研究中心”，负责联系运作上述科普旅游相关事宜，负责接待前来张家界进行科学考察的国内外专家学者，征集他们的科考资料信息、意见与建议，不断深化完善张家界科普旅游内涵。

调研情况说明：为充分利用张家界市丰富的自然、人文科普旅游资源，促进科普与旅游的结合，打造科普旅游精品，不断提高张家界旅游品位，促进旅游产业升级，努力发掘科普旅游资源，努力促进张家界市旅游产品从单一观光型向科普旅游复合型的转变，在专门对张家界的科普旅游资源进行大量调查，并对此进行了深入分析、研究的基础上形成了提案。

关于改善离退休科技人员收入偏低和差别悬殊状况的建议

当前，离退休人员工资收入偏低和收入差别悬殊的问题较为突出。这个问题的存在使离退休人员不能享受到我国改革开放所带来的成果，影响了离退休人员的晚年生活，不利于社会的安定和我国和谐社会的建设。

一、离退休科技人员收入不公的现象

这主要体现在：

1. 同职称、不同单位的离退休人员收入差别大。长沙市的离退休人员比湖南省的同系统的离退休人员的工资要高出50% ～ 100%。

2. 在职人员与离退休人员的收入差别悬殊。一些单位的在职人员，尤其是管理人员的收入是同类技术职称的离退休人员的2 ～ 3倍。

二、离退休科技人员收入不公现象产生的原因

1. 单位领导不重视离退休人员。现在随着科研院所的改制，许多研究所改成了股份公司。部分单位领导出于自身利益的考虑，视离退休人员为负担，不关心离退休人员收入的增加，这种做法违背了湘人发〔2004〕44号文件等国家有关政策文件精神。

2. 国家没有出台相对统一的津补贴政策。目前，科研单位与教育、卫生单位离退休人员收入差距过大；长沙市级事业单位与省级事业单位离退休人员收入差距过大，其原因之一就是目前还没有一个相对统一的津补贴发放办法。

三、解决离退休科技人员收入不公及偏低的对策建议

1. 建议政府出台省事业单位离退休人员工资、补贴的相关政策，理顺工资收入差别过大的不正常状况。根据“同城同待遇”的原则理顺市级单位与省级单位同类人员收入差别过大的状况。

2. 加强政府对下属事业单位执行工资、补贴的监督与检查。同时加强离退休人员与单位领导的联系，及时将党和政府的政策向群众宣传，以减少单位内部不稳定因素。

3. 政府要逐步提高离退休科技人员收入，让他们和在职职工的收入差别不至于悬殊，让他们也能享受到我国社会经济发展的成果，安享晚年。

调研情况说明：在对长沙市内一些科研院所离退休人员的收入状况进行调研中，发现当前离退休人员工资收入偏低和收入差别悬殊的问题较为突出。这个问题的存在使离退休人员不能享受到我国改革开放所带来的成果，影响了离退休人员的晚年生活。

关于把我省建设成为我国重要现代物流中心的建议

温家宝总理2006年8月在长沙“促进中部地区崛起座谈会”上指出，要充分发挥中部在全国交通格局中的枢纽作用，加快现代市场体系建设，逐步形成全国重要的商品集散地和商品交易中心。中部物流产业发展是国家物流产业“承东启西、贯通南北”的关键环节，其中，我省物流产业又是中部地区物流产业建设中的重要一环。

一、我省物流产业发展的现状与问题

（一）物资流通体系初具规模，但距全国重要物流中心的地位还有一定差距

目前我国物资流通体系既包括传统的生产资料批发业，也包括生活资料的批发业。2004年中部地区限额以上批发业法人企业数为2413个，仅占全国的16.2%；批发销售总额为4382.8亿元，占全国的比重更低，只有11.5%；从业人数为41.8万人，占全国的23.4%。这些指标均低于中部地区人口在全国人口中28.1%的水平，说明目前中部地区物资流通体系并不发达，与建设全国重要的物流中心的地位还有一定的差距。

（二）我省对物流产业的需求很大，但物流企业数量、水平还亟待提高

我省具有优势地位的粮食、有色金属等重要原材料都是运量大、运距长、金额相对也比较大的货物，物流成本比较高，物流业在这些产业发展过程中起着重要的作用。因此，我省各产业基地的建设必须充分发挥现代物流业在降低商品流通成本、提高流通效率、提升企业竞争力、实现经济高效运行、改善地区投资环境和调整产业结构等方面的积极作用。然而，事实上我省物流业基础设施及物流企业数量、水平还存在差距，根据中国交通运输协

会、国家铁道部及中国港口等6个行业协会的评选统计，2005年中国物流企业100强中，我省只有4个。我省物流企业数量偏少、企业规模偏小，行业的信息化、网络化水平不高，总体上还处于从传统的、初级的物流向现代物流阶段过渡的时期。

二、政策建议

（一）我省设立现代物流业发展专项基金

发展现代物流产业，关键是要用积极的物流产业发展政策营造良好的市场环境，有效地引导和促进物流产业的发展。建议设立物流发展专项基金，积极引导并缓解目前我省物流基础设施建设资金匮乏等问题，培育具有真正现代物流意义的大型企业集团，尽快把我省发展成为全国性现代物流中心。

（二）综合规划我省现代物流网络

充分发挥我省区位、交通、商贸优势，培育物流市场，重点建设物流园区和扶持现代物流企业，对现有相关运输企业升级改造，强强联合，大力发展第三方物流，实现物流的社会化、专业化、规模化、信息化，在各经济区域或中心城市，加快建设综合型和集散枢纽型物流园区，搭建由综合物流园区、专业物流中心、企业（行业）配送中心构成的层次分明的物流网络，逐步把我省中心城市建设成为全国重要的物流枢纽。

（三）构建我省现代物流平台

构筑物流基础设施平台、物流信息平台、物流配套设施平台和物流产业政策体系四大平台，组织力量构建物流公共信息网络。现代物流是以电子信息技术为手段的产业。没有公共信息网络，政府行业主管部门和物流企业之间、物流企业之间，以及物流企业和用户之间的信息就难以得到快速有效的传达，不利于政府对物流市场的监管和物流系统作用的发挥。构建公共信息网络，是一项复杂的工程，需要有一个强有力的组织来协调各方面的关系，进行网络的构建，只有政府能承担起这个责任，充分发挥为市场服务的职能。

编者注：此提案获评省政协九届五次会议“优秀集体提案”，省经济委员会对提案作出答复：设立现代物流业发展专项基金问题将并入省服务业发展引导资金中统一安排；综合规划我省现代物流网络问题，在省经委组织制定的

《湖南省“十一五”现代物流业发展规划》中已明确，共列出重点物流区域4个、重点物流园区7个、重点物流中心（配送中心）项目88个；关于构建我省现代物流平台问题，在《湖南省“十一五”现代物流业发展规划》中有明确意见，并将努力协调有关部门共同做好这方面的工作。

关于在全省开展农产品市场准入工作的建议

随着社会不断进步和人民生活水平的不断提高，农产品质量安全问题日益受到世界各国、国际组织和广大民众的关注。许多国家采取了越来越严格的措施，以确保农产品质量安全和人民身体健康不受威胁。我国从2001年开始，由农业部组织实施“无公害食品行动计划”，2002年在北京市、天津市、上海市、深圳市开展农产品市场准入试点工作，取得了较好的成绩。2006年4月9日第十届全国人民代表大会常务委员会第二十一次会议审议通过的《中华人民共和国农产品质量安全法》，将于2006年11月1日起施行。《湖南省农产品质量安全管理办法》已于2005年8月1日正式实施。《中华人民共和国农产品质量安全法》和《湖南省农产品质量安全管理办法》对农产品市场准入作出了明确规定。因此，实施农产品市场准入势在必行。

一、实施农产品市场准入的意义

实施农产品市场准入制度，是贯彻落实农业部“无公害食品行动计划”、《中华人民共和国农产品质量安全法》《湖南省农产品质量安全管理办法》，全面提高农产品质量安全整体水平的一项具体措施，是推进农业由数量增长向质量提高转变、由初级产品为主向加工产品为主转变、由传统发展方式向现代发展方式转变的现实要求和必然选择；是满足人们追求安全、卫生、健康的农产品消费的需要；是增强我省农产品在国际国内市场竞争能力，使我省农产品顺利进入国际国内市场的需要；是实现农产品优质优价，促进农业增效、农民增收的有效途径。近几年来，全国许多省市已经开展了农产品市场准入工作，我省除常德市工作开展得较为正常外，大部分地市工作尚未起步，或刚刚起步，明显落后于其他省市。如果我省不加大力度开展农产品市场准入工作，不把好农产品入市门槛，那些没有经过检测或检测不合格的农产品将会大量涌入我省，影响我省人民健康消费。

二、具体建议

（一）进一步完善农产品市场准入制度

为加快我省农产品市场准入步伐，建议省政府尽快出台《农产品市场准入制度》《农产品质量检测及处理制度》等一系列工作制度。

（二）建立健全工作机制

农产品市场准入是一项农民高兴、市民满意的德政工程，是为老百姓办实事、办好事。各级政府应当把农产品市场准入工作列入重要议事日程，切实加强领导，落实工作责任，成立由政府主要领导挂帅，各相关部门参与的农产品市场准入工作领导小组，加强对市场准入工作的领导和协调。各级各部门要按照“谁主管，谁负责”的原则，各司其职，各负其责，加强协调，形成监管合力，切实抓好农产品市场准入工作。建议省政府将农产品市场准入工作列入2007年为民办八件实事之中。

（三）加大资金扶持力度

开展农产品市场准入工作，需要大量人力、物力和财力。建议各级政府认真贯彻落实《中华人民共和国农产品质量安全法》和《湖南省农产品质量安全管理办法》，将检验检测体系建设、农产品市场准入等农产品质量安全工作经费纳入财政预算，保障农产品市场准入工作的顺利开展。

关于规划交通机动车辆检测机制，防止行政腐败的建议

加强对机动车辆的综合检测，对于消除事故隐患、保障人民生命财产安全、维护社会安定团结和构建和谐社会具有重要的意义。目前，交通部门和交警部门仍保持着两个系列的检测机构，有些检测项目完全是重复检测。省政府虽然在2002年为两家合并检测机构专门下发文件，但是到目前为止，仍然收效甚微。此外，这些检测机构在检测过程中，还存在以下问题：

1.检测站过多，检测机构布局不合理。

长沙市交通部门有7个机动车辆检测站，交警部门有5个机动车辆检测站。全省不少市县都有车辆检测站。其中，没有经过省质检部门审查批准的机动车辆检测站不少，但这些检测站仍然照常运行。

2.有些机动车辆检测站的检测设备不全，有的只收费不检测。

3.交通部门的检测站每年还要向运管局交纳管理费，否则运管局不盖章。

4.有些运管部门的领导在市县检测机构入股分红。

为此建议：

1.省政府在充分调查研究的基础上，应制定一个切实可行的合并政策，再也不要由交通和交警部门分开进行检测和重复检测。

2.机动车辆检测站设置要少而精，要合理布局。检测设备要齐全，而且要经过省质量监督局审查批准，并发给合格资质证书。

3.交通运管部门不能以任何名义向机动车辆检测站收取“检测提成”费，以防止行政腐败。

4.严禁交通运管部门和交警部门的领导和执法人员在检测站入股分红。

5. 没有省质检部门颁发的检测资质的机动车辆检测站应该被强制取消。

6. 机动车辆检测收费要规范，车检项目要规范，不准只收费不检测。

调研情况说明：到长沙、益阳一些机动车辆综合检测机构进行了调研。

关于加强湖南省农村民居抗震防灾能力的建议

提高农村民居的抗震防灾能力，帮助农民群众营造一个安全的居住环境，是落实科学发展观、坚持以人为本、执政为民的具体体现，是科学防震、主动减灾的有效途径。充分认识农村民居地震安全在经济建设、生态建设和社会发展中的重要战略地位，有利于防止农民群众因灾致贫、因灾返贫，是新农村建设和“平安湖南”“和谐湖南”建设的重要内容。

一、我省现状

湖南处于华南地震区内相对活跃的中强地震带——长江中下游地震带汉水与大娄山—雪峰山地震小区，区内活动断裂众多，地质条件复杂，具有发生中强地震的历史和构造背景，因此开展农村民居防震保安工作尤其具有十分重要而紧迫的现实意义。我省70%以上的人口在农村，建筑面积约8亿平方米。大多数分布在经济相对落后的地区，地震环境、地质条件复杂，村庄规模小，布局分散，民居以土木、砖木结构为主（其中砖混结构占17%，土木结构占72%，其他占11%）。多年来，农村民居建设从规划选址、设计施工、质量安全、抗震设防等环节都缺乏有效的管理，致使农村民居建设质量低、抗震性能差，普遍存在安全隐患。初步统计，全省约有20%的农村民居根本达不到抗震设防要求，需要拆除重建，约有60%的民居需要进行抗震加固改造。面对我省震源浅、地震烈度偏高这一严峻形势，农村民居存在的抗震性能差的问题已十分突出。

二、存在的主要问题

1. 农村民居防震减灾意识淡薄。从客观上讲，近些年来，我省震灾预防等工作体系建设取得了较大进展，防震减灾综合能力逐步提高。但部分地区对农村的抗震防灾重视不够，认识不到位，片面认为防震减灾工作，只是地震部门的事情，没有树立全局观念和大局意识；部分地级市和国家重点监视防御区的县（市、区）对防震减灾的投入少，各级地震应急预案及细化方案也没经过检验，一些减灾措施还没有真正落实，一旦发生破坏性地震，将给国家和人民的生命财产安全造成重大损失。

2. 农村民居相关投入不足。现阶段我省绝大部分农村经济相对落后，农民收入偏低，经济不宽裕，建筑房屋经费投入不足，且在经费投入不足的情况下，为了追求房屋的高大、宽畅、明亮、外观漂亮，想方设法挤占了抗震结构上的必要投入。再者，各级地方财政对防震减灾的投入有限，有些国家重点监视防御区的县（市、区）甚至从科技部门挖走部分防震减灾基金，从而为今后的忧患埋下伏笔。

3. 建设管理和施工水平较低。据调查，在我省经济欠发达的部分农村，农村民居抗震防灾能力比较薄弱，基本处于不设防状态，农民建房随意性较大，其中以土木、砖结构的两坡水瓦屋顶和砖平房居多，普遍存在着基础与地基不牢固、结构不合理、主体强度不足、跨度和开间过大等现象，导致房屋整体抗震性能差。同时没有科学合理地选择建设场地，未对抗震不利地段和自然灾害易发地段采取有效避让措施；通常把划分的宅基地建满，左邻右舍靠得很近，破坏性地震发生时往往产生多米诺骨牌效应。

4. 工作力度有待于加强。提高农村民居的抗震防灾工作政策性强、涉及面广、工作量大、责任重大，备受社会的关注，但我省农村民居抗震防灾无论是从可操作性的管理制度、长效管理机制的制定还是人、财、物等执法内外部环境的设置，都有待于加强，以便使执法人员能够安心地、有力地执法等。

三、建议与对策

未来十五年是我国社会经济发展的重要战略机遇期，我省农村地区经济会以较高的速度增长，伴之而来的又是一个农村民房更新换代的高潮。全省各级政府应按照党中央提出的全面建设小康社会的发展目标和树立以人为本，全面、协调可持续的科学发展观，统筹城乡发展，构建社会主义和谐社会的要求，采取有力措施，实施和推行地震安全农居工程，将国务院提出的“农村民居地震安全工程”纳入新农村建设的内容之一，以提高农村民居的抗震设防目标，以保证农村居民生活的安全与稳定，不能因地震或其他灾害的发生，使农民生活又返贫。

（一）科学制定农村民居地震安全工程总体规划

各级政府应制定总体规划，明确农村防震保安的工作思路、阶段目标、建设内容和保障措施，并将其纳入当地国民经济和社会发展规划及新农村建设规划。规划要紧密围绕统筹城乡经济发展和新农村建设的总体要求，充分保障农民的切身利益。同时加强对农村民居建设规划和质量管理。各级政府应做好村镇建设规划的编制、修订工作的监督抽查，把抗震设防要求作为村镇建设规划的重要内容，充分发挥村镇规划的调控作用，使农民建房避开地震断裂带、抗震不利地段和滑坡、泥石流、塌陷、洪水等自然灾害易发地段，充分考虑房屋间距和道路设置、避震疏散、救灾等因素，适当调宽民房之间、房路之间距离，最大限度将震害损失降到最低。

（二）抓好农村民居防震保安技术服务

一方面，各级政府应在广泛收集资料、深入调查研究的基础上，针对我省各地农村民居建筑材料、建筑风格的特点，开展农居抗震技术开发和施工工艺研究，制定不同标准、简单易行、便于操作的抗震安居农房建设图集和农村建房抗震设防挂图等，提供适用于不同地区的农居建设、设计和施工；另一方面，要加强防震减灾的工程性措施，包括对抗震防灾环境和场地勘察，为农居建设选址提供服务，对新建工程项目进行抗震设防和施工，对已有的重大工程和生命线工程进行抗震加固和安全性评价。必要时由地震、建设、土管等部门组成检查组，定期对村民盖房进行检查指导，对所在的问题，要及时引导、纠正，将安全隐患消灭在萌芽状态。工程监理单位要深入村镇，加强对施工全过程监理，以确保民房抗震措施的落实。

（三）积极组织实施农村民居示范工程

各地应从实际出发，按照“试点先行、逐步推开”的原则，选择有条件、有代表性的地方，按照“农民自愿，适当补助”的原则，结合扶贫攻坚和推动农村房屋建设中抗震设防工作的需要，先由各级政府拿出一部分补贴，完全按照Ⅶ度设防的要求，通过采取示范区、示范村和示范户等多种形式实施农村民居示范工程，新建、改造和加固一批安全适用的样板农居，以总结、筛选、提炼出已有的一些切实有效的房屋抗震技术及措施，发挥以点带面和典型示范作用，引导广大农民建造具有抗震能力的房屋，带动农居工程的全面实施，从而全面提高我省农村房屋的抗震能力，提高公众的地震知识水平和对防震减灾工作的认知程度，同时为全面建设小康社会奠定基础。

（四）加强防震减灾知识的宣传和培训

抓好农村新建民居防震抗震知识的普及宣传和抗震设防技术指导，编制更容易为农民接受的技术操作规程手册，免费向建房农民提供。通过相关部门或基层组织的协会对农村建房工匠和农村建筑组织的管理，对农村建筑工匠进行上岗前培训，举办建筑施工技术、防震减灾基本知识、农村民房防震抗震知识培训班，发放培训证书。地震、规建、国土等部门加强技术指导和服务，提高农村民居建设的施工质量，提高农居防震抗灾的能力，确保新农村民居安全，保障农村经济发展和农民收入的持续稳定增长。

关于加快解决我省农村饮水安全问题的建议

水是生命之源，水对人类的生命和健康至关重要，获得安全饮用水是人类生存最基本的需求。随着经济的发展，矿产开采、工业排污、养殖业污染以及农药、化肥的大量施用，生活垃圾、粪便的随意排放，导致地表水污染日趋严重，局部地区历来就缺水和有害物质严重超标。我省农村饮水安全问题非常严峻。根据2005年1月省水利厅组织完成的《湖南省农村饮水现状调查评估报告》，截至2004年底，全省农村饮水人口为5451.98万人，按供水方式统计，分散式供水人口为3382.84万人，占62.05%，无任何供水设施的农村人口为1256.09万人，占23.04%，集中式供水人口为813.04万人，占14.91%，远低于全国38%的平均水平，其中自来水受益人口只有710.32万人，自来水普及率仅为13.03%。按卫生部、水利部《农村饮水安全评价指标体系》评估，全省5451.98万农村人口中，属饮水安全和基本安全的人口为3952.02万人，占72.49%，属饮水不安全的人口为1499.96万人，占27.51%，其中水质不达标人口为1056.22万人，占饮水不安全人口的70.42%，水量不够，取水不方便、水源保证率低的人口为443.74万人，占饮水不安全人口的29.58%。我省从2000年开始实施国家农村饮水解困工程，累计解决了200多万农村人口饮水困难，但仍有1400多万人饮水不安全，农民急切解决饮水安全问题的心情迫切；同时基层水利部门工程经费严重不足。

因此，建议我省紧紧抓住国家将加大农村饮水安全建设的机遇，把解决农村饮水安全问题作为我省构建和谐社会、建设社会主义新农村的实际行动，采取超常措施，出台相应政策，加大投入力度，采用市场化运作，加快解决我省农村饮水安全问题的步伐。具体来说，有以下建议：

1.加大省、市、县财政投入。根据国家文件精神，农村饮水安全工程建设资金由国家补助40%，省、市、县三级财政配套的比例分别不得低于工程总投资的15%，受益群众自筹15%。同时要求省、市、县三级财政配套资金要纳入同级财政预算。据调查这几年国家的补助资金都能到位，但地方配套资金没有按项目配套规定足额到位，影响了工程建设标准、质量和进度，加重了农民负担。请省政府明确各级财政安排农村饮水安全工程配套资金比例，每年足额到位。地方各级人民政府要积极筹措资金，加大投入力度。

2.多途径筹措建设资金，鼓励民营资本投资。加快饮水安全工程建设最大的难题是资金不足，仅靠各级财政投入是不够的，要积极引导和组织好受益群众投工投劳并自筹入户部分的投资；按照“谁污染、谁破坏、谁付费”的政策，对水资源环境造成污染的矿主、养殖大户征收合理的水资源污染费；以市场化运作方式，按照“谁投资、谁经营、谁受益”原则，积极鼓励民营资本参与，政府可通过用地优惠和有关税费减免予以扶持。

3.建立长效机制，制定完善建设管理办法，使工程能长期发挥效益。要建立政府主导、部门协作、全社会广泛参与的管理体制。根据工程规模、投资渠道实行不同的管理模式，因地制宜，百花齐放。按照“谁投资、谁受益”的原则，理顺产权关系，明确管理主体和责任，对政府投资为主、群众自筹为辅的村镇集中供水工程，授权水行政主管部门对这类工程定权发证，明确以县为单位组建村镇供水总站作为国家出资人代管国有资产，其经营权实行租赁、拍卖，并将经营收益和拍卖所得作为农村饮水安全建设项目资金实行滚动开发。对企业、社会团体或私人出资兴建的集中供水工程，实行自主经营、自负盈亏；对以群众投资为主兴建的小型分散供水工程则实行农户自建、自管、自有、自用。

4.做好水污染的源头治理，切实保护好饮用水源。凡作为农村供水水源的水利工程，当地政府都应划定水源保护区，制定水源保护措施，禁止在饮水水源区排放生活污水、建厕所等影响水质的活动，禁止工业废水、废物流入饮水水源区，对农村水面养殖业应加以规范，以保障饮用水水源安全。

调研情况说明：根据部分九三社员参与我省农村人饮工程检查验收工作中的情况整理而成。

抢抓机遇，积极提升中部地区利用外资的规模和水平

由于历史和区域经济结构等原因，中部地区对外开放程度、吸引外资规模远远落后于沿海开放地区，2004年中部地区六省出口总额仅206亿美元，只占全国的3.5%，实际利用外商直接投资72.7亿美元，仅占全国的12%。去年以来，世界经济出现复苏，全球对外直接投资呈现恢复性增长，国际经济环境趋好，对引进外资非常有利。但是，针对国内经济过热现状，国家实施一系列宏观经济调控政策，以及能源等资源的严重短缺，务必影响到各地引进外资规模。如何在服从国家宏观调控的大局的同时，保证中部地区经济发展，扩大和提高外资引进的规模和质量是摆在我们面前必须考虑的问题。

1.改善投资产业政策和配套服务。制定外商投资产业政策是为了更好引导外资的流向与投资的领域。目前一些地方政府似乎患上了“外资饥饿症”，不惜牺牲环境、土地等资源引进外资。为此，政府要在新的产业政策中，鼓励外商投资构建新型产业链和产业群，加大引进国外资金和技术力度，加快形成一批具有国际竞争优势的行业和企业，特别是要抓住发达国家新一轮产业转移的机遇。对于传统产业要仔细分析各个产业自身的优势和劣势，制定切实可行的吸引外资的战略，要依托现有基础，引进高新技术，工艺技术和装备水平，推动产业升级，增强竞争力。对于一些投资大，技术引进较难的项目，我们可以通过出让股权，允许外商独资或控股经营。国家级开发区应成为中部地区外资的主要聚集地。我们要鼓励跨国公司在开发区进行全方位的系统投资。

2.推进新的吸引外商投资方式，扩大吸引外资规模。跨国公司的并购已成为国际投资的主要方式。1995年以来并购投资占国际直接投资的63%以上，而外资在我国的并购投资仅仅占6%左右。因此，中部地区应该允许外商采用多

种并购方式投资，包括：允许协议并购，通过产权交易市场并购，通过证券市场并购，通过股权转让或增资扩股方式并购。要树立“靓女先嫁”的思想，把现阶段前景比较好的优势企业，通过改制引进外资，进行参股、控股或者兼并、收购等，与跨国公司强强联手，做大做强。鼓励外资参与国企改造，还可充分利用现有国企的闲置土地，盘活土地存量，缓解土地供应紧张的矛盾。除了并购方式，还应大力发展基金投资、证券投资、BOT投资等外商投资方式，利用外资方式多样化来扩大外资规模。突出抓好大项目的引进，延伸产业链，增强产业集聚效应，加快核心产业群的建设。

3.集中力量，突出抓好大项目的引进。大项目能够迅速形成当地的支柱产业，增强产业集聚效应，而且能够形成持续的外资引进能力，使引进外资持续增长成为可能。要盯住大项目，盯住跨国公司和世界500强企业，要有引进大项目的雄心壮志，拿出引进大项目的具体措施，把引进大项目作为引进外资工作的重中之重抓紧抓好。充分利用优势产业和优势企业，吸引国外大公司。国外大公司在欠发达地区投资，首选因素是要充分利用当地的廉价资源以及有一定基础的优势产业和优势企业。山西的煤炭，湖南、江西的有色金属都是世界知名的，加上传统上以农业为主的中部地区有大量的农村富余劳动力，这些条件对外商都是很有吸引力的。

4.扩大服务领域对外开放。目前发达国家吸引的外资主要集中在服务领域。中部地区要加速扩大第三产业吸引外资的力度，主要是要扩大金融、保险、信息、咨询等市场中介，积极有序发展外资参与国有大型商贸企业的重组和改制以及适度地、有条件地引进外资参与对商业银行、保险公司的股份制改造。

5.积极推进旅游业对外开放。中部地区是旅游资源极为丰富的地区，而中国市场作为一个远远没有饱和而且极具发展潜力的市场，吸引外资旅行社大规模进入中部地区，将会给国内的旅行社业带来一些发展机遇。一是外国有实力的旅行社进入中国市场，利用自身的品牌优势、销售网络优势，做大来华客源市场，国内旅行社可以利用市场结构和规模变化的时机，寻求自身的发展空间，壮大自己，走向世界。二是外资旅行社将带来比较规范的内部管理和服务规则，尤其是具有服务品牌的旅行社，会在提高服务质量方面产生社会示范效应，促进国内旅行社的经营管理更上一层楼。中部地区做好旅游业吸引外资这项工作，一定会把旅游业做成一大支柱产业。

6. 加大中部地区吸引外商投资的政策力度。当前，中部地区投资环境存在客观的、短时期难以改变的状况。为了加快中部地区大发展，进而实现区域共同发展，政府应尽量快出台吸引外商投资的相应措施，给予有一定力度的投资政策鼓励。如进一步放宽投资领域，降低投资门槛，不断改善投资软环境和产业配套条件，提高服务水平，为引商投资提供更好的发展空间与商业机会，促进外商在中部地区的投资。

发展湖南旅游需要强化电视媒体催化作用

2006年湖南旅游业取得了突出的成绩。年度报告显示，全省实现旅游总收入588亿元，占GDP的份额预计在7%以上。我省旅游产业已连续3年实现占GDP的份额超过5%以上，旅游业作为支柱产业的地位已得到确立。但是，面对全国27个省级组织将旅游业作为支柱产业加以大力发展的竞争形式，湖南旅游业成绩之下存隐忧。

旅游地的不可移动性，决定了旅游业要靠形象的传播，才能为潜在旅游者所认知。在激烈的旅游市场竞争中，形象塑造已成为旅游地占领市场制高点的关键。一方面，湖南拥有丰富的人文、历史、自然等得天独厚的旅游资源；另一方面，湖南的电视媒体在全国已处于领先地位。以湖南卫视为例，现已突破了地域限制，成为“最具活力的中国电视娱乐品牌”。因此，怎样使作为主力经济的旅游实现与电视媒体的对接，成为湖南旅游得以迅速发展的关键。

目前，湖南电视媒体在推介旅游方面主要存在以下问题：

1.广告投入数量少。除了一些张家界等名牌景区较注重告投入之外，其他景区景点广告意识普遍不强，坐等客源现象明显。以邵阳扶夷江为例，其独特的喀斯特地貌，即使是湖南人也知之甚少。

2.没有走大联合促销之路。全省目前还没有编制具有统一形象的宣传资料，还没有把最优势的产品统一推向国内外市场。由于各地单独推销自己的产品，造成景点分散，整体形象不突出；资金撒胡椒面，难以达到最佳宣传效果。

3.促销方式单一且缺乏累积性。促销方式没有注重电视宣传的累积性，往往集中在节假日与推展会期间，而且没有深入进行客源市场的细分，从而导致收效有限。反观云南卫视，其每天凌晨播放的“云南风光”已持续了几年，对云南旅游业的发展功不可没。

4.营销渠道缺乏多样化。没有综合地采用与中央台合作、与各地方台以及国外电视媒体联合制作、联合宣传、联合推介的方式。直销、代销、批发等各种渠道欠缺等。

5.立体推介不足。一是对景区、景点项目的推介内容过于单调。旅游项目的设计与特色缺乏深度。例如：有“中国原始生态第一山”美誉的莽山国家森林公园即是如此。二是在人文景观的推介上重视不够，这些景点往往只要稍加投入就可焕发新春，提高经济效益。例如：湖南芷江的“抗日英雄纪念馆”。三是旅游产品结构的推介形式没有从单一的观光型向休闲、度假、探险、考古、修学等诸多方向发展。目前我省旅游产品大多为观光型。单一性的结构削弱了市场的竞争力。例如：张家界已形成了高品位的国际知名品牌，是湖南的旅游极品项目。但由于过度倚仗武陵源，对多种旅游资源缺乏足够的认识和开发力度，致使旅游产品单一，文化特色不浓，文化品位不高，影响了张家界旅游业的持续发展。

发展湖南旅游需要强化电视媒体的推介作用

旅游产业是促进产业结构调整和就业的最佳切入点，是环境保护和经济发展的双赢产业，是我省经济结构由重化工业向多方协调发展的战略选择。打造湖南旅游“支柱产业”，需要采取以下措施强化电视媒体的推介作用。

一、实施统一的湖南旅游形象战略

实施统一的理念识别、行为识别、视觉识别的设计，塑造湖南旅游形象、凸显湖南旅游个性，传达湖南的精神理念。最终通过塑造具有典型个性和特色的形象，使外界对湖南的旅游产品和服务产生一致的认同感，从而达到树立良好的旅游形象、扩大旅游市场份额，推动湖南经济发展目的。值得注意的是，在体现湖南旅游形象定位前瞻性的同时，应给湖南旅游形象预留出足够的扩展空间。

二、以湖南卫视为龙头，实施湖南媒体整体推介战略

以湖南卫视为龙头，以湖南旅游节、黄金周等重人旅游活动为重点，组织电视媒体对湖南旅游发展和旅游景区、日常旅游信息实施整体推介战略，予以全方位的报道。一是在湖南卫视、经视等电视媒体的主要新闻栏目的黄金时段进行新闻宣传，深度挖掘我省悠久的历史人文内涵，着力把旅游报道做深。二是开设旅游专栏。由于种种原因，旅游节目专栏在电视频道中一度缺位，这也是广电媒体旅游宣传的“软肋”。建议通过旅游专栏的开设，大力宣传湖南各类旅游景点，着重推介一些不被公众所知的特色景区。三是加强宣传片、风

景短片的制作。组织湖南卫视、湖南经视在齐频道滚动播出，营造浓浓的旅游氛围。同时，精心制作一批旅游景点的风光短片，通过一组组风景如画的图像，辅之以湖湘特色的音乐及相应的文字说明，给观众以强烈的视觉冲击力和吸引力。四是强调推介的积累性。建议在省级各电视台的每天早上6：00和凌晨1：00免费播放湖南各地的旅游宣传短片。

三、强化人文旅游资源的电视推介，增加旅游文化内涵

文化是旅游的灵魂，只有真正把文化特色融入旅游中，旅游业才能持续发展。现代旅游业已经发展为既要让人们饱览异域他乡的山川名胜，又要满足人们对异域他乡的历史文化、风土人情、服饰、饮食文化和表演艺术的欣赏、探求。对于湖南而言，强化人文旅游资源的电视推介，一要突出湘西民族文化，包括湘西民间艺术、民族音乐、戏剧、湘西民族建筑、湘西民俗、歌舞等，把湘西民歌山歌、阳戏、花灯戏、土地戏等极具湘西少数民族特色的表演加以开发利用；二要突出宗教文化，包括佛教、道教等，修复天门山寺，恢复普光禅寺香火等一批宗教活动场所；三要突出景点文化，充分挖掘各景点的人文特点，提高景点的文化内涵，把有关各景点的历史典故、逸事、民间传说、诗词等，收集整理，让游客明白蕴藏在景观内的文化意蕴。

四、注重电视媒体推介的不断创新

创新是旅游事业可持续发展的动力之源。电视媒体的推介要在思想观念、体制机制、题材风格、形式内容等诸多方面不断创新。当前，可着重做好以下三方面工作：一是外向型推介与本地游推介相结合。可借鉴陕西省旅游局的经验，与国外电视台合作，共同制作湖南旅游电视片，通过卫视欧洲站黄金时间在欧洲全境播放，同时也应积极邀请境外电视台来湘拍摄旅游电视片，用不同的语言在不同的国家播放。与此同时，应采取积极措施，与中央电视台《科技之媒》《华夏文明》等栏目合作，联合拍摄湖南旅游电视系列片，全面展示具有深厚文化底蕴，体现三湘风情的人文景观，二是电视媒体推介与报刊平面、影视立体推介相结合，充分利用声音、图像、文字、事件、活动等手段，开展多样化推介，由单一、单调、雷同向全方位、多载体、立体化的方向发展。三

是政府声音的权威发布与群众口碑的广泛传播相结合。一方面要积极发挥当地政府部门的主导作用，适时以新闻稿、新闻发布会、招待会、名人光顾、产品展销等方式，开展旅游公关，利用主流电视媒体信息覆盖面广及不可替代的公信力，对游客产生巨大感召力。另一方面要充分发挥群众口碑的效应宣传湖南，于无形中推动湖南旅游的健康发展。

关于加快我国粮食主产区新农村建设的若干问题及其对策建议

党的十六届五中全会把建设社会主义新农村确立为我国新时期现代化建设重大历史任务，在各级党委政府的正确领导下，各地都积极投身到新农村建设之中。总的来说，各地新农村建设的指导思想正确，建设目的明确，推进措施得力，取得的成效显著，但也存在诸多具体问题。

一、我国粮食主产区新农村建设的主要问题、制约因素与现实困难

1. 思想和方法层面存在的主要问题。一是新农村建设缺乏切合村落实际的分类建设模式与路径，缺乏科学的村落规划和产业规划；二是现有农村工作方法与社会主义新农村建设要求不相适应，农民的意愿难以得到尊重，农民的积极性和创造性难以得到有效发挥；三是新农村建设中如何做到以环境保护优先，做到不砍树，不挖山，不填塘，保持农村原有环境生态的问题；四是新农村建设中如何充分尊重农村习俗和农民习惯，不拆庙、不毁祠、不破坏古建筑，保护农村原有文化生态，正确处理传统文化的继承与新型文化的创新关系。

2. 现实基础层面的关键制约因素。一是我国粮食主产区农村受历史和地理因素的影响，农村居民分散，地形复杂，新农村建设的难度大，成本高。像湖南不仅农户散居率高达80%，而且70%分布在丘陵山区；二是我国粮食主产区各省农村民主体制发育滞后，民主管理、民主决策难以到位，农民的诉求表达渠道不畅通；三是我国粮食主产区各省农村集体经济组织与农户的经济实力普遍较弱，新农村建设资金短缺严重；四是新农村建设人才十分紧缺，不仅村务

管理型人才数量上有缺口，文化水平不高，年龄偏大，而且经营管理型和技能型新型农民少，尤其是指导型和帮扶型人才更加缺乏。

3. 目标内容层面存在的困难。一是我国粮食主产区各省农业产业化的程度低，加工度不足，农村主导产业的形成和稳定难度较大，作为建设新农村根本点的"农民增收"短期内难以实现；二是我国粮食主产区各省农村基础设施条件普遍较差，"三清"（清垃圾、清淤泥、清障碍）、"四通"（通公路或通车、通电、通水、通沼气）、"五改"（改水、改厕、改橱、改栏、改浴）任务十分繁重；三是我国粮食主产区各省农村缺乏现代化的市场流通体系，不仅农村商品市场与物流基础设施较差，像湖南70%的乡镇农贸市场还是传统的马路市场，而且农村商贸市场基本上是传统的个体经营商户或夫妻店，经营管理粗放，易引发农民卖难与买难以及假冒伪劣商品等问题；四是我国粮食主产区各省农村社会保障体系的供求差距大，重城市低保轻农村低保大现象依然严重，低保覆盖率低，低保资金难以到位，工作漏洞大，运行不规范。农村合作医疗参合群体不稳定，行政运作成本高，对困难户医保力度不够等，与"应保尽保"城市低保相比，还有很大的差距；五是我国粮食主产区各省农村文化建设落后，农村文化市场发育程度低，农民文化生活的贫乏，精神食粮的缺失，易导致打牌、赌博、封建迷信泛滥；六是我国粮食主产区各省农村科技推广体系不健全。随着乡镇农技站"四权"的逐步下放，尤其是"乡管"和"以乡为主"的管理体制，带来了乡镇农技站人、财、物、事的管理失控，"网破、人散、服务差"农技推广状况普遍存在。

二、我国粮食主产区各省新农村建设的基本思路、模式与工作方法

我们考察分析了韩国"新村运动"，他们的主要做法和经验是：高强度的政府财政支持；立足项目精心组织；采取村庄分治和分类激励策略；十分注重培养带头人，塑造典型人物和事迹；特别注重打造"勤勉、自助、合作"的新农村精神。"新村运动"给我们的启示是，新农村建设具有长期性、阶段性、严密组织性。主要的教训是：（1）"新村运动"与政治的结合过于紧密，以致新村运动与权力升迁乃至政权更替之间互为影响，甚至成为滋生腐败的温床；（2）新村建设的初期没有注意到对自然环境以及传统文化的保护，从而造成相

当一部分自然环境的不可逆转性毁坏和传统文化的丧失；（3）在农村基础设施和房屋建设规模方面，没有考虑到农村和城镇人口的转移规律，从而导致一部分农村公共基础设施建设投资变成沉没成本，形成浪费。在借鉴其经验与启示的基础上，结合我国粮食主产区各省实际我们提出如下设想：

（一）认清农业基本功能的转型，准确定位我国粮食主产区各省新农村建设的基本思路

从我国粮食主产区各省省情来分析，虽然都是农业大省，但多数农产品已经告别了短缺时代，目前农业已由以往的以经济性功能为主开始转到以社会性功能和生态性功能为主的发展轨道上。因此，我国粮食主产区各省新农村建设的基本思路应定位于：

第一，“跳出农业来谋划农业的发展”。在农业发展的战略上实现两种转变：一是从以产品贡献为主向以要素、市场和外汇贡献为主的转变；二是从只注重农业的经济功能向既注重农业的经济功能又注重其生态和社会功能的拓展转变。

第二，“跳出农民来筹划农民身份的变迁”。让他们从农民到市民的身份转变中畅通无阻，换言之，必须建立顺畅的农民—新农民—市民身份转换机制。

第三，“跳出农村来筹划新农村建设”。把项目建设作为实现工业反哺农业、城市支持乡村的平台和微观基础。同时，要在新农村建设中树立一种自强、合作、诚信、守法的时代精神，形成全省人民的“国民精神”。

（二）立足我国粮食主产区各省农村的共性与差异，积极探索我国粮食主产区各省新农村建设的模式

第一，基于共性，立足“三基”，把握新农村建设的基本模式。我国粮食主产区各省新农村建设模式虽然有不同的表现形式和侧重点，但在实际建设过程中，都要受到“基础工作、基础设施、基础产业”这三种因素的相互制约。农村的所有事务都可以分为基础产业、基础设施和基础工作三大部分。其中，基础产业包括种植业、养殖业、林业、农产品加工业、农村商贸服务业等；基础设施包括农村道路、桥梁、农村供水、供电、沼气、塘坝、水库、灌溉系统等生产生活设施，涵养生态、保护环境等防止污染设施以及通信、信息化平台等现代化设施等；基础工作包括农村义务教育、农村职业教育、其他培训、农

村医疗、农村保险、农村文化、农村组织建设等。将“三基”农村事务组合起来，就可以得出农村发展或建设的整体水平状况，亦即社会主义新农村建设的水平。社会主义新农村建设是一个系统工程，也是一个长期工作目标，必须紧紧围绕“基础产业、基础设施和基础工作”这三个主要因素，根据当地情况，科学规划、分步实施，因地制宜，分类指导，以点带面，整体推进，有计划、有目标、分步骤地进行。

第二，基于差异，立足“四区”“七类”，探索我国粮食主产区各省新农村建设的不同模式。

“七类”即我国粮食主产区各省新农村建设模式至少也可分为七种类型：都市型、郊区型、平原湖区型、丘陵山区型、少数民族地区型、库区型和矿区型。从我国粮食主产区各省来看，社会主义新农村建设的重点在平原湖区和丘陵山区，难点在老、少、边、山、穷、库区；老、少、边、山、穷、库区新农村建设的重点在基础设施建设，即“三清”“四通”和“五改”；平原湖区和丘陵山区新农村建设的重点是基础设施的建设及农业的产业化发展；而都市型与城郊型新农村建设的重点是农业产业的第二与第三产业化，即农产品的精深加工与商贸物流及其休闲、观光农园的发展。就建设内容而言，要始终坚持以产业建设为重点，增强农民的经济实力和自我发展能力，以经济建设来带动社会事业又好又快地发展。就上级扶持的项目而言，应该以基础设施建设为重点，着重抓好水、电、路、通信等项目建设，改善农民的生产生活条件。就村庄建设而言，以整治乱、脏、差为重点，制止无序建房和乱批乱建，严格按规划进行审批和建设。

表1　我国粮食主产区各省社会主义新农村的七种建设模式

模式名称	建设模式	产业模式	主要农产品等	义务教育	医疗卫生	道路建设	电力	供水及污水处理
都市模式	“城中村”式的工业型或商贸型模式	工商业主导模式	—	纳入城市义务教育	纳入城市医疗及其救助体系	纳入城市道路体系	纳入城市电网体系	纳入城市社区体系

续表

模式名称	建设模式	产业模式	主要农产品等	义务教育	医疗卫生	道路建设	电力	供水及污水处理
城郊模式	城乡一体化式的城镇型模式	服务于城市的“菜篮子”工程与休闲农业模式	蔬菜、花木、家禽、家畜	纳入城市义务教育	纳入市县医疗及其保险体系	纳入城乡结合道路体系	纳入城市电网体系	纳入城镇体系
平原湖区模式	集聚与分散结合式的农场型或庭园式建设模式	粮猪型及水生作物与养殖模式	稻谷、棉花、油料、淡水产品、水生植物	寄宿制多村共享义务教育	农村合作医疗和血吸虫病救助体系	乡村道路建设	农网(含生产与生活)	纳入长江和洞庭湖区防洪与水利建设及洁净自来水管网建设体系
少数民族地区模式	集聚式、文化保护型建设模式	旅游及特种种养主导模式	特种作物、大牲畜、中药材、林木、旅游点	寄宿制多村共享义务教育	民族合作医疗和地方病救助体系	乡村道路建设	农网(含生产与生活)	防山洪及抗旱设施、洁净自来水管网建设
丘陵山区模式	分散式、庭园生态型建设模式	经作与养殖并举的模式	烤烟、茶叶、油料、稻谷、家禽、家畜、旅游点	寄宿制多村共享义务教育	山区合作医疗和地方病救助体系	乡村道路建设	农网(含生产与生活)	防山洪及抗旱设施、洁净自来水管网建设
库区模式	移民建村、集聚式建设模式	淡水养殖主导型模式	淡水产品、林木、水电	移民纳入寄宿制多村共享义务教育	库区合作医疗和地方病救助体系	纳入移入地乡村道路建设	农网(含生产与生活)	防山洪设施及洁净自来水管网建设
矿区模式	环境治理与生态恢复型建设模式	资源开采与种养结合的模式	非食品类农产品、林木	寄宿制多村共享义务教育	矿区合作医疗和重金属污染病救助体系	乡村道路建设	农网(含生产与生活)	防山洪及抗旱设施、洁净自来水管网建设

（三）围绕“民本乡村”的建设，切实创新农村工作方法

建立“民本农村”新型农村工作模式。总体思路是，按照“模型、模块、模式”的步骤，首先，构建和谐互动工作模型。这一模型以民为中心，镇村的一切工作围绕民转；镇、村、民三者关系，由传统的“从命令到服从”变为各

层次互动，三者在责、权、利方面的关系是对等的；推动工作的力量由自上而下的压力变为上下互动合力。其次，推行模型式的工作方法。把农村工作分成经济发展、社会稳定、社会事务等若干模块，分层面配置资源，布局力量，进行系统化管理、社会化分工、专业化运作。最后，打造和谐互动工作模式。主要是建立各项工作制度、机制，推动镇、村、民三个层面和谐互动，保证党的路线方针政策的贯彻落实，进而实现好、维护好、发展好农民群众的根本利益。

要实现“三个转变”：在工作体制上，由传统的“一层管一层、一级压一级”层级式管理向“因事分块、因块定责、因责选人”的模块式管理转变。在工作机制上，由传统的“上情下传、上讲下做、上促下抓”向以群众利益为核心的良性互动转变。即建立民意表达机制；建立民事协调机制；建立民权保障机制；建立为民服务机制。在工作方法上，由传统的以行政命令为主向综合运用行政、法律、经济等手段转变。要做到统筹兼顾、重点突破；双向承诺、权责对等；经济杠杆、利益调节；情理交融、疏导调理。

三、进一步加快我国粮食主产区各省新农村建设的对策建议

第一条，创新组织与制度，理顺管理机制。一是要深化体制改革，合并省、市、县三级涉农部门，设立“新农村建设委员会”，全面负责新农村建设的管理、执行和协调工作，克服多头管理、各自为政、工作内容重叠等弊端；二是要全新打造县、乡两级农业科技服务体系；三是要建立农地银行与土地流转风险保障金制度。离农者将其土地“存入”农地银行，其他人包括城市居民则可以从农地银行“贷得”土地，建立土地流转风险保障金，推进土地流转。

第二条，立足实际，搞好规划与设计：一是要将建设部门规划与设计等职能从只达到县城和部分建制镇向乡村镇延伸；二是民居建筑规划与设计要兼顾现代风格与湖湘建筑文化、山区防洪灾和地质灾害功能，庭院式户型比较适合我国粮食主产区各省绝大多数农户的散居特点；三是要把农村商贸网点布局规划纳入城乡建设规划及各县（市、区）的商业网点规划中，对“县城—重点集镇—重点村庄”的商贸网点体系通盘统筹和合理布局；四是要排定新农村建设项目优先开发时序。建议先公共基础设施，再农民增收项目，先村级组织建

设，后村庄建设。仿效韩国村庄分治、分类激励的策略。

第三条，创新投入方式，解决资金问题：一是要创新财政支持方式。按财政年度增加新农村建设财政支持额度；强化农村基础性投入，发行农村基础建设彩票，吸引民间资金投向农村，建立投资激励机制。二是要放低信贷门槛。保证农村金融机构新增存款一定比例投放当地。农发行、国家开发银行要向支持农村基础设施建设和农业资源开发倾斜。扶持建立小额担保基金或担保机构，解决农户和农村中小企业贷款抵押担保难问题。三是要设立湖区排涝（渍）专项资金。建议国家和省设立专项资金，以彻底解决湖区排涝难的顽疾。四是要加大道路建设投资力度。应区分情况、设定比例支持农村道路建设。贫困地区村级以上道路采取全额资助，中等富裕地区资助80%左右，富裕地区资助50%左右。五是要化解乡村债务问题。一方面要严格禁止发生新的债务，一方面要摸清底子，采取多种措施，盘活和充分利用村级集体资产（包括土地在内），筹措资金，以清偿旧债。

第四条，围绕新农村建设，力抓一批重点工程。

一是立足农民增收，抓好基础产业七项工程。即“一村一品”工程、重点产品加工增值科研工程、农产品标准与品牌建设工程、“农改超”和“农加超”的市场提质工程、“万村千乡”商贸网络工程、“农产品畅通工程”、湖南农业大学牵头的“星火富民双百工程”。

二是立足民生，抓好基础设施“户通”“村通”“乡通”和“县通”工程。即加大乡村道路、农村电灯、电话、电视广播、人畜饮水，户用沼气、户用庭园、农村“五改”（改水、改厕、改橱、改栏、改浴）和防治洪灾与地质灾害方面的“到户设施”建设力度，继续抓好基础设施的“户通工程”；加大等级公路、耕地整理和田园化、村庄入口路和农用路、大中型沼气工程、水利设施、农村电讯、塘坝、水库、堤垸、“三清”（清垃圾、清淤泥、清障碍）和防治洪灾与地质灾害、农村合作医疗与救助设施、农村超市连锁店、农村文化及观光设施、农民教育和会馆设施等改善生产生活基础、发展教育文化、整治环境方面的“到村设施”建设力度，继续抓好基础设施的“村通工程”；加大对高等级公路、寄宿制义务教育、福利养老院、农村科技设施、农村金融网点、农村信息化平台以及农村重点连锁中心或大中型商场的运输、仓储、商检、安全、卫生等“到乡或跨乡设施”的建设，抓好基础设施的“乡通工程”；加大高速公路、农村职业技术教育基地、农村小城镇（含县城）大型集贸市场的建设和改造，农村重点及骨干农产品批发市场的建设，与“万村千乡”工程配套的县级跨区域物流配送中心等的“到县设施”建设力度，抓好基础设施的“县通工程”。

三是立足民本，抓好七项农村基础工作。（1）新时期“上山下乡”与新农村人才培育工作。切实做好“十一五”新农村建设人才培养引进规划，包括新农村建设管理人才、经营人才、技能人才培训规划，推行新时期知识青年的“上山下乡”工程，有计划地向农村派遣、选调优秀青年干部和大学生，组织志愿者开展走进农村活动。重点扶持县建立职业教育中等示范学校，建立乡镇职业教育分中心，健全网络。（2）农村社会保障体系完善工作。把地区扶贫资金用于低保，走社会保障扶贫之路。大力发展慈善事业。各市、县、乡把社会保障工作列为行政一把手工程；设立省级统一的机构——社会救助工作局。乡镇设立专门机构，村级设立救助中心，完善考核制和责任追究制。（3）农村医疗服务体系建设工作。调配卫生资源向农村流动、规范医疗服务行业，规范医疗采购制度，逐步形成药品供销的一条龙，净化农村药品市场。（4）乡村文化的保护、开发及其产业化工作。我国粮食主产区各省是农耕文明的发祥地，乡村文化底蕴深厚、丰富多彩，极具挖掘潜力和市场空间。很多乡土文化基本上处于“原汁原味”未开发状态，加大乡村文化与民俗的收集、发掘与整理力度，进一步挖掘文化价值，通过旅游业带动促进良性循环。（5）“农村新生活运动”工作，摒弃生活陋习，制订乡村营养改善实施计划，配备生活指导员和营养指导员，实施生活和营养方面的普及教育，动员妇孺参与营养改善计划，并在资金、设备、人力、智力等方面给予支持。生活改善科或课程进入全省中小学教育、教学体系，同时，争取国际组织的援助。（6）乡村清洁工程工作。包括农业生产清洁工程，大力推广应用生态施肥技术、病虫草害生态控制技术、秸秆资源利用化技术、畜禽养殖废弃物无害化处理与资源化利用技术，建立农业投入品废弃物收集池；农村生活环境净化工程，大力推广应用生活污水净化处理技术、生活垃圾分类处理与资源化利用技术，开展农村清洁饮用水工程建设；积极开展农村清洁能源和可再生能源利用技术研究推广工作；实施农民生态文明提升工程。（7）农村基层组织建设工作。大力培养农村“双带型”党员和“双强型”干部，科学调整农村党组织的设置方式，采取“支部+企业”“支部+基地”“支部+协会”的模式建立党组织，积极实施“一村一名党员大学生计划”。同时，以各种方式把农民组织起来，提高农民的组织化程度。

关于修改国家GB 1589—2004《道路车辆外廓尺寸、轴荷及质量限值》有关条款的建议

国家标准化委员会于2005年11月对GB1589-2004《道路车辆外廓尺寸、轴荷及质量限值》有关条款进行了修订，其中增加“汽车起重机、混凝土泵车及消防车的最大允许总质量的最大限值为55000kg。”在GB1589标准的原稿中汽车起重机作为特种作业车辆不受其限制，该类产品一直执行其行业标准。

自20世纪90年代中期以来，随着国家基础工业的迅猛发展，重点矿山、大型货场和码头，不少单位急需大吨位的汽车起重机。目前，我国中大吨位的汽车起重机发展迅速。国内生产汽车起重机的企业近20家，年产值近70亿元，其中中大吨位的汽车起重机占了一半的市场份额，而大吨位的产值占了整个行业近20%。100吨产品是采用五桥或六桥，总质量都在60t以上。目前，国外发达国家的汽车起重机已发展到了十分完善的程度，大吨位的起重机规格从80t到300t，最高吨位已达到了800t。就以国外生产起重机的几家知名公司的100t产品为例：利勃海尔公司LTM1100-2，德马格公司AC100，格鲁夫公司GMK5100，多田野法恩公司ATF100-5。其行驶状态总质量均为60000kg（后附利勃海尔100t样本）。因此国内外100t以上的汽车起重机的行驶状态总质量均大于55000 kg。如果将汽车起重机的最大总质量限制在55000kg，就限制了我国中大吨位汽车起重机的发展，这将不利于民族工业的发展，同时也制约了国家装备工业的发展。

特此建议：

1. 在GB1589-2004中取消“汽车起重机、混凝土泵车及消防车的最大允许总质量的最大限值为55000kg”的条款。

2. 将55t以上汽车起重机等产品不列入国家发改委汽车公告管理。

关于加大职业病防治工作力度的建议

职业病防治是当前我国面临的一个重要问题。以湖南省为例，湖南省共有厂矿企业32.31万家，职工总数359.87万人，其中接触职业病危害的人数为150万人。有尘肺累积患的52445人，其中现患病人数为43330人。

一、存在的问题及其原因

1.对职业病危害的认识不够。

一些地方政府的领导只重视经济发展和利税指标，而对职业病防治关注的程度不够。相当部分的企业家法律意识淡薄，缺乏职业病防治的责任意识，甚至逃避法律责任。有的企业发现员工可能患病时就解雇辞退，直接将职业病危害的后果推向社会，逃避责任。此外，员工的自我保护意识也很差。

2.相关执法部门配合不协调，执法监督不力。

《中华人民共和国职业病防治法》执法监督及卫生、安监、劳动和社会保障、建设等多个部门，执法监督中主动配合不力。

3.劳动合同不规范。

劳动合同的签订和工伤保险参保率低，导致职业病人合法权益得不到保障。

二、对策建议

1.加大《中华人民共和国职业病防治法》宣传。

我国政府要继续加大对《中华人民共和国职业病防治法》的宣传力度，提高各级领导、企业负责人、从业员工对职业病危害的认识和做好职业病防治工作重要性的认识。

2.坚持预防为主、防治结合的方针。

对存在职业病危害的新建、改建、扩建项目必须进行卫生评价和“三同时”审查。对于职业病防护设施和员工防护用品必须保质保量配备到位。员工上岗前体检和培训、作业期间职业健康检查、离岗体检必须按法律规定执行。

3.扩大工伤保险覆盖面，保障职业病人的合法权益。

4.建立政府牵头、相关部门联动机制，做到各负其责、各司其职、互相配合、互相支持。切实加大执法力度，查处大案要案。

关于将中部地区建设成全国重要的现代物流中心的建议

温家宝总理2006年8月在长沙“促进中部地区崛起座谈会”上指出，加强综合运输体系建设，发展现代市场和流通。搞好交通规划，加强铁路、高速公路、干线公路、长江航运、民航等建设，充分发挥中部在全国交通格局中的枢纽作用。加快现代市场体系建设，逐步形成全国重要的商品集散地和商品交易中心。国家发改委等9部委关于促进我国现代物流业发展的意见指出：“促进现代物流业发展是一项跨行业、跨地区、跨部门的综合性工作，涉及面广、政策性强，需要各地政府和有关部门协同配合，形成合力。大力发展现代物流业，对于推动和提升相关产业的发展，提高经济运行质量和效益，增强综合国力和企业竞争力具有十分重要的意义。”中部物流产业发展是国家物流产业“承东启西、贯通南北”的关键环节，如中部没有形成全国重要的现代物流中心，国家物流网络会“镂空”“断链”，将影响国家物流产业体系的形成，更会影响到中部地区的投资环境，影响到国家“中部崛起”战略的实施。

一、中部地区物流产业发展的现状与问题

（一）物资流通体系初具规模，但与其全国重要物流中心的地位还有一定的差距

目前我国物资流通体系既包括传统的生产资料批发业，也包括生活资料的批发业。2004年中部地区限额以上批发业法人企业数为2413个，仅占全国的16.2%；批发销售总额为4382.8亿元，占全国的比重更低，只有11.5%；从业人数为41.8万人，占全国的23.4%（见表1）。这些指标均低于中部地区人口

在全国人口中28.1%的水平，说明目前中部地区物资流通体系并不发达，与建设全国重要的物流中心的地位还有一定的差距。

表1　2004年中部地区限额以上批发企业基本情况

地区	法人企业数		产业活动单位数		从业人数		销售总额	
	数量（个）	比重（%）	数量（个）	比重（%）	数量（个）	比重（%）	数量（亿元）	比重（%）
山西	312	2.09	312	1.12	46736	2.62	391.8	1.03
安徽	388	2.60	2112	7.58	58672	3.28	825.8	2.17
江西	241	1.61	260	0.93	34743	1.94	449.3	1.18
河南	686	4.59	703	2.52	118419	6.63	923.8	2.43
湖北	372	2.49	426	1.53	100054	5.60	1007.7	2.65
湖南	414	2.77	1309	4.70	59459	3.33	784.4	2.07
中部合计	2413	16.15	5122	18.39	418083	23.40	4382.8	11.54
全国	14937	100.00	27856	100.00	1786669	100.00	37974.3	100.00

资料来源：2005年《中国统计年鉴》

（二）对物流产业的需求很大，但物流企业数量、水平还亟待提高

中部地区具有优势地位的粮食、以煤炭为主体的能源、有色金属等重要原材料都是运量大、运距长、金额相对也比较大的货物，物流成本比较高，物流业在这些产业发展过程中起着重要的作用。因此，中部地区各产业基地的建设必须充分发挥现代物流业在降低商品流通成本、提高流通效率、提升企业竞争力、实现经济高效运行、改善地区投资环境和调整产业结构等方面的积极作用。根据2005年统计数据，中部六省的社会消费品零售总额为13184.5亿元，占全国的19.6%，说明中部地区的物流产业地位的重要性。然而，事实上中部地区物流产业基础设施及物流企业数量、水平还存在差距，根据中国交通运输

协会、国家铁道部及中国港口等（6个）行业协会的评选统计，2005年中国物流企业100强中，中部省份只有13个（其中，河南5个、湖南4个、安徽2个、山西1个、湖北1个）。不难得出中部物流企业数量偏少、企业规模偏小，行业的信息化、网络化水平不高，总体上还处于从传统的、初级的物流向现代物流阶段过渡的时期的结论。

（三）大型商品市场设施的建设取得较大成果，但在全国只是处于中等水平上

大型商品市场设施的建设是一个地区大流通体系建设的重要标志。2003年中部地区限额以上的商品市场数目总计达10402个，占全国的19.6%，其中消费品市场7928个，占全国的19.2%，生产资料市场2474个，占全国的21.1%；商品市场成交额5767.2亿元，占全国的12.3%，其中消费品市场成交额3274.6亿元，占全国的13.5%，生产资料市场2492.6亿元，占全国的11.1%。可以看出，中部地区商品市场数目和商品市场成交额在全国的地位处于中下水平；商品市场数目在全国的比重明显高于商品市场成交额在全国的比重，表明市场硬件建设快于市场发育的水平，商品市场交易的活跃程度还有待提高。

二、建设全国重要的现代物流中心的必要性与可行性

纵览中华版图，我国经济中心城市均处在各种运输方式的交会点上，特别是地处中部地区的中心城市，如武汉、郑州、长株潭等城市（群），具有横贯东西、纵达南北的地理区位优势，发展物流的途径和方式很多，以及具有区域组织的竞争力，具备多模式发展成为现代物流中心得天独厚的基础条件。

譬如，武汉作为拥有858万人口的区域中心城市，既拥有长江港口，又是铁路枢纽，已经形成了铁路、水运、公路和航空三维一体的综合运输网络，可望产生联动效应，提升武汉的区域物流组织地位。又如，郑州坐拥京广、陇海铁路交会、加上公路、航空等运输条件，发展现代物流的基础好，规划和建设的郑州11个物流中心以及河南汽配物流贸易园，将发挥郑州的商贸产业优势。长株潭城市群地处由京广铁路、浙赣铁路构成的“南方十字路口”，而被铁道部作为一个铁路枢纽整体纳入国家铁路专线规划。可喜的还有，长沙保税物流中心的建设和湖南粮食物流园的建设，积极地推动了湖南物流发展。合肥正全

面建设合肥现代物流园，聚集相关产业。南昌也在建设内陆国际物流港，提升国际经济发展能力。

这些中心城市有很好的基础，应当积极完善交通运输设施条件，建设成全国物流网络上的重要节点——现代物流中心，这既是必要的，也是可行的。中心城市发展物流并无一定之规，完全取决于发展战略的选择和政策的科学性及针对性。因此，目前要做的是以建设全国重要的现代物流中心为目标，以中心城市为依托，加强物流的基础设施建设，提高运输组织效率，发展网络化、规模化第三方物流企业等，加快物流的发展，促进所在城市物流的发展，为中部的崛起出力。

三、政策建议

1.国家设立中部现代物流业发展专项基金。发展现代物流产业，关键是要用积极的物流产业发展政策营造良好的市场环境，有效地引导和促进物流产业的发展。建议设立物流发展专项基金，积极引导并缓解目前中部地区物流基础设施建设资金匮乏等问题，培育具有真正现代物流意义的大型企业集团，尽快把中部地区的一些城市发展成为全国性现代物流中心。

2.综合规划中部地区现代物流网络。充分发挥各地中心城市区位、交通、商贸优势，培育物流市场，重点建设物流园区和扶持现代物流企业，对现有相关运输企业升级改造，强强联合，大力发展第三方物流，实现物流的社会化、专业化、规模化、信息化，在各经济区域或中心城市，加快建设综合型和集散枢纽型物流园区，搭建由综合物流园区、专业物流中心、企业（行业）配送中心构成的层次分明的物流网络，逐步把中心城市建设成为全国重要的物流枢纽。

3.加强建设中部现代物流基础设施。中部地区是全国重要的交通运输枢纽，国家应以铁路、高速公路、干线公路、长江航运建设为重点，着力构建中部与三大经济区域接轨、中部省份相互沟通的综合交通运输大通道，全面提升中部地区在全国综合交通路网格局中的枢纽地位，支持中部地区干线铁路电气化改造和复线建设，提前建设徐州—西安、北京—武汉、上海—成都等国家规划的铁路客运专线，提高铁路的综合运输能力；加强六省中心城市的空港建设，对机场的改扩建工程给予资金支持；加大对中部地区农村公路建设的支持力度。要注意统筹规划物流基础设施，减少重复建设和资源浪费。

4.构建中部现代物流平台。构筑物流基础设施平台、物流信息平台、物流配套设施平台和物流产业政策体系四大平台，组织力量构建物流公共信息网络。现代物流是以电子信息技术为手段的产业。没有公共信息网络，政府行业主管部门和物流企业之间、物流企业之间，以及物流企业和用户之间的信息就难以得到快速有效的传达，不利于政府对物流市场的监管和物流系统作用的发挥。构建公共信息网络，是一项复杂的工程，需要有一个强有力的组织来协调各方面的关系，进行网络的构建，只有政府能承担起这个责任，充分发挥为市场服务的职能。

【会议发言】

加强国家干细胞工程中心建设，发展我省重大接替性高科技产业

根据技术优势和产业优势的“两维度”分析，湖南产业可进行以下分级，在全国既有产业优势又有技术优势的是显著优势产业为第一级，在全国只有技术优势没有产业优势的是第二级，在全国既没有技术优势也没有产业优势的产业为第三级。我省产业发展的重点在第一、二级产业，第一级产业基本上是支撑我省当前经济发展的支柱性产业，第二级产业则是引领我省未来发展的接替性下一波的支柱产业。

一、加强国家干细胞工程中心建设、发展我省重大接替性高科技产业的意义

(一)发展我省重大接替性高科技产业是实现我省经济可持续发展的重大战略选择

我省现有支柱产业发展基础不稳，波动性大。有些支柱产业的贡献率偏低，或是波动较大，在国内的竞争优势表现不明显。此外，我省资源性产业比重大，能源、资源对经济发展的约束性大，发展高科技接替性产业的任务很重。根据我省全面建成小康社会的奋斗目标，我省当前迫切需要解决的问题是如何提高科技发展水平、产业的科技含量和产业的竞争力。因此我省要把产业发展的重点放在发展重大接替性高科技产业上来，应着重培养具有发展潜

力、发展优势和市场竞争力、对湖南未来经济起支撑作用的重大接替性高科技产业。

(二)国家工程中心是我省发展重大接替性高科技产业的最佳平台和基础

为了加快我省重大接替性高科技产业的发展，一个重要方面就是通过国家工程研究中心的建设，促进科技成果转化能力，增强经济发展的后劲。国家工程研究中心是国家发改委根据国民经济与社会发展计划的总体要求，为加速科技成果的转化，为落实党中央提出的科技与经济的结合，提高我国工业的竞争力，从“八五”初期开始实施的一项科技基础设施建设计划。截至2002年底，国家计委共批准投资近60亿元，其中国家财政资金21亿元，建设了86个国家工程研究中心。据初步统计，国家工程研究中心近5年来转让重大科技成果近1200项，取得了近500项国家级科技成果，近200亿元的直接经济效益。

(三)干细胞工程产业市场前景十分巨大，湖南在这个产业方面具有绝对优势，是发展我省重大接替性高科技产业的首选项目

从世界范围来看，干细胞研究已获得了跨越性的进展。干细胞技术的发展将改变传统的用药和手术治疗模式，成为治疗糖尿病、白血病、恶性肿瘤和心脑血管病等难治性疾病的主要手段，将给生物、医药领域乃至人类生活带来深刻变化，有着巨大的产业化前景和应用优势。据权威机构预测，全球干细胞医疗近两年的潜在市场大约为800亿美元；如果将药物等有关的产业计算在内，2020年前后，全球干细胞医疗市场规模可达4000亿美元。根据对国内市场的不完全测算，到2025年，仅干细胞移植治疗的潜在市场需求就将达到约9000亿元人民币，如果将关联产业计算在内，其市场潜力将达到13000亿～16000亿元。我省干细胞技术及其产业化处于全国领先地位，如果在未来的产业化市场中只要达到10%的份额，干细胞产业就可以达到1300亿～1600亿元的规模。干细胞产业如此巨大的市场潜力不仅使其成为我省重大的接替性产业，不仅对我省的经济建设和社会发展起到很大的推动作用，而且也必将进一步奠定我省作为全国乃至全球最大、最先进的干细胞工程技术创新源与产业化基地的优势地位。

二、发展现状和问题

国家发改委从1991年起到2005年7月这15年间，约批准了99个国家工程研究中心，总投资80多亿元。其中，北京约有22个，上海约有12个，而湖南省只有4个，即粉末冶金国家工程研究中心、变流技术国家工程研究中心、国家杂交水稻工程技术研究中心和人类干细胞国家工程研究中心。

我省的人类干细胞国家工程研究中心是我国干细胞领域最重要的国家工程中心。中心的技术和研发力量十分强大，主要开发的项目处于国际领先水平。中心率先建立了胚胎干细胞，治疗型克隆处于国际前沿。最近在美国伊利诺斯州立大学研究机构的一项调查中，本中心被评为全球最有竞争力的干细胞中心之一。

人类干细胞国家工程研究中心虽然拥有强大的技术和研发实力，成为我国人类干细胞技术和人才的集成与培养基地，但是由于中心正处于建设阶段，还面临着许多困难，而这些困难直接导致了中心建设进度的迟缓，进而影响我省干细胞产业的产业化进程。存在的主要问题有：

1.对人类干细胞国家工程研究中心的认识不足，重视不够。相比国内沿海发达地区而言，湖南省对人类干细胞工程技术及其产业化的重视力度不够。一些其他省份甚至出台了一系列优惠政策，吸引我省的人类干细胞国家工程研究中心去那里发展，出现了“墙内开花墙外香”的现象。此外，由于政府监管乏力，一些不具备干细胞研发资质的单位利用人们对干细胞技术认识的不足，鱼目混珠，进行不规范的运作，扰乱了干细胞的产业市场。

2.资金投入严重不足，延缓了干细胞产业化的进程。干细胞技术作为一种高科技，需要大量的资金来进行研发工作。同时，干细胞产业化也是一个投资大、周期长、利润高的产业。在产业的初始发展阶段需要大量的资金投入用于添置高新设备、进行科研实验、产品研发、人才引进等。而目前，由于种种原因，人类干细胞国家工程研究中心的经费十分紧张，已严重影响了干细胞产业化的进程。

3.缺乏针对性强的优惠政策。现行的政策是把干细胞产业视同一般性产业进行管理，没有考虑到干细胞产业的特殊性，这样就制约了干细胞产业的发展。

三、政策建议

1.提高认识，加强监管，编制我省重大接替性高科技产业发展规划，建立干细胞产业集群。首先要加大政府对干细胞产业的认识和监管力度。要从发展重大接替性高科技产业的角度来重视干细胞产业的发展。同时要加强对干细胞产业的监管，依法保护干细胞国家工程中心的知识产权和正当权益不被侵害。此外，加强对各地市、县区的生物产业功能分工的指导，推动我省生物产业合理布局，建立干细胞产业基地，逐步形成我省以干细胞国家工程研究中心为主体的生物产业集群。产业集聚能使我省生物产业的发展发挥示范、辐射和带动作用，对聚集生物技术人才、资金和技术，完善生物产业链具有重大的意义。

2.制定符合我省干细胞技术产业发展规律的产业政策。要针对干细胞产业特点和我省干细胞产业的发展阶段，发挥政府的组织协调职能，建立促进干细胞产业快速发展的机制和政策环境，充分发挥国家工程研究中心的主体作用，推进技术的产业化。参照国务院《鼓励软件产业和集成电路产业发展的若干政策》的规定，制定有关鼓励干细胞产业发展的优惠政策。由于干细胞产业具有投资大、周期长、风险高的特点，政府在制定产业政策时，应总体上优于软件产业，以便吸引更多的资金及人力资源投入干细胞的领域。

3.加强对国家工程中心及其相关企业的资金支持。政府可设立我省干细胞产业发展基金，支持重大干细胞产业项目的建设。加大对我省人类干细胞国家工程技术研究中心的科研经费投入，对有关重点干细胞研发项目给予资助。引导银行贷款向干细胞产业倾斜。在政策性银行中开辟干细胞企业的贷款渠道。鼓励商业银行注重运用灵活的市场机制加大对干细胞企业的扶植力度，扩大贷款规模。扩大干细胞技术企业的直接融资渠道，特别是以企业债券的形式进行融资。允许重点干细胞技术企业试点发行非上市公司可转换债券，并适当降低单个发债主体的发债额度。充分利用证券市场的融资和调整资本结构、产业结构的功能，选择具有自主知识产权并有一定整合市场规模的产品、医疗手段支撑的干细胞技术企业发行股票，增加干细胞技术企业股票上市的指标和发行额度。

4.制定相关税收扶持政策。生物型企业的产品结构与一般产业不同，能抵扣的直接材料成本所占比重不断降低，而以研究开发费用、技术开发费用、中试费用、技术引进费用为主的间接费用所占比重不断上升。这些开支一般不能开增值税专用发票，不能直接纳入进项税额进行抵扣，从而造成技术含量越高，税收负担越重、成本越高，严重制约着干细胞相关企业的发展。为此，政府应当鼓励开发生产干细胞产品及其相关的医疗服务类项目，按17%的法定税率征收增值税，对实际税负超过3%的部分即征即退，用于企业的研究开发和扩大规模。此外，“免二减三”的政策不适应生物企业的发展。因为生物企业需要较长的研究开发期（3 ～ 5年）才能实现产品的盈利。因此，建议延长政策实行的期限，从企业盈利之日起实行“免二减三”的优惠政策。还有，国家对生物行业的税收优惠在实际操作过程中很难落实。比如国家在1994年规定的生物企业可按照6%征收率计算缴纳增值税，但在实际中生物企业很难享受到此项优惠。

5.加强干细胞产业优秀人才引进。省政府可设立高规格的国内外博士、博士后工作站。对引入的海内外专家给以多方面的、高规格的专项经费奖励、支持和补贴政策，进一步吸引人才加入国家干细胞工程中心。

随感·报道

委员随感

政协经历是人生宝贵财富

在政协15年的工作时光，对我来说，是脱胎换骨的改变。政协是我的家，在这里我得到了温暖，得到了政治上的成熟。

新中国成立后，我的父亲卢惠霖曾在长沙市政协工作，后来担任了民盟省委主委和省政协副主席。我与父亲有着相似的从政轨迹，先后担任了九三学社省委主委、省政协副主席，这成为我人生中一笔宝贵的财富和经历。

从科研世界走向开阔舞台

在我上中学时，湖南省和长沙市的民主党派办公地点在彭家井，因为我父亲是民盟省委主委，很多民盟的干部经常来跟他商量工作，谈的都是参政议政，当时我还觉得挺有趣的，就在旁边听一听，这是我对民主党派最初的记忆。

1993年，我加入九三学社，一边做科研一边履职。在1997年至2007年，我担任了九三学社省委主委。

当初加入九三学社的时候，父亲曾问我为什么不加入民盟。因为父亲曾是民盟省委的主委，他很希望我加入民盟。但在我看来，无论加入哪个民主党派，都是统战工作一分子。

那个时候我要做科研，天天待在实验室里，加入民主党派后经常要开会，刚开始我还有点不理解，后来我才真正体会到，正是经过那个时期的磨砺锻炼，我才明白怎么去办好一家医院，怎么带领我的团队走向正确的道路，怎么去爱党、爱国、爱人民。

同时，我从自己的微观世界走向了一个非常开阔的舞台，让我能够更好地了解中国共产党、了解国家、了解人民、了解社会。

如果说九三学社让我得到了成长，那么政协就进一步锤炼了我。而且政协就像是我的家，在这里我得到了家庭般的温暖，也得到了政治上的成熟。如果没有正确的思想，在工作上就可能会迷失方向。作为一名科研人员，绝不能只埋头拉车，一定要抬头看路。

除了自身所处的专业领域，教育、扶贫、经济发展等都是我关注和履职的重点。2006年，我代表九三学社中央在全国政协常委会议上作了《深化教育改革，促进教育公平》的主题发言，得到全国政协和相关部委的高度重视。参与的《构建怀化物流经济圈，带动湖南西部和我国大西南地区经济发展》调研课题得到重要批示，并在中共湖南省委制定大湘西战略相关政策时被采纳。

逐梦优生健康“产学研”

我的父亲卢惠霖，是医学遗传学家和医学教育家，也是我国医学遗传学和人类优生学的奠基者与见证人。从记事起，父亲就告诉我，不育不孕、遗传病等，是一直困扰人类健康的几大难题，也是目前生命科学的攻坚领域。在我的一生中，父亲无疑是对我影响最深的一个人。

作为我国医学遗传学的奠基者，父亲在旧中国没有办法实现自己的理想，新中国成立以后，父亲有了很好的机会和舞台，用30年做了大量工作，为我们绘制好了蓝图。此后，我把他的事业继承下来，又走过40年，走的过程非常艰辛，但收获也很多。

1978年，已是78岁高龄的父亲，在一系列基础研究之后，提出了中国生殖工程的全新梦想。我成为父亲实现梦想的主力助手。在父亲的带领下，1981年，我国国内第一个人类冷冻精子库在湖南医科大学建立；1983年，我国国内第一个人工授精婴儿在湖南诞生；1988年，我国国内第一例试管婴儿在北京诞生……我国辅助生殖事业不断发展。

后来，我又经历了科技改革、医疗改革、教育改革。为什么我会从科技创新中走出来？在担任第十届全国政协常委时，我在科技界，当时全国科技改革把大量的科研推向产学研、推向市场，只留下少部分科技工作者从事国家急需的基础研究，那时候很多知识分子想不明白。

我了解到，国家投入很多资金开展科研，但是真正奉献给国民经济生产的并不多，我觉得科技改革很对，当时我就下定决心走产学研的路。

在经历改革的过程中，我也明白了应该怎么做科研。一部分基础研究用来解决实践工作中所需要的，不能脱离现实闭门造车，尤其像我们这样做医学临床研究的，临床的基础研究更要解决病人需要什么就研究什么。

进入新世纪后，沐浴在改革开放的春风中，我彻底摆脱束缚，走上产学研之路。2002年，中信集团与中南大学牵手，组建了现代化的中信湘雅生殖与遗传专科医院；2005年又获批组建人类干细胞国家工程中心；2012年，我们诞生了世界首批经大规模平行测序技术出生的试管宝宝；2015年我们诞生了全国首例“无癌宝宝”……

从一名站在手术台上的外科医生，到走进实验室拿起试管，再到进入全新的辅助生殖行业，“优生梦”和“健康中国梦”是我一生追逐的梦想，我们走出了一条适合自身发展的产学研之路。

父女接力建言母婴保健立法

在担任全国政协委员和省政协副主席时，我参与了很多立法，《中华人民共和国母婴保健法》就是其中之一。

早在1983年，父亲就提出要制订“优生法”，随后他参与了由卫生部牵头组织的起草工作。1986年，他又被全国优生优育法规起草领导小组聘为起草《优生保护法》专家咨询组成员。

后来，我参与了母婴保健法的讨论。作为卫生部产前诊断专家组成员，我多次为产前诊断的规范管理提出建议。1994年，全国人大通过了《中华人民共和国母婴保健法》。

在20世纪80年代，我认识到辅助生殖技术不仅仅是自然生殖的延伸，随着更为复杂的高新技术对生殖过程的干预，将会带来系列的社会、伦理和法律问题。比如性别选择、代孕等问题，这是违背自然的，必须以法律法规的形式加以明确。后来我在担任全国政协常委的时候，提出了辅助生殖技术必须立法的建议。

作为卫生部人类辅助生殖技术与精子库技术专家组核心成员，从20世纪

90年代末开始，我全程参与了卫生部《人类辅助生殖技术管理办法》《人类精子库技术管理办法》及其相关标准、规范、伦理学原则的修改和制定。2000年，我在全国政协九届三次会议上提出《在我国开展辅助生殖技术并加强对该技术进行宏观管理的建议案》，推动卫生部发布了6条关于辅助生殖技术的技术规范、基本标准和伦理原则等。

2001年以来，我又多次主持卫生部对生殖中心、精子库机构的审核和校验，是中国辅助生殖技术标准的制定者之一。

我们国家的辅助生殖之所以能够快速发展，我觉得与立法有关，有标准了，大家知道怎么去开展这个工作。最开始，这并不是我一个人的想法，当时我们一群医学辅助生殖技术的专家都希望国家立法，一群年轻人在一起商量，我就在政协这个平台提出来了。

深山调研3年为补碘鼓与呼

1992年至1994年，在卫生部妇幼司建议下，我带领6个专题调研组，在张家界汪家山村开展了为期3年的调查。

当时村里还没通车，要走很长时间的山路才能到达汪家山。村子位于高山之上，没有公路、没有电，许多房子破得不得了，墙是用玉米秆和竹子撑起来的，再加点黄泥巴敷上去，常常是外面下大雨、里面下小雨。很多村民家里床都没有，即便是家里有床的也就是用竹篾子捆起来，上面铺稻草。眼前的景象，几次让我伤心落泪。

在走访调查时，我们发现村庄不仅贫穷，而且有一批孩子是痴呆。这些患病孩子不能读书，不能给家里帮忙，导致家庭更加贫穷。为何一个村子会出现这么多痴呆，这确实要引起关注，我下决心查明原因，于是决定在村里住下来。

后来，我还多次带人一起去调研。经过3年调查后，终于找到了原因，是当地人缺碘引起的克汀病。

在18世纪的时候，阿尔卑斯山法国一带曾出现很多克丁病患者，没想到我们这里也会有。调查完后，我们把有关材料分别给了民政部和中国残联，引起各方高度重视，推动了1994年全国补碘行动的展开。

在调研之余，我还积极为改变汪家山村贫穷落后的局面奔走，帮助村里建起了简易公路，搭建了电网。25年以后，我再次到了这个村，村里已经变了大样，家家户户建了崭新的楼房，公路水电一应俱全，让我感到非常欣慰。

（原载湖南政协新闻网，2019年8月2日）

继承传统　凝聚力量
为中国共产党领导的多党合作和政治协商事业争作贡献

各位领导、各位来宾、社员同志们：

今天，我们怀着激动的心情在这里集会，隆重庆祝九三学社成立六十周年。首先，我代表九三学社湖南省委，向莅临大会的中共湖南省委、省人大、省政府、省政协、省委统战部、各民主党派省委、省工商联以及有关部门和单位的领导和来宾表示热烈的欢迎和诚挚的谢意！向为九三学社组织的建立和发展做出过积极贡献的老社员以及辛勤工作在全省各条战线上的全体社员致以亲切的问候和崇高的敬意！

此时此刻，我们深切缅怀为九三学社的建立和发展作出过贡献的已故中央领导人许德珩、周培源和湖南的吴树基、周行健、张德仁、陈友端等同志，以及为湖南经济社会发展作出过贡献的已故九三学社社员，他们的业绩永远铭记在我们心中。

九三学社的前身为抗日战争后期一批进步学者发扬五四运动的反帝爱国精神，以民主、科学为宗旨，在重庆组织的“民主科学座谈会”。后为纪念1945年9月3日抗日战争和世界反法西斯战争的伟大胜利，改建为“九三学社”。旧政协国共和谈期间，九三学社支持中国共产党的主张，反对内战，反对独裁，严正声明不承认伪“国民大会”，同共产党一道进行斗争。解放战争期间，九三学社赞成中国共产党的各项主张，与中国共产党团结合作，积极参加反对国民党独裁统治的民主运动，为争取新民主主义革命的胜利而斗争。随后，九三学社响应共产党召开新政协、成立民主联合政府的号召，接受中国共产党的领导，参加了中国人民政治协商会议，为建立新中国作出了积极贡献。

新中国成立后，九三学社以中国人民政治协商会议《共同纲领》作为自己的政治纲领。在中国共产党的领导下，参与国家政治生活中重大问题的协商，组织成员参加民主改革和社会主义改造运动，为发展科技、教育和医药卫生等事业作出了积极贡献，走上了为社会主义服务的道路。中共十一届三中全会之后，在邓小平理论的指引下，九三学社进一步明确了性质、地位和作用，以经济建设为中心，认真履行参政议政、民主监督职能，成为以科学技术界高、中级知识分子为主的，接受中国共产党领导、同中国共产党亲密合作、致力于建设中国特色社会主义事业的参政党。六十年来，九三学社弘扬民主与科学的精神，形成了坚持爱国主义、社会主义，坚持接受中国共产党领导、同中国共产党亲密合作，坚持自我教育、不断进步的优良传统。

在中共湖南省委和九三学社中央的领导下，湖南九三学社从无到有，不断发展壮大。新中国成立初期，湖南有九三学社社员3人。1956年11月成立长沙直属小组，1960年10月成立长沙分社委员会，隶属社中央领导，行使省级组织职能。"文革"期间被迫停止组织活动。1977年恢复组织活动，1983年成立省工委筹委会，1984年2月成立九三学社湖南省委员会。目前，湖南九三学社已建立了12个市级组织，有基层委员会14个、支社192个、小组12个，有成员3869人。

九三学社成立六十年来，特别是九三学社在湖南有组织的五十年来，我们始终高举爱国主义和社会主义两面旗帜，坚持以马列主义、毛泽东思想、邓小平理论和"三个代表"重要思想为指导，把坚持正确的政治方向放在首位，与中国共产党同心同德、肝胆相照。通过举办学习班、培训班，召开研讨会、座谈会、报告会等多种形式，组织社员学习社章、社史和时事政策，提高社员接受中国共产党领导的自觉性，深化社员对民主党派地位、性质和历史使命的认识。因而无论是在复杂的国际国内形势和重大的政治风浪面前，还是在抗击自然灾害、抵御突发疫情方面，九三学社都旗帜鲜明、立场坚定地同中共中央保持高度的一致，体现出责无旁贷的主人翁精神和参政党的政治责任。

我们始终坚持以经济建设为中心，努力把我社的人才优势和智力、科技优势转化为参政议政优势，强化参政党作用，通过抓课题调研，就党和国家的大政方针，人民群众关心的热点、重点和难点问题，特别是科技和教育的发展问题，提出我们的意见和建议，为湖南的发展献计献策。据统计，我社组织和成员在省级以上人大、政协会上共提议案365件、提案915件，这些提案和议案大多得到有关方面的重视和采纳。例如：1994年提出的《关于建立湖南现代农业（村）试验示范区的建议》得到了时任省委书记王茂林的两次批示，在长沙县黄花镇黄垅新村选点实施；1996年提交的《关于加快乡镇企业发展的建议》先后受到了省委书记王茂林、省长杨正午的重要批示，促进了湖南乡镇企业的快速发展；2003年提出《加快湖南西部地区经济发展的战略思考》后，中共湖南省委随即提出了开发大湘西的战略，并在制定相关政策时采纳了我社的建议；2004年提交的《关于构建以怀化为中心的物流经济圈，带动我国西南地区经济发展的建议》，被省政府列入议事日程，并发文给相关厅局进行协助调研，同时该建议还被全国政协列为重点督办提案。此外，还有如《在我国开展生殖辅助技术是必要的，但需加强管理》《关于加大对张家界（武陵源）自然遗产保护力度的建议》《提请全国人大常务会对公务员、国有企业法人财产申报制度立法》《正确认识我省教育工作面临的形势，切实解决拖欠中小学校教师工资》《将高等院校作为发展高新技术产业的坚强后盾》《给予马坡岭农业高新技术产业开发示范区大力支持的建议》《建议扩建长株潭环形铁路》《关于取消赴深圳、珠海经济特区持边境通行证的建议》等一大批优秀建议（案）得到采纳或表彰。

我们始终坚持“爱岗敬业”的宣传教育，通过树典型、表彰先进等多种形式，教育成员搞好本职工作，为所在单位的中心任务积极献智出力。我们先后在1986年、1990年、1995年和2000年表彰了一大批优秀岗位工作者和优秀社务工作者。经过多年的教育和培养，近年来，我社又涌现出了一批在全国和省内著名的学术领头人或学科带头人，一批又一批社员获得全国和省级大奖。像卢光琇教授先后获全国三八红旗手、全国五一劳动奖章、全国首届巾帼发明奖、中国十大女杰之一、中华人口奖科学技术奖等荣誉和奖励；张伟玦同志先后被评为全国“巾帼建功”标兵、湖南省政府“教育功勋”、“全国市（县区）科技进步考核先进个人”；周鸿翔、王桂田同志荣获全国五一劳动奖章；李望南、陈欠根同志荣获了2003年度国家科学技术奖励；朱龙驹同志被铁道部授予“全国铁路詹天佑科技人才奖”；何彬生同志被教育部、人事部授予“全国教育系统先进工作者”称号；张健教授被聘为“长江学者”；邓立新同志当选为第五届“湖南省十大杰出青年”，等等。他们在本职工作岗位上所做出的优异成绩，是九三学社的骄傲和自豪！

我们始终坚持发挥科技优势为经济建设服务，特别关注湖南老、少、边、穷地区的经济发展和社会的进步。在省民委等部门的大力支持和配合下，先后组织近1000人（次）深入全省各地参加支边、扶贫、助学、咨询、送科技下乡、义诊等活动，先后为凤凰县腊尔山区编制了《十年（1991—2000）综合发展规划》，共完成综合报告5篇、规划报告10篇、汇报图表40幅、规划布置图30幅；承接的《凤凰县大小坪水库截渗堵漏可行性论证》项目顺利通过鉴定，水库工作已于1998年底完成，使这座荒废了30多年的水库第一次发挥了效益；完成了《保靖县腊洞溶洼蓄水成库项目建议书》；在望城县莲花区医院建立了扶贫医疗点，为当地农民解决了就医难问题；促成了保靖县普戎乡中心完小引资助学工程教师宿舍“一心楼”的落成；捐款2万元用于保靖县腊洞村小学的修缮，为腊洞村民免费送医、送药、送科技、送温暖。我们的支边扶贫工作多次获得社中央、省政府、省政协、省民委和省委统战部的表彰，我们用自己的智慧和行动为老、少、边、穷地区送温暖、做实事，赢得了广泛的赞誉。

我们所取得的成绩，离不开九三学社中央和中共湖南省委的正确领导，离不开省委统战部的指导和帮助，离不开兄弟党派及省直有关部门的关心和支持，离不开九三学社全体社员的共同努力和奋斗。在此，我代表九三学社湖南省委向各位领导和各位朋友表示衷心的感谢！

雄关漫道真如铁，而今迈步从头越。我们追溯历史，是为了更好地开创未来。六十年不懈地奋斗，五十年丰收的喜悦，积累了丰富的经验，也给我们以深刻的启示：

一、自觉接受中国共产党的领导，是我社发挥参政党作用的根本保证。坚定不移地接受中国共产党的领导，与中共风雨同舟、亲密合作，是社组织的性质、地位、作用和特点的内在要求，是坚持和完善我国基本政治制度的客观需要。在新的历史时期，面对改革和建设的繁重任务、复杂多变的国际形势，矢志不渝地坚持中国共产党的领导，增强与中共亲密合作的意识，是我社在多党合作的格局中体现自身价值、有所作为、有所贡献的政治保证。在21世纪的征途上，无论碰到什么困难、遇到什么风险、出现什么干扰，我们都要始终坚持接受中国共产党的领导。

二、围绕中心，服务大局，是我社履行职能的基本原则。牢固树立围绕中心、服务大局的观念，自觉地将社务工作置于全局工作之中，这是我社工作的重要经验和体会。坚持以经济建设为中心，是当代中国最大的政治，是包括民主党派成员在内的全国人民的根本利益所在。我们的参政议政、民主监督工作之所以日趋活跃，成效显著，从根本上讲，就在于很好地把握了围绕中心、服务大局这一基本原则。我们在履行职能过程中，从有利于政治稳定、经济发展和社会进步着眼，充分发挥自身的科技优势，抓住党委、政府关注和影响全局的一些重大问题开展专题调研和前瞻性研究，积极献计出力，使参政议政直接服务于经济建设；利用各种有效渠道，及时反映社员及所联系群众的意见、建议，认真做好理顺情绪、化解矛盾的工作，减少阻力，增加动力，为我省的改革开放和现代化建设作出了积极贡献。事实证明，只有紧紧围绕经济建设这个中心，想大局，议大事，求发展，才能使我们的参政议政、民主监督工作取得更直接、更实际的效果，发挥更大的作用，从而无愧于时代赋予我们的重任。

三、坚持不懈地抓好自身建设，是我社巩固与发展的重要基础。当前，随着国际国内形势的发展变化，民主党派的任务越来越重。作为参政党，要适应新形势、新任务的要求，找准位置，有所建树，就必须不断加强自身建设。从根本上讲，我社的自身建设不仅关系到参政党职能的履行，而且关系到中国共产党领导的多党合作和政治协商制度的坚持与完善。我们始终把自身建设放在重要位置，并作为一项经常性工作常抓不懈。以搞好政治交接为主线，以思想建设为核心，以理论学习为动力，以组织建设为基础，以制度建设为保障，以提高社的整体素质和发挥社的整体功能为宗旨，将加强自身建设与全面发挥参政党作用结合起来，社的自身建设达到了新的水平，为社组织的不断巩固、发展、壮大奠定了坚实的基础。实践证明，只有坚持不懈地加强自身建设，社组织才有活力、实力、战斗力和凝聚力，才能朝气蓬勃，不断前进。

四、崇尚民主与科学精神，是我社开展工作的灵魂。要继续弘扬先辈们倡导并为之奋斗终生的民主与科学精神，并赋之以新的时代内涵。要继续把民主与科学精神融入发展社会主义民主政治中，融入改革开放事业中，突出科技特色，发挥我社高科技人才集中的智力优势，不断地促进科技成果转化为现实生产力，努力把我社的科技人才优势转化为参政议政优势；把社内外的智力资源集中整合转化为参政党的群体优势，为我省经济社会的全面发展出谋划策。

同志们：往事今日尽，新事明日催。中国共产党领导的多党合作和政治协商事业正乘风破浪前进。九三学社湖南省委决心在社中央和中共湖南省委的领导下，进一步弘扬民主与科学精神，同心同德，开拓进取，再接再厉，为坚持和完善中国共产党领导的多党合作和政治协商制度，为建设和谐湖南做出我们应有的努力，决不辜负历史和时代赋予我们的光荣使命！

谢谢大家！

媒体报道

中国遗传优生事业开拓者

——中信湘雅生殖与遗传专科医院首席科学家、终身荣誉院长卢光琇

她半路出家，不舍昼夜，累计助孕出生超16万个健康婴儿，缔造生殖医学的奇迹；她饮水思源，不忘初心，力所能及地回报湖南人民的厚爱；她脚踏实地，站高望远，为未来发展勾勒一幅宏伟的蓝图。她就是我国生殖工程创始人之一、生殖医学与医学遗传学家、中信湘雅生殖与遗传专科医院首席科学家、终身荣誉院长卢光琇教授。

2002年，她与中信集团、中南大学牵手，组建现代化的中信湘雅生殖与遗传专科医院，“央企+高校+科研团队”的深度合作取得了空前成功，成为中信集团在医学领域的门面担当。通过“体制创新、科技创新”两驾马车，她带领医院走出了一条适合自身发展的产学研道路，短短十余年内实现了腾飞，成为*Nature*报道中世界最大的生殖中心，成为《人民日报》内参中的“试管婴儿产学研样板”，也向中信集团交出一份满意的答卷。

勇于创新　敢于开拓

1978年，世界第一例试管婴儿诞生的消息传到中国，卢光琇的父亲——我国医学遗传学奠基者和见证人卢惠霖教授毕生追求的中华民族遗传优生梦想，有了新的实现途径。但那时父亲已78岁，为了帮他圆梦，卢光琇毅然从一名外科医生改行，投身生殖工程这个完全陌生的领域，一干就是40年。

工欲善其事，必先利其器。转行后，她第一件事就是组建团队、搭建平台。研究组刚刚组建时，人员严重不足，她不得不同时兼任研究员、技术员、后勤

员，各种困难层出不穷。研究组里有几个男老师，却无人捐献精子做实验，她只能求助于丈夫；没有卵子，她赖在妇产科手术室外，被别人像叫花子一样驱赶；没见过精子库，她在北京骑几个小时单车，远赴郊外的牛精子库临摹……

就这样顶着无数嘲讽和非议，她在1981年终于建立我国第一个人类冷冻精子库，消息传出后很多人写信，骂她把人当畜生对待，但她义无反顾，紧接着在1983年诞生了我国第一个冷冻精液人工授精的婴儿，短短几年后，1988年6月诞生我国第二、第三例试管婴儿，并获得国家科技进步二等奖。一连串的成绩，让所有人都刮目相看。

担当作为 贡献突出

进入21世纪后，沐浴在改革开放的春风中，小小的门诊部已远远无法满足患者的需求，如何进一步将这项事业做大做强，成为困扰卢光琇的一大难题。这时，中信集团出现了，让她的团队彻底摆脱传统体制束缚，走上产学研之路。2002年，中信集团与中南大学牵手，卢光琇着手组建了现代化的中信湘雅生殖与遗传专科医院，短短十余年内实现了腾飞。

虽然已时隔十八载，卢光琇仍清晰记得当时的点点滴滴。那时湘雅医学院并入中南大学不久，中信集团原董事长王军来此参观考察，无意中来到卢光琇这里，参观了中国第一个人类精子库，对辅助生殖技术表现出了极大的兴趣，果断决定投资。

自此，卢光琇不仅仅是一名科学家、医学家，更成为一名企业家，既有央企先进的管理理念，又有可以攻关的科研团队，一系列成绩随之而来。2004年她又获批组建人类干细胞国家工程中心；2016年获批国家基因检测技术应用示范中心；2012年，中信湘雅医院诞生了世界首批经大规模平行测序技术出生的试管宝宝；2015年诞生了全国首例“无癌宝宝”；2016年诞生首例经MicroSeq排除染色体平衡易位的健康宝宝。2019年，中信湘雅试管婴儿治疗周期超过5.2万个。截至目前，卢光琇教授的团队已帮助不孕不育夫妇孕育出生了超16万个健康宝宝。

2017年8月，学术界顶级杂志*Nature*权威报道，作为世界上最大的生殖中心，中信湘雅一年的试管婴儿治疗量，约相当于美国的1/4，卢光琇成为患者心目中当之无愧的“送子观音”。

医者仁心　造福一方

除了在本职工作上取得突出成就外，卢光琇还心系家乡人民，做了许多公益事业。

早在20世纪90年代初，湖南张家界有个汪家山村，是远近闻名的“傻瓜村”，全村500多人智力障碍率达27%以上。1992—1994年，在原卫生部妇幼司建议下，卢光琇带领6个专题调研组，在此开展三年调查，证实这类“傻瓜”是缺碘引起的“克汀病”。该调研成果是1994年国务院启动全民食盐补碘的科学依据之一。她还帮村民修通公路，建设变电站，建设了一座中信湘雅希望医院，努力改善该村的封闭状态。如今的汪家山村早已没有了“傻瓜”，家家户户崭新的楼房，公路水电一应俱全。

她还与四川卧龙大熊猫研究中心协作开展“大熊猫人工繁殖新技术研究”，并于1991年成功诞生双胞胎大熊猫，为破解国宝繁育难题作出贡献。

从2007年至今，经董事会审批，医院共捐出120多万元，帮助湖南贫困地区兴建和改善了5所希望医院、1所希望小学。2014年，在母校中南大学湘雅医学院百年华诞之际，她以个人身份向学校捐款1000万元，恢复“卢惠霖教育基金”。2008年5月，中国四川汶川发生特大地震，作为奥运火炬手的她，跑完火炬接力立即发动全院捐款50万元，帮助灾区人民重建家园。2017年，长沙遭遇连续暴雨侵袭，她组织医院通过长沙市高新区捐赠40万元，帮助周边受灾群众重建家园。

此外，她担任了全国消防宣传公益使者、长沙市人才新政代言人，力所能及地以躬身垂范为当地社会经济发展做着贡献。

未来医学　圆梦可期

四十载风云变幻，四十载无悔历程。无论对于中信集团，还是对卢光琇，这四十载都刻骨铭心，感慨良多。

刚刚成为一名新晋80后的她，像父亲那样，在如此高龄又提出了新的战略目标，为中信湘雅的未来勾勒一个全新的目标，即结合未来医学理念，打造一条覆盖全生命周期的健康服务链，包括“帮你怀—帮你生—助你长—帮你存—帮你防—成人健康管理、干细胞再生医学”等一系列健康服务平台集群，涵盖辅助生殖、干细胞与再生医学、儿童生长发育、妇产（围产及母胎医学）、遗传与基因诊断、遗传性肿瘤防治、新型高端健康管理等多个专业领域，进一步引领遗传优生技术的发展。特别是通过人类十大组学分析，找出人类疾病的根源，让每一个人都能健康地生活、优雅地老去。她希望，这些能成为指引下一代接班人继续奋斗的目标和纲领。

党的十九大报告提出了“实施健康中国战略”号召，明确了大健康观的核心要义，即“为人民群众提供全方位全周期健康服务”，更是将其上升到国家战略高度，令每一个中华儿女为之振奋。生命科学的探索永无止境，哪怕八旬九旬，卢光琇仍时刻不忘追寻梦想，在生命科学无限未知的探索与挑战中奉献自己的光和热。在以卢光琇为代表的医学及科学大家的带领下，我们的健康中国梦，一定会更早地来临。

卢光琇：砥砺人生

面对生活要坚强

记者：您认为自己是一个什么样的人？

卢光琇：我自认为还是个很坚强的人。我在家里排行最小，可父亲从不娇惯我，我从小就比较坚强自立。

记者：您1964年大学毕业后曾务农、行医，国家最困难的时期都被你们这代人赶上了，觉得苦吗？

卢光琇：苦肯定是苦的，但我们都挺过来了。大学毕业后，我务农一年，什么体力活都干过，一百来斤的谷子挑起就走。结婚后夫妻两地分居，我是外科医生，科室里就两个医生，一人负责一天；我先生是搞电子工程机械的，经常在野外工作，我们都忙得没时间照顾孩子。我有3个儿子，从不娇惯他们，给他们脖子上挂串钥匙，让他们自己回家。没有办法啊，做完一天的手术累得不行了。不过，那时我们的状态都特别好，不怕累。当时许多人家都用碎煤和上泥压蜂窝煤，有一个休息日，我和先生两人一天就做了两吨蜂窝煤，够用半年的。

记者：您从1981年开始从事试管婴儿研究，在当时来说很超前，一定遇到不少困难吧？

卢光琇：是啊，我是由我父亲引领走上这条路的。刚开始人们很不理解，我又是个女性，说什么的都有，记得有人专门写信骂我“把人当牲口”。最难过的是学校也不理解、不支持我的研究。最困难时，我负责的科研室被学校除名，拿不到任何课题，更没有经费，可还是有20个人跟着我干。我都挺过来了。我闹过，也哭过，但每回都擦干眼泪，爬起来接着干。现在情况好多了，社会舆论也宽松多了，跟着我干的研究人员也增加到160多人。我希望年轻女性一定要坚强，生活总是有困难的，不要怕，要坚强。

身体好比什么都重要

记者：支撑您渡过这些难关的，除了坚强的性格，还有什么其他因素？

卢光琇：一个好身体。我遇到的那些困难，没有好的身体根本挺不过来。记得1987年我母亲病了，需要定时给她导尿，医院不提供这项服务，又请不起保姆，我先生在外地，父亲年纪又大，只有我来干。当时正是试管婴儿的科研攻关阶段，工作忙得不得了，孩子都在上学，其中一个要考大学。那时，我只好每天6时、12时、18时、24时分4次为母亲导尿做护理，常常是从实验室一出来就冲到医院，一做就是一个小时。那么艰难的日子，我硬是挺了3个月，身体没有垮掉。你看我现在身体是不是还是很好？

记者：我很好奇您怎么会有这么好的身体？

卢光琇：锻炼出来的啊。其实我的身体也不是天生就很好，主要靠后天加强锻炼。中学时，我是省篮球队的主力队员，到50岁时，我还能打满整场球，打球一直持续到60岁。这次参加全国政协会议，我每天都去宾馆的游泳馆游半个小时泳。前年我和先生去四川九寨沟休假，爬黄龙时，爬到半道，我先生就累得不行，要吸氧，我则一鼓劲爬到山顶；下来时，看见我先生正慢慢往上蹭，我不放心，又陪他爬到山顶，再下山，等于爬了一个半来回。

记者：可是现在很多年轻女性都以苗条瘦弱为美。

卢光琇：每当我看见那些年轻女孩子弱不禁风，就不可理解。没有一个好身体，怎能面对今后生活中的种种挑战和困难呢，又怎能有坚强的意志呢？

对年轻女性的建议

记者：您对年轻女性有什么建议？

卢光琇：当前，妇女在中国社会各个领域内都发挥着重要作用，我所在的医疗领域内，女性更是众多，确实起到了半边天的作用。我觉得做人一定要树立远大理想，尤其是青年女性一定要发奋图强。我们年轻时哪个行业需要，就干哪行，不挑三拣四，追名逐利，而且要干就得干好。前一阵媒体报道，年轻人排长队报考艺术院校，我觉得难以理解。我特别希望年轻女性，刻苦钻研，培养坚强的性格。

记者：您对婚姻和家庭的态度是怎样的？

卢光琇：这方面我受父亲影响很深。他很民主，他对子女婚姻的要求是：不求英俊潇洒，也不要万贯家财，只要有事业心，身体健康就行。我就是照他说的做的，我不要求我先生特别英俊或者特别有财富，我最看重的是诚实，我希望家庭生活和谐温馨。

（原载于《人民日报》2005 年 4 月 12 日）

重温抗战历史　弘扬“抗战精神”

——访湖南省政协副主席、九三学社湖南省委主委卢光琇

★抗日战争的胜利在世界反法西斯战争中的独特作用

★弘扬“抗战精神”的伟大意义

★九三学社湖南省委以多种形式弘扬“抗战精神”

记者：卢光琇主委（以下简称卢），今年是世界反法西斯战争胜利60周年，今年的九月三日是抗日战争胜利60周年纪念日，同时也是九三学社成立60周年纪念日，请问，抗日战争胜利的根本原因何在？中国抗日战争的胜利对世界反法西斯阵营最终获胜起到了什么样的独特作用？

卢：抗日战争是近代中国反对外敌入侵第一次取得完全胜利的民族解放战争。中国人民以自己的同仇敌忾和不屈不挠，以落后的武器装备战胜了经济实力和军事装备远比自己强大的敌人，创造了半殖民地弱国打败帝国主义强国的奇迹，一洗百年屈辱。这一胜利的取得，有其深刻的历史动因，但我认为，最根本的是中国共产党登上了历史舞台。

在强敌入侵、山河沦丧的危难时刻，是中国共产党和毛泽东同志倡导形成了抗日民族统一战线，最大限度地动员全国军民奋起抗战；是中国共产党和毛泽东同志提出全面抗战的路线，指出了争取抗战胜利的正确道路，制定了持久战的战略总方针和一整套正确的作战原则；是中国共产党和毛泽东同志领导的八路军、新四军以及各地人民武装，燃起了人民战争的熊熊烈火，成为坚持团结、坚持抗战、坚持进步的中流砥柱。把马克思列宁主义同中国革命的实际正确结合起来的中国共产党，在抗日战争中经受了严峻的锻炼和考验，积累了丰

富的经验，赢得广大人民的拥护，成为领导民族解放和振兴的坚强核心，成为凝聚全民族力量的杰出组织者和鼓舞者，成为抗日战争取得最终胜利的决定因素，在中华民族的史册上写下了光耀千古的篇章。这是以毛泽东同志为主要代表的中国共产党人，以马克思主义的理论创造、正确的战略指导和牺牲奋斗的辉煌业绩写下的历史结论。这是中国人民在血与火的考验中得出的科学判断。

中国抗日战争是世界反法西斯战争的重要组成部分。中国是“二战”的主战场之一，持续时间最长。由于中国军民抗击和消耗着绝大部分日军精锐部队，在战略上有力地支援了欧洲和太平洋及亚洲其他地区的反法西斯战争。当时的美国总统罗斯福在谈到中国抗战的作用时曾动情地说：“假如没有中国，假如中国被打败了，日本军队就可以占领澳大利亚，进兵印度，并一直冲到中东，再与希特勒来一个会师，孤立苏联，其战略后果将不堪设想。”

中国抗战既是一场相对独立的反侵略战争，也是世界反法西斯战争的一个重要组成部分。综观中国抗战在世界反法西斯战争中的作用，我认为，其独特性主要表现在三大方面：一是在精神层面，给予反法西斯阵营以极大鼓舞。“二战”还未全面爆发时，中国人民已与日本法西斯进行了多年殊死的搏斗。全面抗战开始后，中国人民地无分南北，人无分老幼，与日本侵略军誓死周旋，血战淞沪、大战台儿庄、掘堤黄河、火烧长沙，表现了中华民族不畏强暴、“以血还血”的英雄气概。二是在物资层面，极大地消耗了日军实力。中国抗战的特点是全民抗战，是持久战、游击战，是以“空间换时间”“积小胜为大胜”，抗战中的中国军民不怕挫折和牺牲，上海沦陷守南京，南京失陷守武汉，战罢武汉战长沙，以各种手段打击侵略军，先后在平型关、台儿庄、昆仑关、万家岭等地及印缅与日军反复血战，风起云涌的举国游击战更使日军疲于奔命。权威资料说明，日本侵略军在中国战场损失130多万人，其各种战略物资被迫提前消耗，这也是日军最终失败的重要原因之一。三是在战略层面，中国抗战打乱了日军战略部署，为盟国调整部署争得了战略间歇，也使日本侵略军的“南进”“北进”战略成为空谈。

记者：十四年抗战中所展示的“抗战精神”是中国取得最终胜利的重要因素之一，那么，什么是“抗战精神”？

卢：确切地说，“抗战精神”有极其丰富的内涵，还有待学界进行充分的研讨和总结。但我认为，“抗战精神”指的是，当年抗战中不分党派、不分老幼、不分南北，为国家和民族命运抗争的全民族认识上的高度统一；是国家和民族处于危亡的关键时刻，中国共产党领导抗战儿女展现的不怕牺牲、不畏艰险的革命英雄主义精神；是在极其艰苦的条件下展现的百折不挠、艰苦奋斗的精神；是为民族的解放展现的万众一心、敢于胜利的精神；是为人民利益展现的英勇奋斗、无私奉献的精神。

“抗战精神”凝聚着中国共产党人的优秀品质，凝聚着中国人民的坚强性格，凝聚着中华民族光荣的历史传统，是中华民族精神的重要组成部分，是党和国家极其宝贵的精神财富。同时，抗战精神又是民族自信心与自豪感的生动缩影，是激励我们不断进步、不断胜利的宝贵精神财富。

“国家兴亡，匹夫有责”，可以说，这是中华民族悠久的古训，也是中华民族爱国主义精神最精粹的概括。爱国主义精神是“抗战精神”的精髓和核心。深刻的爱国主义精神，不仅仅是热爱自己的国家和民族，而且有着祖国利益至上的庄严责任感。

凡是民族面临侵略的危亡之际，也往往都是爱国主义精神最为昂扬的时代。在中华民族的十四年抗战史上，无论前方将士还是后方的百姓，抗日救亡，振臂而起，义无反顾地洒血疆场，乃至英勇牺牲。像在前线浴血战斗、英勇殉国的杨靖宇、吉鸿昌等爱国将领，像巾帼英雄赵一曼，像回族豪俊马本斋，像《八女投江》中的八位女英烈，像《狼牙山五壮士》中弹尽粮绝而集体投崖的五壮士，他们那“留取丹心照汗青”的浩然正气和壮烈不屈的光辉形象，无不是爱国主义精神的集中体现。

另外，从《论持久战》《给战斗者》《芦花荡》等抗战文学作品中，从《跟着共产党走》《八路军军歌》《大刀进行曲》等抗战音乐歌曲中，我们可以知道，正是由于我国抗日战争中的爱国主义具有新的时代内涵，它不独赋予人民的乐观主义和英雄主义以新的思想背景，而且由此也把我国人民传统爱国主义精神提到了一个新的高度，使其放射出前所未有的格外灿烂的光辉！

记者：抗战胜利后，“抗战精神”作为中华民族精神的组成部分，被继承下来并被中华儿女发扬光大。在今天的和平年代，继续弘扬“抗战精神”意义何在？

卢："抗战精神"在民族危亡的历史关头孕育，在血与火的洗礼中铸就，在根据地军民团结奋斗中发扬光大，又在民族优秀文化的沃土上创新，并在对毛泽东思想、邓小平理论的创造性实践中得以升华。现在虽说处于和平建设年代，但无论是面对复杂多变的国际形势，还是进行改革开放和社会主义现代化建设，都需要一种坚忍不拔、奋发向上的革命精神作支撑，而十四年抗战中所体现的艰苦奋斗、无私奉献、爱国为民、团结御侮、勇于牺牲的"抗战精神"，极大地丰富和发展了中华民族精神的文化内涵，也正是当今我国人民团结图强、振兴中华的强大力量源泉。

沧海桑田，物换星移，今天我们已进入现代化建设的新时代。但时势的变迁、世局的变幻，丝毫没有降低爱国主义精神的宝贵价值。全球化使各国的联系更加紧密了，可能给一些国家特别是发展中国家固有的文化传统与民族特色带来冲击；各国经济在相互融合中也有竞争；世界安全局势不容乐观，霸权主义有增无减，这些都告诉我们，面对风险和挑战，继承和发扬"抗战精神"，对于新时期增强民族精神凝聚力，构建社会主义和谐社会，全面建设小康社会，实现中华民族的伟大复兴，具有十分重要的现实意义。

20多年来，我国改革开放取得了举世公认的巨大成就。从1978年到2004年，中国国内生产总值年均增长9.4%，进出口总额年均增长超过16%；农村贫困人口从2.5亿人减少到2600万人。这些取得的成就，无不显现着"抗战精神"具有的长久性、普遍性和现实指导性。

现在我们还处于社会主义初级阶段，发展先进生产力，建设完善的社会主义市场经济体制，还面临着新的困难和障碍，还要继续发扬百折不挠、艰苦奋斗的"抗战精神"；发展社会主义先进文化，提高全体人民的思想道德素质和科学文化素质，而"抗战精神"的英勇奋斗、无私奉献，是社会主义先进文化建设的重要内容；实现好、维护好、发展好最广大人民群众的根本利益，更需要继续发扬万众一心、敢于胜利的"抗战精神"。

当然，回顾抗战历史，我们不能停留于伤怀往日的苦痛，更应该唤起振兴中华的壮志豪情。我们要继续弘扬伟大的"抗战精神"，勿忘团结奋斗，矢志振兴中华，抓住机遇，加快发展，用改革建设的实际行动，为祖国富强、人民富裕贡献力量。

记者：九三学社作为民主党派，在抗战中发挥着怎样的作用？值此社庆60周年，九三学社湖南省委将以什么方式来弘扬伟大的“抗战精神”？

卢：我国各民主党派大都是在抗日战争期间酝酿产生的。抗日战争期间，九三学社等爱国民主力量，赞同中国共产党的抗日主张，参加抗日民族统一战线，同共产党密切合作，为争取抗日战争的胜利做出了贡献。我社前辈许德珩、褚辅成、税西恒、潘菽、黎锦熙、黄国璋等，于1944年发起了“民主科学座谈会”，主张发扬“五四”反帝反封建和民主科学的精神，要“团结、民主，抗战到底”，在重庆高等学校和知识界产生了积极影响。民主党派所进行的抗日民主活动，始终得到共产党的热情关心、支持和帮助，这同国民党对民主党派的歧视和压制，形成了鲜明的对照。九三学社在抗日战争中同中国共产党建立了亲密的友谊和合作关系，并得到了锻炼和教育，加深了对中国共产党的了解，认识到只有共产党才能救中国。因而在抗日战争胜利以后，面临两种前途决战的重要关头，毅然作出接受中国共产党领导的历史抉择，坚决地同全国人民站在一起，为推翻三座大山，建立新中国而奋斗，并在新中国成立以后，参加中国共产党领导的多党合作，走上了从爱国主义到社会主义的历史道路。

牢记历史、不忘过去，珍爱和平、开创未来。60年前的战火硝烟早已散尽，但苦难的历史依然激起我们奋斗的豪情；60年前救亡图存的历史任务虽已完成，但中国人民浴血奋战所铸就的抗战精神依然是我们这个时代最珍贵的精神财富。在中国人民抗日战争暨九三学社成立60周年之际，九三学社湖南省委已在全省社员中开展了纪念世界反法西斯战争胜利60周年暨中国抗战胜利60周年的征文活动，全省社市委已经举行了9次学习座谈会，并且，积极配合各新闻媒体进行宣传报道活动，例如，我社衡阳市委的萧培同志就参加了由《潇湘晨报》主办的“中国力量”的大型抗战报道活动，另外，我们拟于9月3日前后，在各地相继举办各种形式的大型图片展览、讲座、研讨会等活动。这些活动的举行，就是为了让我社的广大干部和成员充分认识中国人民抗日战争胜利的伟大历史意义；充分认识抗日战争在世界反法西斯战争中的重要地位；充分认识在中国共产党主张建立的抗日民族统一战线旗帜下全民族打败日本帝国主义侵略的历史功绩；充分认识中国共产党在全民族团结抗战中的中流砥柱作用。我们相信，通过开展这些丰富多彩的纪念活动，必将激励和动员全省成员更好地珍惜和维护来之不易的和平，将从那段悲壮的历史中所汲取的伟大精神力量，转化为抓住机遇加快发展的实际行动；必将使全省各级组织和全体成员更加紧密地团结在以胡锦涛同志为总书记的党中央周围，高举邓小平理论和“三个代表”重要思想的伟大旗帜，大力弘扬以爱国主义为核心的民族精神和以改革创新为核心的时代精神，奋发图强，开拓进取，为实现中华民族的伟大复兴、促进世界和平与发展的崇高事业而努力奋斗。

九三学社湖南省委　郭　进

2005年8月18日

谱写生命的新乐章

——记我国著名遗传学与生殖医学女科学家 湖南省第五届科学技术杰出贡献奖获得者 中南大学卢光琇教授

本报记者　李浩鸣　成舸　通讯员　刘笑春　张曼芝　周恬静

题记——

“如果世界是一棵大树，你穷其一生，也只能认识其中一小片树叶。你的生命就是一朵花，虽然它是短暂的，但它的美丽和芬芳却是无限的，所以你就要努力地绽放，把无限的美丽和芬芳留给人类和这个世界。”——卢光琇教授对学生如是说。

2012年2月8日，在长沙召开的2011年湖南省科技奖励大会上，中共湖南省委书记、省人大常委会主任周强向卢光琇教授颁发了“湖南省科学技术杰出贡献奖”。该奖项是2003年由湖南省政府设立的对科技人员的最高奖励，每两年一次，每次不超过两人。近10年来，仅有9位科学家获此殊荣，获奖者先后有刘筠、卢锡城、钟志华、刘友梅、俞汝勤、官春云6位院士。卢光琇是第一位医学界的获奖者，也是唯一获奖的女科学家。她获奖的理由是：“不孕症、遗传病、难治性疾病为目前医学领域的攻坚领域，这些疾病导致患者身心压力巨大、经济负担增加、社会负担增加、家庭不稳定、社会不和谐，卢光琇教授30年来在这些领域不断研究、探索及奋斗，取得重大进展。她建立了系统的辅助生殖技术体系，作为计划生育国策的坚强技术保障支撑，是中国生殖医学的开创者之一。将辅助生殖技术与遗传咨询和产前诊断相结合，确保出生婴儿健康；在胚胎干细胞及治疗性克隆研究领域开拓进取，推动了再生医学发展。”

回到6年前，那是2006年3月，亚洲太平洋地区生殖内分泌学会成立大会暨首届亚洲太平洋地区生殖医学学术年会在湖南长沙举行。来自英国、澳大利亚、新加坡、菲律宾、俄罗斯、韩国、日本等20多个国家与地区近500名生殖医学专家参加了为期3天的学术盛会。这是在长沙召开的规格最高、规模最大的国际学术会议之一，其组委会主席就是中南大学生殖与干细胞工程研究所所长、人类干细胞国家工程研究中心主任卢光琇教授。

在这次学术盛会中，有一位老学者格外引人注目，年逾八旬仍专程赶赴湘并在全体会议上做了学术报告。他就是世界著名的“试管婴儿之父”、1978年成功主持英国第一例试管婴儿研究并因此荣获2010年诺贝尔奖的罗伯特·爱德华教授，在卢光琇教授的实验室里，爱德华教授兴致勃勃地与师生进行了长达4个小时的对话交流。这位科学老人在耳闻目睹卢光琇科研工作的过程中，一次次跷起大拇指，表示出对卢光琇教授科研探索与学术成就的由衷赞赏。

生命的呼唤 勇涉生殖遗传新领域

在当今科学技术领域，医学遗传学是生命科学与生物医学工程的重要组成部分，更是不可或缺的分支学科领域。而追溯我国的医学遗传学的起步、发展轨迹，就不能不提到我国著名的生物学家、我国医学遗传学的奠基者与见证人、湘雅（湖南）医学院卢惠霖教授。他是卢光琇教授的父亲，更是她勇涉生殖遗传领域的领路人和指导者。

卢惠霖1900年9月3日出生于一个笃信基督的宗教家庭。少年时代的卢惠霖相信世界是上帝造出来的。直到15岁那年，当他带着一种犯罪的心理偷读了达尔文的《进化论》之后，成为达尔文进化论的坚定支持者。1925年，卢惠霖进入美国哥伦比亚大学动物学系深造，成了享誉世界的著名实验胚胎学家、细胞遗传学创始人摩尔根和著名细胞学与实验胚胎学家威尔逊教授的门生。卢惠霖从此踏入遗传学的大门，也从这里开始了独立研究。新中国成立后，他很快全身心地投入了学校工作与社会公益活动中。在对国人身体素质与遗传学的研究中，“通过先进的遗传学技术，生育一个健康的孩子”这一优生学的核心理念在他心间扎下了根，成为终生的追求。

卢光琇1963年从湖南医学院医疗系本科毕业后，成了一名女外科医生，1978年，卢光琇被调回母校，一边照料父母的生活起居，一边在局部解剖–外科手术学教研室任教。

一天，父亲突然问卢光琇："你知道怎样将卵子取出来吗？"女儿随口回答："可能是外科手术吧，通过开刀剖腹把卵子拿出来。"后来，女儿进一步追问父亲"为什么提这一问题"时，老人才告诉女儿：他想开展试管婴儿研究，希望女儿能帮他一起做！卢光琇这才知道，"试管婴儿"是包括"体外受精"和"胚胎移植"在内的俗称，指采用人工方法让卵细胞和精子在体外受精，并进行早期胚胎发育，然后移植到母体子宫内发育而诞生的婴儿。

卢光琇十分理解父亲对医学遗传学事业的执着追求精神。但在那个特殊的年代，由于受卢惠霖与摩尔根师生关系的影响，"文革"中受到过种种人身攻击与不公正待遇；卢惠霖信奉的"优生学"也被视为"社会达尔文主义"与"异端邪说"而多次受到了批判。可卢惠霖始终坚持科学真理。在医学院老院长李亭植的支持下，1972年起他再次开始医学遗传学研究，并担任了湖南医学院医学细胞遗传学研究室主任，在科研中取得了出色成果。1979年，这位年近八旬的老人，还接受记者采访，在《人民日报》上重新提出了"优生学"科学观点。他曾多次提出，要推广、普及细胞遗传学新技术，为人类优生服务，为提高国民人口素质做贡献。当1978年世界上第一例试管婴儿在英国诞生的消息传来后，卢惠霖更是兴奋不已，明确表示："我们也要做试管婴儿研究！"

卢光琇答应了父亲的要求。但卢惠霖对女儿说："好！你做，就要下定决心，要从头学起，必须从零开始。将来的一切都要你做起来。要建实验室，要做手术。所以，你要当工人，还要当技术员，还要进修学习，这样你才能当科学家。你要把一点一滴都记录下来，自己去完成。"按照父亲的要求，1981年，卢光琇在中国科学院遗传研究所进修后回到湖南医学院。

一次，卢惠霖教授接到患者写来的信："卢教授，您是最有名的遗传学家，现在我没有精子，不能生育。咱们国家有牛精子库，却没有人精子库，为什么您不能做人的精子库呢？"

卢惠霖把这封信递给了卢光琇。卢光琇点点头说：我们可以建。

于是在父亲的指导下，卢光琇从零开始，于1980年创建了我国第一个试管婴儿实验室。1981年，不到半年时间，卢光琇又领导建立了我国第一个人类冷冻精子库。随后，她开始从“精子银行”提取冷冻精液，为男性不育夫妇实施人工授精治疗。1988年这里被卫生部确定为国家精子库技术指导中心。

几十年过去了，卢光琇总是说：“父亲对我的影响，不仅在于他把我领上了路，更在于他那种为科学和真理不惜牺牲一切的精神，始终在激励着我。”

生命的诞生 推进生殖医学的发展

1983年1月16日，卢光琇指导的中国首例冷冻精液人工（体内）受精婴儿作为传统生育观的挑战者勇敢地诞生了。精子库和人工授精技术，解决了男性无精症患者及男性家族遗传病患者的生育问题；1991年，她建立了畸形精子分离术，诞生世界上首例畸形精子分离术后的正常孩子。供精人工授精的临床妊娠率为23%；供精“试管婴儿”临床妊娠率由不到5%提高至61%，达到国际领先水平。

1987年，她担任了国家“七五”攻关重点课题“人类体外受精——胚胎移植”的湖南医科大学课题组负责人，主持体外受精研究。1988年6月5日，湖南省首例（全国第二例，1988年3月10日，中国大陆第一例试管婴儿在北京大学第三医院诞生）试管女婴在湘雅医院降生了。同年6月7日，我国首例供胚胎移植试管男婴又在湖南医科大学附二医院降生（卵子和精子均来自捐献者）。三天内降生两例试管婴儿，这在当时是一个了不起的科研成果，卢光琇教授因此与北大三医院张丽珠教授共同获得了国家科技进步奖二等奖。

试管婴儿试验成功了，但卢光琇教授的脚步没有停止，她开始了试管婴儿衍生技术的研究，1990年，她建立人类胚胎冷冻技术及冷冻胚胎库，解决多余胚胎保存问题，提高了移植的概率。1994年她领导的研究小组单精子显微受精技术获得突破，诞生了显微受精小鼠，1997年在人类上获得成功，解决了严重少精子症所致的男性不育问题。她发明了超长降调节促排卵方案，使高龄、子宫内膜异位、多囊卵巢等难治性不孕症的临床妊娠率提高到了62%，并降低25%诊疗费用，该方案在国内广泛推广。卢光琇教授还将辅助生殖技术拓展应用到珍稀动物繁殖及优生优育，使珍稀动物的物种保存有了新的方式。1989年，卢光琇教授在中央领导的建议下，与四川卧龙中国保护大熊猫研究中心共同开展“大熊猫生殖生理及人工繁殖新技术研究”科研课题，并于1991年成功诞生了双胞胎熊猫。

优生优育是我国重要的国策之一，遗传病是导致出生人口缺陷的主要原因。而保证新生命的健康孕育，急需进行生殖医学与遗传咨询和产前诊断结合。遗传病在人群中的发生率很高，其中染色体病约1%，单基因病为3% ～ 5%，多基因病（糖尿病、高血压、心脏病等）为15% ～ 20%，总发病率为20% ～ 25%。卢光琇教授意识到，生殖医学只有通过与遗传学成果结合起来，才能保证健康生命的诞生。她领导建成了国内较为完善的细胞和分子遗传学诊断中心，近年来，每年为超过5000名患者提供了遗传咨询服务，累计完成染色体检查650173例，发现染色体异常4102例；建立了60种基因病基因诊断和产前及孕前诊断技术，进行遗传病的基因检测8138例，发现异常1594例，诊断准确率100%。她建立了在早孕阶段（妊娠13周前）和中晚孕阶段利用B超进行畸形儿筛查技术，为优生优育提供具体指导。近5年来，先后筛查病例21500例，发现异常2505例，异常检出率达11.65%，为这些病人的治疗和预后提供了指导。

她在国内率先建立了植入前遗传学诊断（PGD）技术，使传统的产前诊断提前到孕前，是产前诊断技术的重大进展。1990年又建立了4－细胞鼠胚遗传学诊断模型，为人类PGD临床实践提供了基础。开发了一系列PGD新技术，使产前诊断水平保持国内、国际的领先地位。如对于进行性肌营养不良症（DMD）、多囊肾等基因病的植入前遗传学检查为国内首创。

卢光琇教授对于提高试管婴儿临床妊娠率的不断探索，得到了国内同行的高度认可，她领导的团队因此与北京大学第三医院于2009年再次共同获得了国家科技进步奖二等奖。

转化医学（Translational Medicine）是近两三年来国际医学领域出现的新概念。卢光琇教授团队在20世纪90年代初即开始了转化医学的实践，并由此推动生殖医学研究成果服务社会。2002年底创建中信湘雅生殖与遗传专科医院，目前已成为国际上接受试管婴儿治疗人数最多的中心，也是妊娠率最高的生殖中心之一，该医院成为中国的首批辅助生殖技术和精子库技术培训基地，多次举办了全国性培训班、国家性及国际性学术会议。近年来每年接诊病人10多万人次，2011年已达近20万人次。截至2011年底，累计出生试管婴儿20740个，在孕数6761例。累计出生人工授精婴儿6055个，在孕数519例。2011年，医院试管婴儿平均临床妊娠率为56.24%，供精人工授精平均临床妊娠率为26.05%。人类精子库库存精子10万余管，供应国内27个省市、31家生殖中心70%的精子来源，是世界上最大的人类精子库。

每每听到同样的喜讯传来，卢光琇总是激动不已："我希望我所治疗的患者都能如愿得到一个健康可爱的孩子。我也在他们身上看到了自己的人生价值，所以我很欣慰。"

生命的延续 胚胎干细胞学术创新

再生医学是为解决人类面临的主要难治性疾病和健康威胁而创立的医疗技术，是健康长寿的希望，也是国际医疗界重点发展和研究的高科技医疗领域。其发展将引起临床医学的革命，其核心是干细胞技术和治疗性克隆。

治疗性克隆胚胎干细胞技术，是通过核移植技术，即将患者体细胞中的细胞核，通过采用显微注射方法，送到已经除去核的人卵细胞（卵壳）中。专家们认为，胚胎干细胞建系和人类体细胞克隆胚技术结合起来，可进一步诱导分化成为可供患者移植用的细胞、组织或器官，老年性痴呆、帕金森病、糖尿病等许多疾病将可根治，这将引起医学治疗的一次革命。干细胞技术是治疗人类疾病的支柱性医疗技术之一，为解决人类面临的主要难治性疾病和健康威胁而创立的医疗技术，是健康长寿的希望，也是国际医疗界重点发展和研究的高科技医疗领域。

卢光琇教授在这一全新的领域中，率先建立了人体细胞核移植技术平台，通过获取患者的体细胞，构建与患者组织相容性抗原完全相同的胚胎干细胞，以避免免疫排斥问题。1996年，卢光琇教授培育了国内第一批核移植小鼠。2000年，发明了先注核再去核的新方法，获得世界上首个人类治疗性克隆胚。2003年，获得首个治疗性克隆囊胚，核移植囊胚发育率达13.3%。这些成果在国际上引起了极大的关注，2002年9月，*Nature*杂志发表了题为《中国：干细胞在东方升起（*China:Stem cells rise in the East*）》的文章，介绍了卢光琇教授项目组为获得干细胞而建立治疗性克隆胚的研究成果。美国《华尔街日报》2002年3月作了标题为《当西方还在纠缠于伦理争论时，中国已经在干细胞领域遥遥领先》的整版报道。英国《泰晤士报》2002年5月也作了题为《中国领跑人类克隆研究》的报道。目前，人类体细胞克隆胚建系在世界上仍没有成功，卢光琇教授对其中机制开展了广泛研究。她发现，供核细胞包括核有丝分裂器蛋白，该蛋白在发育的不同阶段均表达，可能对核移植胚的纺锤体形态维持起作用，是核移植胚染色体不稳定的原因。

卢光琇教授领导的课题组在干细胞建系与建库方面作出了一系列创新性的发现。2001年建立了国内首株人胚胎干细胞系和纯合孤雌胚胎干细胞系，2007年建立了世界上首株纯合基因型孤雌胚胎干细胞系，其论文作为*Cell Research* 2007 年封面文章发表。迄今为止，她建立了国际上最大的具有不同组织相容性抗原的人胚胎干细胞库，库存300多株人胚胎干细胞系，为干细胞治疗提供了重要种子资源库。国际知名杂志*Cell*、*Nature*子期刊认为，卢光琇教授的建库工作，对于解决干细胞免疫排斥具有实际意义，证实了临床废弃胚胎可作为干细胞系的一个新来源，其中孤雌胚胎干细胞更开创了干细胞研究的一个新领域。卢光琇教授首次发现人胚胎干细胞在长期亚优化培养条件下能够向肿瘤转变，为干细胞移植的安全性提供指标；*Nature Biotechnology*文章引用项目组胚胎干细胞遗传稳定性的研究结果，认为安全性问题是胚胎干细胞应用面临的一个重要挑战。 卢光琇教授受英国牛津大学Paul J Fairchild DPhil教授邀请参与干细胞专著的编写。受干细胞领域知名教授Peter W Andwers的邀请，卢光琇教授课题组在人胚胎干细胞建系领域科学的研究成果在2010年3月Nature Biotechnology发表。日本京都大学Nakatsuji教授还邀请卢光琇教授前往京都大学细胞材料研究所进行学术讲座。荷兰专家Astrid Cantineau也邀请卢光琇教授参与编写国际生殖医学专著。

卢光琇教授团队在干细胞领域还取得了一系列成就。如建立高效、安全的冷冻技术，改进微量细胞的玻璃化冷冻技术——能够保存早期微量的细胞，复苏效率超过95%，高于国际报道的75% ~ 90%。

在人类胚胎干细胞建系及诱导分化的相关领域研究中，卢光琇带领她的学生取得了一系列关键技术的突破，“人类胚胎干细胞建系及向造血干细胞和神经细胞的定向分化”“人类胚胎干细胞定向诱导分化及其组织工程中的应用”“人类胚胎干细胞建系及向心肌诱导分化”和“人类原始生殖嵴细胞建系和组织干细胞可塑性研究”等相继获得了国家自然科学基金、“863”“973”等项目的资助，形成了研究与发展的良性循环，在国内外产生了重要影响。2001年经湖南省批准，成立了湖南省干细胞工程技术中心，2004年，被批准成立人类干细胞国家工程中心，这里已成为我国干细胞研究领域的科技创新基地。

生命的礼赞 科学探索应无所畏惧

这些年来，卢光琇在生殖医学、医学遗传学、干细胞再生医学、转化医学等多个学科领域作出了积极贡献，并对国家作出相关决策提供了有价值的材料。这些成果的取得，都是一步一个脚印走出来的，每前进一步所遇到的困难都是超乎常人想象。

在卢光琇建立试管婴儿实验室之初，很多人不相信试管婴儿能做成功，其时又逢“文革”刚结束，人们还没有优生优育的概念，没有科研经费支持，连必需的基本器械、材料都非常缺乏，卢光琇只好四处“讨要”，寻求帮助。有时即使是得到了一个试管，她都会高兴得像一个孩子。没有无菌室，卢光琇就买回一块白布，围成一个帐子做“无菌室”，把温度加到40摄氏度，在里面消毒、做动物实验…… 在旁人看来，这样的一段经历应该是卢光琇感到最痛苦、最艰难的记忆，她却说：“条件艰苦没有关系。最痛苦最可怕的是我的事业、我的科研不让我做了，这就断了我的‘生路’。缺乏资金，我还可以自己奋斗，可连奋斗的机会都不给我，我还有什么活着的价值。”

不被人理解，多次遭人诟辱，申请不到研究课题，业界同行也出现流言蜚语……但每次都能很快自我调整，并倔强地挺了过来。在最艰苦的时候，试管婴儿研究得到了湖南省政府的全力支持，拨款20万美元专款进行实验室和仪器设备的整体更新。

多年的努力，终于结成如今的硕果。迄今为止，她已发表论文406篇，其中SCI源期刊论文99篇，其影响因子271.183分，被引用次数1334次，他引1080次。其中，胚胎干细胞建库论文发表于*Cell Stem Cell*上，影响因子23.563

分。1986年，她和她父亲合著的《人类生殖与生殖工程》，是国内第一本辅助生殖技术专著，该书2001年再版，成为国内许多中心开展辅助生殖技术的必备工具书，有力地推动了我国辅助生殖技术的发展。

卢光琇教授还认为，科学技术应当为政府决策服务，辅助生殖技术只有规范化管理，才能真正服务于人类，服务于社会。2000年，在全国政协第九届第三次会议上提出了《在我国开展辅助生殖技术并加强对该技术进行宏观管理的建议案》。作为卫生部辅助生殖技术专家组主要成员，卢光琇教授全程参与了卫生部颁布的辅助生殖技术法律法规、技术标准的起草及其修定。2009年和2010年，受中华医学会委托，她作为主编和副主编组织专家分别编写辅助生殖技术和精子库的《临床操作规范》及《临床诊疗指南》，成为国家的行业标准。

卢光琇教授还积极推动中国与欧盟国家的合作，为世界了解中国的伦理管理作出了贡献。2006—2009年，她作为中方主要成员参与中欧合作课题——生物学和生物医学研究的伦理监督；2010年，她成为卫生部批准成立的中欧生物医学研究伦理平台专家组成员。

几十年来，卢光琇团队先后在国内外发表学术论文400余篇，出版专著4部，申请国内外专利14项，已获授权8项，获得国家和省部级重大奖励12项，包括两项国家科技进步奖二等奖。由于在生殖医学领域的突出贡献，她被评选为“全国三八红旗手”（1989）、“中国十大女杰”（2002）。2005年获得中国人口领域的最高成就奖励——中华人口奖、2006年获得全国总工会五一劳动奖章，2011年被中华生殖医学会授予中国生殖医学突出贡献奖，2012年获湖南省最高科技奖——科学技术杰出贡献奖。

作为一位深受学生喜爱和同行老师所尊敬的教师，她一直为本科生、硕士生和博士生讲授多门专业课程，先后培养了2名博士后、34名博士生和74名硕士生，现有在读博士、硕士40余人。她不但以其对科学前沿的洞察力引导学生们不断作出新的贡献，而且通过言传身教使学生具备谦虚谨慎、诚实正直、对个人和社会有高度责任感的良好品德。她本人不但有良好的医德，而且将她的医德带到了她领导的医院，让每一个患者，在医院里看病时，都能感受到亲人般的温暖。

谈到这些成就和荣誉，卢光琇教授却说出了另一种深情感受：“当看到那些患者及其亲属对自己的那种崇敬、期待的目光时，除了更加明白身上责任重大之外，自己也确实会感觉到自己的人生价值得到了体现，很满足，科研探索虽很辛苦但是很值得！”

如今，乐观开朗的卢光琇教授依然精神饱满，与这些后辈一道，为了中国遗传学、生殖医学与干细胞工程学的创新发展，为了国人的优生优育健康，孜孜以求，潜心探索，信心百倍，继续驰骋在学科发展的最前沿，依旧坚守在悬壶济世第一线。

（原载于《中国科学报》2012年3月8日）

卢光琇杰出的学术成就与贡献

湖南医科大学（今中南大学湘雅医学院）原党委宣传部副部长　刘笑春

卢光琇，一位从外科医生走来的著名生殖遗传学女科学家。

1883年，著名生物学家达尔文的表弟高尔顿提出了“优生学”的概念；20世纪20年代，美国哥伦比亚大学著名遗传学家摩尔根提出了基因理论。1929年，摩尔根在中国的第四个弟子卢惠霖抱病回国时就带回了老师的英文版新著《基因论》，他要回国来建立中国自己的遗传学。然而，不幸的是：在随后的近半个世纪里，人类社会学阀横行，前苏联有人硬是将人类优生学扣上了“反动的、资产阶级的”“社会达尔文主义”罪行，实施残酷践踏。50年代中国学苏联也把这一套错误的东西照搬了过来，卢惠霖被迫多次接受批判，无法正常工作。一直到科学的春风吹遍神州大地，年迈八旬的卢惠霖教授才得以再次高扬“人类优生学”大旗，提出了“中国也要搞试管婴儿”的呼吁。卢光琇深刻理解父亲的心愿，1980年毅然挑起了“生殖工程研究”重任，立志要实现父亲“通过遗传优生服务，提高中华民族素质”的理想。

有父亲绘制蓝图，卢光琇始终爱岗敬业，不畏艰难，严谨治学，不懈进取。30多年来，他们靠白手起家，创建了生殖医学新学科；20世纪90年代，建立了第一个以人工授精与试管婴儿技术服务为主的不育不孕门诊部；2002年又创建了国内第一个以辅助生殖技术与遗传咨询产前诊断服务为主的专科医院，目前年诊治病例近20万人次。他们中不但有年轻的不孕症夫妇，还有许多中年丧子而又继发不孕者，大都通过辅助生殖技术诞生了健康婴儿，有效地促进了人们的生活质量提高，为计划生育、优生优育国策保驾护航，并创造了国际领先水平，不仅解决了广大不孕症患者的生育问题，还为预防遗传性疾病提供了新方法，打造出了把欢乐送到千家万户的“幸福产业”；她还创新了胚胎干细胞研究，并在这一领域取得了一系列突破，为糖尿病、恶性肿瘤、心脑血管疾病等难治性疾病提供了新的治疗方案，一个“延年益寿”的健康新产业即将问世。卢光琇曾多次出访美国、法国、加拿大等地，却多次谢绝了国外研究机构的重金聘请，每次都如期归来，在自己的实验室里消化吸收国外先进技术，率先在我国开展了生殖医学与临床遗传学研究，报效祖国、服务百姓，成为了海内外关注的亮点。

她，以渊博的学识、丰富的临床经验、高超的医术和高尚的医德，赢得了广大患者和社会的尊敬与爱戴。

勇闯生命荒原：敢为人先，不懈登攀

不孕症、遗传病和难治性疾病，一直成为困扰人类的三大难题，也是目前生命科学的攻坚领域。不孕症在育龄夫妇及新生儿中的发生率分别高达10% ~ 15%及4% ~ 6%，给患者及其家庭带来了沉重的经济负担及心理痛苦，也是造成社会与家庭不稳定的重要因素之一。在20世纪80年代初，尽管当时人们的思想观念还十分守旧、科研经费极度紧缺，卢光琇仍率先在我国开展了人类生殖工程研究，并于1981年创建了我国第一所“精子银行”——人类精子库，开展了不孕不育研究，开创了我国“生殖遗传学”新领域；随后，他带领年轻的技术团队建立了以人工授精、试管婴儿技术为主的系统的辅助生殖技术体系，帮助不孕不育及遗传病患者生育健康孩子。同时，她将辅助生殖技术与遗传咨询和产前诊断相结合，建立健全了确保出生健康婴儿的技术系列。随着辅助生殖技术的发展与延伸，卢光琇又带领技术人员在胚胎干细胞及治疗性克隆胚研究领域开拓进取，推动了再生医学发展，并将产学研究巧妙地结合，及时将科研成果应用于临床，每年可解决数以10万计不孕症患者的生育问题，并为国家制定相关政策提供了科学依据。

1.创建“生殖医学”新学科。

卢光琇带领她的团队创建立了一系列新技术，解决了男性不育和女性不孕的临床治疗问题。如今，她建立的国家人类精子库中心库存精液10万余份，成为全球最大的人类精子库，每天面向大陆22个省市的70多家生殖中心提供优质精子；自1983年1月诞生国内首例冷冻精液人工授精婴儿以来，这里的供精人工授精的临床妊娠率已达到23%；供精“试管婴儿”临床妊娠率由当初的不到5%提高到61%，达到了国际领先水平。

卢光琇带领的团队率先在中国开展“试管婴儿”及其衍生技术研究，并取得了在一系列关键技术的突破与创新。她在我国开展了人类体外受精-胚胎移植技术研究，并提出了“供胚移植”方案，以便为遗传病患者及高龄妇女提供健康胚胎。1988年试管婴儿诞生后，1989年，她又建立了人类胚胎冷冻技术，随后建立了冷冻胚胎库，既解决了多余胚胎的保存问题，又提高了移植成功率。

1991年，她建立了畸形精子分离术，为畸精症患者优选正常精子，在世界上首次报道了经畸形精子分离后的人工授精健康婴儿。1994年她领导的课题组在国内首先建立了小鼠的单精子显微受精技术，并应用于临床解决了少精子症的男性不育问题。截至2011年12月31日，这里的试管婴儿妊娠数为28371例，供精人工授精妊娠数为8367例。

30多年来，卢光琇带领的技术团队不断改进和创新了多种临床技术方案，新成果层出不穷。如：①2000年改进了胚胎冻存方法，建立了超快速胚胎冷冻技术，诞生了我国首例超快速冻胚移植试管婴儿。②她发明了超长降调节促排卵方案，用于5930名经反复试管婴儿治疗失败的患者，临床妊娠率提高到了62.%，并降低了25%的诊疗费用。该方案在国内得到了广泛推广，深得患者欢迎。③她发明了多囊卵巢综合征穿刺打孔、卵母细胞体外成熟培养等技术，通过对不孕症的个体化用药治疗，使高龄、子宫内膜异位、多囊卵巢等难治性不孕症患者的临床妊娠率稳定在60%的水平。④她研究了增加辅助生殖技术安全性的一些新指标，发现了IVF-ET患者移植2个优质胚胎与移植3个优质胚胎的临床妊娠率相近，但多胎妊娠率降低，且多胎妊娠率与年龄无关。⑤发现少于6个卵裂球的胚胎，其妊娠率下降，流产率增加。⑥发现体外受精不能改善女性乙肝大三阳患者的通过卵泡液及受精培养液传播HBV的风险，但可降低女性乙肝小三阳患者和男性HBV患者的传播风险。⑦发现冻融过程对人类胚胎透明带结构不造成损伤。⑧发现去原核技术在辅助生殖技术中存在着不安全性。⑨发现了囊胚培养删除染色体异常胚胎的有效方法，但是对嵌合体和非整倍体来说却不是可信的标准。他们的这一系列新发现，有效地确保了辅助生殖技术的安全应用。

基于卢光琇在生殖医学领域的学术成就和学术地位，2011年中华生殖医学会授予她“生殖医学突出贡献奖”。她出色的临床与实验室研究工作，还得到了包括诺贝尔奖获得者、英国著名医学家、世界试管婴儿之父Edwards在内的同行的高度评价。

2.创立临床遗传学服务新模式。

卢光琇带领她的团队将辅助生殖技术与遗传咨询和产前诊断相结合，确保了出生婴儿的健康。2002年，组建了由她亲任院长的中信湘雅生殖与遗传专科医院。10年来，医院每年为5000余例患者提供了遗传咨询服务，累计已为73173例患者进行了染色体检查。其中，发现了4202例异常患者，并为他们提供了优生优育指导。还建立了65种基因病的基因诊断和产前诊断方法，先后利用分子遗传学检测手段为10750例患者进行了遗传病基因检测，发现了异常病例2594例，诊断准确率100%。她在国内率先建立了在早孕阶段（妊娠13周前）利用B超进行畸形儿筛查技术。近5年来，他们采用B超监测胎儿数14488例，及早发现诊断发育不正常胎儿1014例，并为他们的优生优育提供了具体指导。过去，产前诊断仅能针对非自然流产人群，而且产前诊断一旦发现胎儿异常后，孕妇不得不承受引产带来的身心痛苦。为了克服这一弊端，卢光琇带领年轻技术人员，于1990年建立了我国第一个植入前鼠胚遗传学诊断（PGD）模型，使传统的产前诊断技术提前到了受孕之前，优选遗传正常的胚胎移植，从而确保有遗传病高风险的夫妇都能生育正常孩子，是产前诊断技术的重大进展。他们应用荧光原位杂交技术在临床上开展了针对染色体平衡易位、罗氏易位、倒位等的遗传学诊断，完成了对692例遗传病患者的诊断，其临床妊娠率达32%，高于2010年欧洲人类生殖与胚胎学协会（ESHRE）平均25%临床妊娠率的报道。她领导的团队先后建立了10种单基因病的植入前遗传学诊断，是国内能够开展对单基因病诊断最多的医疗机构之一，DMD、多囊肾等基因病的植入前诊断技术为国内首创。2011年，她们还建立了基于单细胞全基因组扩增的单核苷酸多态性－微阵队（SNP芯片）技术，用于对染色体结构异常和全部染色体数目异常的筛查，即胚胎植入前遗传学筛查（PGS）

技术，并已用于对75个病例的孕前诊断，其临床妊娠率达到66.7%，准确率达100%。

3.推动再生医学攀高峰。

世界医学专家一致认定：以干细胞技术为代表的再生医学将成为21世纪人类疾病治疗的支柱性医疗技术之一，将为临床医学带来革命性变革，并解决人类面临的主要难治性疾病和健康威胁，是人类健康长寿的希望，也是国际医学界重点发展和研究的高科技医疗技术。

卢光琇带领课题组，在国际上首次发现了人源性成纤维细胞可完全替代鼠源性细胞维持人胚胎干细胞的生长，并提出了在人源性培养条件下建立不同组织相容性抗原的人类胚胎干细胞库的新思路，以解决鼠源性污染问题，推进人类胚胎干细胞的临床应用。她领导的课题组率先进行了治疗性克隆胚研究，探索为临床提供遗传背景相同的细胞、组织和器官的新途径。1996年12月，在卢光琇的实验室成功诞生了第一批核移植小鼠。1999年和2001年，她领导的课题组先后在国际上首次获得发育至桑椹胚和发育至囊胚的人类体细胞克隆胚。美国《华尔街日报》2002年3月6日在为此作报道时，认为这一成果确定了中国在治疗性克隆领域的领先地位，英国《泰晤士报》也两次报道了她的成果。专家们认为，胚胎干细胞建系一旦和人类体细胞克隆胚技术结合起来，就可以进一步诱导分化成为可供患者移植用的细胞、组织或器官，那时老年性痴呆、帕金森症、糖尿病等许多难治性疾病将可被根治，将引起医学治疗的一次革命。在研究体细胞克隆中，卢光琇领导的课题组发现卵母细胞质可对细胞重编程、在启动胚胎发育上存在剂量效应，为体细胞重编程的机制研究指明了方向。英国*Nature*杂志也曾介绍了她在干细胞领域的成就。2004年，国家发改委批准她组建人类干细胞国家工程研究中心，进行干细胞的基础与产业化研究。2006年，她领导的实验室被卫生部批准为人类干细胞与生殖工程重点实验室。随后，她的团队进一步建立了世界上最大的胚胎干细胞库，该库现已存了300多个胚胎干细胞系，为干细胞治疗提供了重要的种子资源库，并建立了完整的人类胚胎干细胞技术操作规范和质量控制标准。这一成果于2009年在世界著名杂志*Cell Stem Cell*（IF值为23.563）上发表，并被证实只需180个胚胎干细胞系即可以满足湖南7000万人口的干细胞移植组织配型的需要。为此，牛津大学慕名邀请她参与编写干细胞建库专著，并提出干细胞建库的国际技术标准。

卢光琇还领导建立了3株孤雌生殖的胚胎干细胞系，其中1株为世界上首例基因型纯合的孤雌生殖胚胎干细胞系，此成果于2007年以封面文章发表在*Nature*出版集团的子期刊*Cell research*上。国际干细胞权威专家评价：这项工作是上海国际干细胞会议的闪光点之一，有助于避免胚胎干细胞临床应用时的免疫排斥反应，对研究人类早期发育具有重要意义。国际知名杂志*Cell*、*Nature*子期刊*Cell Stem cell*和*Cell Research*杂志也发表评论认为：卢光琇团队的建库工作对于解决干细胞免疫排斥具有实际意义，证实了临床废弃胚胎可作为干细胞系的一个新来源，其中孤雌胚胎干细胞更开创了干细胞研究的一个新领域。

卢光琇课题组首次发现：干细胞在亚优化条件下长期体外培养时，发生了遗传变异，并向肿瘤干细胞转化的现象。该研究于2008年发表在*Genes Chromosomes and Cancer*杂志上。*Nature Biotechnology*在发表文章引用该项目组胚胎干细胞遗传稳定性的研究结果时，认为安全性问题是胚胎干细胞应用面临的一个重要挑战。 她们的学术成就引起了国际干细胞领域同行的重视，2007年以来多次应邀参与多项国际干细胞合作和交流。其中参与国际干细胞联盟（ISCI）的研究项目“长期培养过程中人胚胎干细胞系的遗传稳定性研究”的相关科研成果已发表在*Nature Biotechnology*杂志上。

卢光琇带领的团队还建立了iPS技术平台，并初步建立了胚胎干细胞向造血、胰岛、神经、内皮细胞等定向诱导分化的技术；建立了人类胎盘及附属组织干细胞库（含人类脐带血干细胞库）。卢光琇领导的项目组还用干细胞生长因子治疗皮肤溃疡：已完成动物实验和6例糖尿病足病人溃疡的临床治疗实验，该实验在北京宣武医院血管外科进行。结果显示：可以加速糖尿病足溃疡的愈合。她领导利用自体外周血树突状细胞免疫治疗乳腺癌：已经完成临床前动物实验，正在进行临床实验的病人筛选和准备；开展了胎盘及附属组织来源的干细胞治疗神经损伤(脊髓损伤，脑瘫)、下肢缺血性疾病的研究均获得显著疗效，为进一步的临床试验奠定了基础。卢光琇在干细胞的研究领域已获得了8项国内发明专利。

4.践行生命伦理规范。

由于卢光琇的科学研究事关一些重要的国计民生问题，为政府作出相应决策提供了科学依据。20多年来，她的一些科研成果受到了国家相关部门的高度重视。

1989年10月至1996年11月，卢光琇率队在湘西傻瓜村进行智力低下高发村病因学调查及其防治研究。从流行病学调查、环境致畸、智力检测、细胞遗传学等六个方面开展研究，最终确定该村患者智力低下是因为缺碘而引起的克汀病。该调研成果成为1994年中华人民共和国国务院令《食盐加碘消除碘缺乏危害管理条例》背景依据之一。补碘以后，大规模的流行性群发的克汀病现象在中国已基本消除。

卢光琇一直在倡导辅助生殖技术的伦理监督，并率先垂范，一开始就在自己的医疗实践中，自觉接受伦理委员会的监督。她还积极推动辅助生殖技术立法，促进国内辅助生殖技术临床应用走向规范有序的发展。1988年，她和父亲卢惠霖一起与邱仁宗教授共同组织并举办了国内首次“生殖技术的社会、伦理和法律问题”学术会议，会议起草了《人工授精管理条例（草案）》，并向卫生部等政府部门建议制定辅助生殖技术管理办法。2000年，针对当时辅助生殖技术混乱的状况，卢光琇在全国政协第九届第三次会议上提出《在我国开展辅助生殖技术并加强对该技术进行宏观管理的建议案》。作为专家组主要成员，卢光琇全程参与了卫生部颁布的辅助生殖技术法律、法规的起草与修定，制定了准入门槛的规则，成为现行卫生部制定《人类辅助生殖技术管理办法》《人类精子库技术管理办法》及其相关标准、规范和伦理学原则的核心专家。

作为中方主要成员，卢光琇于2006—2009年参与了中欧合作课题（BIONET）——“生物学和生物医学研究的伦理监督”的研究，2010年成为卫生部批准成立的中欧生物医学研究伦理平台专家组成员。中欧合作生物医学和生物技术研究的伦理管理项目组负责人Nikolas Rose教授评价：“卢教授是BIONET项目组一个重要的、有价值的专家组成员，她在辅助生殖技术和再生医学方面的知识经验和伦理论点是BIONET项目组至关重要的资源。”卫生部科教司评价卢光琇教授：“开展人类辅助生殖技术和精子库技术工作中的经验和做法为制定和论证有关法规和技术标准提供了有益的借鉴和帮助，并参与有关法规和技术标准的起草和制定工作。”

丰厚回报激励前行

卢光琇带领的科研团队在生殖医学领域的科研学术成果创造了良好的社会效益。她积极推动科研成果向临床转化，由于医学技术水平不断提高，辅助生殖技术管理规范，中信湘雅生殖与遗传专科医院成为国内首批所有辅助生殖技术及精子库技术都通过卫生部准入的医院，并成为卫生部首批人类辅助生殖技术和精子库培训单位。经过10年的发展，该医院目前已发展成为世界上最大规模的生殖中心和世界上最大的国家精子库中心。目前，该医院年诊治不孕症与遗传病患者近20万人次，2011年试管婴儿治疗周期1.8万个，精子库精子库存超过10万份，细胞遗传学诊断超过2万例，单基因病基因诊断超过2254例。

作为生殖医学产业链的延伸，卢光琇团队在干细胞和再生医学领域的研究有望成为一个新的战略性产业。她组建的人类干细胞国家工程中心投入使用后，将为占全国总人数超过1亿的帕金森病、糖尿病、阿尔茨海墨病、骨质疏松症、脊髓损伤、肿瘤、心血管疾病、严重烧伤、自身免疫性疾病、出生缺陷等患者提供临床治疗服务，必将有力推动当今医学的大变革。

此外，卢光琇还将辅助生殖技术拓展应用到对珍稀动物的繁殖与优生优育，与四川卧龙中国保护大熊猫研究中心共同协作开展了“大熊猫生殖生理及人工繁殖新技术”的研究，并于1991年成功诞生了双胞胎熊猫，使这一珍稀动物的物种保存有了新的方法。

1989年以来，卢光琇在学科建设和科研与临床实践中作出了巨大成就和贡献。辛勤的劳动付出也获得了丰厚的回报。她先后获得国家级科研项目9项、国际合作项目1项、省部级科研项目30项，累积引进科研经费4100多万元。她先后发表科研论文442篇。其中，被SCI收录的论文108篇，总影响因子289.498分，最高影响因子23.563分，发表于国际顶级期刊*Cell Stem Cell*上。她出版专著5部。中华医学会推荐她主编了《临床技术操作规范—辅助生殖技术和精子库分册》一书；目前正在主编《中华医学百科全书—生殖医学分册》。1989年以来，她先后获得国家科技进步二等奖2项、教育部科技进步奖推广类一等奖1项、其他省部级科技奖9项。党和国家对她所取得的成就和为国家作出的突出贡献，也给予了充分的肯定与鼓励：1989年被授予全国“三八红旗手”称号；1990年获“国家有突出贡献的中青年科技专家”和“优秀留学回国人员”称号；1996年获首届“湖南科技之星”；2002年获“中国十大女杰”称号；2004年获“新世纪巾帼发明家”“全国五一劳动奖章”“全国优秀教师”、湖南“光召科技奖”等称号；2005年获得中国人口领域的最高奖项——“中华人口奖”；2011年获“中国生殖医学突出贡献奖”“湖南省科学技术突出贡献奖”。

卢光琇为国家培养了大批生殖医学、遗传学与再生医学领域的优秀人才。她所领导的学科1991年被批准为博士后流动站。现有她拥有医学遗传学、发育生物学、干细胞工程学、生殖工程学、生命伦理学5个二级学科博士学位授权学科点，并在这些领域有明显的学科优势。她先后招收培养了博士研究生83名，硕士研究生87名；毕业了博士生58名、硕士生83名，博士后出站1名，这些研究生在全国各地医院的生殖中心发挥了骨干作用。在她指导下，多名年轻的科研骨干脱颖而出。其中，林戈博士成为最年轻的“863”计划首席科学家；在读博士曾思聪在美国学术交流两年中，作为第一作者在*Nature Cell Biology*发表了论文；经过中德专家层层选拔，欧阳琦博士入选全国25人代表团，成为中南大学首次获准出席诺贝尔奖获得者颁奖大会的成员。

华大基因专访“遇见”：访谈卢光琇

遇见父亲

听说您起初是想学园艺的，但后来是父亲把您引上医学之路，继承了父亲未竟的事业。他对您影响最深的一件事是什么？

20世纪70年代，卢惠霖教授在医学遗传学领域取得了一系列重要成就，并带动我国医学遗传学整体水平的快速前进，科学界公认他是中国医学遗传学的奠基人之一。他在长期的遗传学研究中，一直没有停止研究如何在配子及胚胎水平实现遗传学改造，进行积极性优生的途径。

1978年，当英国诞生第一例“试管婴儿”的消息传来，已是78岁高龄的他立即感受到，一直苦苦寻求的如何通过遗传优生来提高中华民族素质的问题有了实现的途径。在获悉试管婴儿成功的消息后，他马上向学校和中共湖南省委、省政府提出了在中国开展人类辅助生殖技术研究，通过辅助生殖技术结合遗传学手段来进行遗传优生的设想。但是，这项科研一开始就遇到了很大困难。不仅人们在观念上难以接受，甚至还有人越过学校，写信给省科技厅，向省里施加压力，阻挠这一科研项目的实施。

最后，谁能够帮助这位年近八旬的老人完成这一伟大设想呢？当时正在从事湖南医学院局部解剖与外科手术学教学的我，最先了解到父亲提出的在中国开展人类生殖工程研究的积极意义，同时被父亲的暮年壮心所感动，主动提出要为父亲分忧解难。我悄悄地问父亲：“让我来，能行吗？”父亲听了没有马上答应，而是说：“你以前从事的是外科，现在从事这样一个全新的领域，会遇到难以想象的困难，你自己不但要做研究人员，还要做技术员，甚至要当工人。”但我已经想到了这些困难，甘愿为这项事业奉献力量，作出牺牲。在考虑几天后，父亲终于答应了我的请求。就这样，父亲手把手将我引进人类生殖工程研究新领域。

还有一件印象深刻的事。在科学的征途中，父亲总是告诫我，要永不满足、永不停歇。1985年9月至1986年4月，我被派到美国耶鲁大学(Yale University)进修试管婴儿期间，父亲因日夜操劳人类生殖工程研究项目，有一次病倒了，突发心脏骤停，医院发出了病危通知单。被抢救过来后，他首先想到的仍是科研，并嘱咐不要将病情告诉远在大洋彼岸的我，好让我安心学习。待我学成归国后，他也要求我不要去病房看他，而是立即投入试管婴儿的实验室研究。

遇见失败

您曾经说过，要感谢失败，是因为失败，才有了今天的成功。是什么让您一直坚持到今天？

我一直和我的学生说，科研事业犹如攀登高峰，道路是崎岖的，需要无比坚定的恒心和毅力，不要畏惧困难和失败。在我的科研历程当中，就经历了无数意想不到的困难和失败，也曾经很委屈一个人在角落抹眼泪，但我要感谢这些失败，是它们让我越来越坚强，越来越珍惜今天的来之不易。

我之所以能坚持到今天，一开始是为了帮助父亲圆梦，将中国自己的试管婴儿技术研发成功，为中华民族优生优育作出贡献。后来则是为了回报湖南省委省政府以及广大人民群众的厚爱，不断改进技术，不断提高试管妊娠率，造福更多不孕不育人群。在“七五”攻关时期，省政府为我们的试管婴儿科研项目拨款10万美元，这在当时无疑是天文数字，对科研事业是极大的鼓舞。而这些钱都是湖南人民纳税而来的血汗钱，一分一毫来之不易，我暗下决心，将来事业有成后一定要回报湖南人民。虽然科研的道路注定不会一帆风顺，我也经历了无数次失败，但最终没有辜负省委省政府的期待，在1983年诞生了中国首例人工授精婴儿、1988年诞生了中国首例供胚移植试管婴儿，并先后两次荣获国家科技进步二等奖。

20世纪在我拿到国家自然科学基金100万元奖励后，省科委立即给予500

万元经费支持，为我建立人类干细胞国家工程研究中心打下坚实基础。如今，工程中心已在肿瘤免疫治疗、免疫性疾病治疗、干细胞存储与规模化培养等领域取得诸多科研成果，临床试验效果十分明显。在湖南“十三五”规划编制前夕，湖南省委书记杜家豪（当时为省长）一行在百忙中来到工程中心调研，详细了解了干细胞技术、辅助生殖技术产业的发展状况，对我们反映的问题一一记录在心。在杜家豪书记的支持和协调下，省人力资源和社会保障厅来医院现场办公，帮助我们解决生殖遗传类专科医生职称晋升的问题；省卫生计生委主持评审，解决了我院生殖与遗传类三级专科医院资质的问题，为我们产学研事业下一步发展奠定了良好基础。

在此，借机会再次对湖南省委省政府、省科委在此致以衷心的感谢，我们将铭记你们的恩泽，不怕任何困难，坚定走产学研创新之路。为此，我们在取得一定经济效益之后，不忘回馈家乡父老，成立多项公益爱心助孕项目，切实减轻贫困患者就诊负担。我们还响应中央和省市号召，深入贫困地区捐资助医助学，打通精准扶贫“最后一公里”，给予这些地区患者就诊绿色通道，圆他们的生儿育女梦，为国家计划生育政策保驾护航。

遇见自己

您觉得自己是一个怎样的人？

这个问题比较宽泛。从身份上讲，我觉得首先自己是一个科学家。从事科研事业37年来，我们取得过许多成就，但科研的脚步从未停止。近年来，我们在辅助生殖技术成功率上遇到一定瓶颈，在60% ~ 64%徘徊多年，虽然已经处于国际领先水平，但我们不会因此满足，而是扎扎实实组织课题进行科研攻关，下大力气争取早日突破。比如，2016年我们仅生殖中心就确立院内科研项目5项，并建立临床样本库，至此可以对患者就诊期间的外周血、卵泡液、剩余精液、成熟度低的卵子、质差胚胎等一系列通常情况下会被废弃处理的生物样本进行分类后入库保存，而后进行病例整理、分类、分析后进行遗传学研究及分析，达到了解其不孕不育致病机理及周期失败影响因素的目的，以期更好地服务于既往周期失败的病人，并最终提高我院整体的妊娠率。我院遗传中心建立了国内领先的细胞遗传学与分子遗传学诊断技术平台，率先建立胚胎植入前遗传学诊断(PGD)技术，是国际上最大的PGD中心之一，2016年为1.56万余名患者提供遗传咨询服务，年完成染色体病检测5万多例。目前已建立的单基因病PGD技术平台有125种，能够完成基因检测的已达到180种。2016年，我们拿到国家基因检测技术应用示范中心的牌照，也就拿到了第三块产学研平台的钥匙，为下一步发展奠定基础。

其次，我也是一个大学教师。依托中南大学生殖与干细胞工程研究所，我们拥有遗传学、发育生物学、生殖医学、干细胞与再生医学、生命伦理学5个博士学位学科专业点，截至2017年1月，医院拥有博士生导师9名，硕士生导师23名，我们已经培养了博士后10名，博士120名，硕士244名；已发表论文699篇，其中SCI210篇，共承担科研项目155项，科研经费7834万余元，其中国家级项目49项，经费6016万余元。我非常欣慰地看到，我的学生活跃在全国乃至世界各地，为破解人类遗传优生难题而贡献力量。在我的产学研平台中，我的学生也在各个岗位担任主力，共同把产学研事业向前推进。

现在，我还是一名企业家。我们将科研的成果不断在临床进行转化，让科研成果焕发生命力，造福广大人民群众。自从2002年与中信集团、中南大学联合组建中信湘雅生殖与遗传专科医院以来，我们的经营效益逐年攀升，到2016年累计纳税已超过7.7亿元，成为湖南省人均纳税水平最高的单位之一。虽然我们的试管婴儿单年治疗规模已经超过4万例，已经多年保持世界最大生殖中心的地位，不过这种增长的势头仍在继续。因为我们按章纳税，并且成为长沙高新区纳税大户，高新区政府当年奖励我一套别墅，如今我也把这间房子拿出来，用于接待外宾等重要贵宾。

从其他方面讲，我还是个热爱生活、喜欢运动的人。我曾经是湖南篮球队的队员，代表湖南参加过第一届全运会，被当时的媒体称为“球场上的小燕子”。虽然已经是78岁高龄，但我十分注重保养和锻炼，在养生方面有自己一套方法。比如，每天早上我会很早起床，打扫打扫卫生，为花草浇浇水、施施肥，然后自己做健康早餐，做的同时还要举一举哑铃，或是做些其他运动，保持好健康的体魄。然后大约6点，自己开车10公里到单位，开始一天的工作。

遇见华大

您是什么时候第一次听说华大的？您觉得华大如何？

华大基因是一个专门从事生命科学的科技前沿机构，也是我国在这个领域最具知名度和影响力的科研机构。我们与华大基因合作多年，一直比较愉快。在我看来，华大在分子遗传层面拥有一系列尖端技术，并且科研工作的范围十分广泛，涉及人类、农业、畜牧等，是国际人类基因组计划的参与单位之一，奠定了中国基因组科学在国际上的领先地位。华大也是我国在生命科学领域的“黄埔军校”，为我国培养了一批该领域的资深科研人员，如今在全国多个科研机构当中都可以看到他们的身影，共同为祖国的科研事业添砖加瓦。

卢光琇：优生不息　奋斗不已

不孕症和出生缺陷是困扰人类的两大难题，据统计，在育龄夫妇及新生儿中发生率分别高达10% ～ 15%及4% ～ 6%，给患者及其家庭带来沉重的经济负担及心理痛苦，也是造成社会与家庭不稳定的重要因素之一。从20世纪80年代开始，卢光琇教授不畏艰难，率先在国内开展辅助生殖技术研究，填补了国内辅助生殖技术的众多空白，取得了一系列标志性成果。30多年来，她坚持产学研结合，不但建立了完善的辅助生殖技术体系，解除了数以万计的不孕夫妇的痛苦，推动了我国在这一领域的发展，而且结合遗传工程和干细胞工程的研究，创建了一条提高中华民族人口素质的积极性优生新道路。

为父圆梦，她40岁毅然改行

提起中国的试管婴儿，就不能不提卢光琇。但鲜为人知的是，卢光琇教授竟是由一名外科医生转行而来。踏上辅助生殖技术的道路，与她的父亲——我国医学遗传学奠基者和见证人卢惠霖教授分不开。

1978年，当英国诞生第一例“试管婴儿”的消息传来，已是78岁高龄的卢惠霖立即感受到，他一直苦苦寻求的如何通过遗传优生来提高中华民族素质的问题有了实现的途径。然而，谁能够帮助这位年近八旬的老人完成这一伟大设想呢？他最疼爱的小女儿、从事湖南医学院局部解剖与外科手术学教学的卢光琇，最先了解到父亲提出的在中国开展人类生殖工程研究的积极意义，同时被父亲的暮年壮心所感动，主动提出要为父亲分忧解难。她悄悄地问卢惠霖：“让我来，能行吗？”卢惠霖听了十分赞赏女儿的想法和勇气，但还没有马上答应，对她说：“你以前从事的是外科，现在从事这样一个全新的领域，会遇到难以想象的困难，你自己不但要做研究人员，还要做技术员，甚至要当工人。”但卢光琇已经想到了这些困难，甘愿为这项事业奉献力量，作出牺牲。卢惠霖在考虑几天后，终于答应了女儿的请战。

1981年，生殖工程研究组刚刚组建时，一无房子，二无设备，除了卢光琇外，其他人像走马灯似的来了又走，固定不下来。对于卢光琇，得到的除了艰苦、繁杂的工作外，还有许多委屈心酸的泪水。困难可以顶得住，委屈可以肚里吞，她确实哭过许多回，但哭完了继续干，劲头一点也不减。

正是在这种拼劲下，她顶着众多的偏见与不理解，在极其简陋的条件下，从零开始了当时中国这项全新领域的研究，取得了一系列突出成就。1981年，他们建立了中国第一个人类精子库，开展人工授精；1983年1月，中国第一例冷冻精液人工授精婴儿来到人间；1986年，人类生殖工程研究室正式成立，在这一平台下，生殖医学得到了快速发展；1988年6月，三天之内两例试管婴儿先后诞生，其中一例还是我国首例供胚移植“试管婴儿”……

走上“产学研”，强强联合结硕果

卢光琇一手创办的中信湘雅生殖与遗传专科医院，2014年，医院门诊量超过22万人次，试管婴儿治疗周期突破3.1万个，平均妊娠率保持在64%左右，已经发展成为世界上规模最大、平均妊娠率最高的生殖中心，虽然成立才短短13年。而建医院的最初原因，竟是当时高校拿不出科研经费，卢光琇的科研工作无以为继，不得不将实验室里的成果在临床进行转化，再用赚来的钱反哺科研工作。就这样，20世纪80年代后期，卢光琇在高校的允许下，开设了湘雅医学院不孕与遗传专科门诊。仅仅只有一个400平方米的实验室，在这里不仅要看门诊，做试管手术，还要养做实验用的小白鼠。只是她没想到，市场对辅助生殖技术的需求竟是如此强烈。因为成功率高，很多患者从全国各地慕名而来，她的科研经费得到有效解决。而且随着就诊人数的增多，实验室全部人马接诊也忙不过来，使业务规模无法进一步扩大。

就在卢光琇为此焦急之时，她遇到人生中又一位重要的伙伴——中国中信集团原董事长王军。当时适逢全新的中南大学刚刚组建不久，祖籍湖南浏阳的王军来到这里寻求投资项目，看了很多均不满意。某天，他无意中看到了卢光琇的门诊部，主动要求过来看看。当得知这里的试管婴儿成功率达到世界领先时，他大手一挥，果断地说“就是这个”。就这样，卢光琇的门诊部与中信完成联姻，开始了新一轮的腾飞。

经过一年多紧锣密鼓的筹备，2002年，国内第一家以辅助生殖技术与遗传咨询、产前诊断服务为主的“中信湘雅生殖与遗传专科医院”正式挂牌，卢光琇任院长。中信湘雅跳出了传统体制的束缚，实行董事会领导下的院长负责制，依靠“体制创新”和“科技创新”两驾马车，坚持产学研结合，坚持以患者为中心，探索出了一条“中信湘雅”特色模式发展之路，并于2015年被写入《人民日报》内参。她目光如炬，将从事分子遗传、细胞遗传学20年以上的专家，安排到临床一线担任遗传咨询员，为门诊医生提供遗传学辅助，当别人还在为突破辅助生殖技术瓶颈而努力的时候，已经创造性地将人类辅助生殖与遗传学诊断技术结合在一起，为广大遗传疾病患者解决各类生育难题；她围绕临床中遇到的实际问题，组织团队科研攻关，取得成果后再服务临床，这样一种产学研良性循环的模式，让其他同行难以望其项背，如他们发明的超长降调促排卵方案，使年轻患者的临床妊娠率提高到70%以上，并降低25%的诊疗费用，在国内得到广泛推广，深得患者欢迎……

2013年，医院诞生了世界首批经全基因测序出生的胚胎植入前遗传学诊断/筛查（PGD/PGS）宝宝，通过基因技术排出这些宝宝的染色体遗传疾病；2015年，又诞生了国内首例“无癌宝宝”，阻断了家族性遗传性肿瘤疾病的蔓延；2016年，医院建立了染色体纤维切割新技术MicroSeq，在帮助染色体易位患者实现健康生育的同时，能够对相关基因导致的潜在疾病提前预警。目前，医院拥有国内第一个，也是目前世界最大的人类精子库，现精子库存近15万份，除满足本院治疗需要外，还为全国25个省市的近60家生殖中心提供精子来源；医院拥有国内领先水平的遗传中心，现年为16000名余患者提供遗传咨询服务，年完成染色体病检测53000多例，已建立近200种基因病的基因诊断和产前诊断、孕前诊断方法，累计完成PGD/PGS5000余例，是全国开展植入前诊断最多的中心。

这些科研成果是卢光琇教授教学、科研与临床相结合的产物，是她和她领导的以研究生为主体的学术团队共同完成的。作为中南大学医学遗传学、发育生物学、生殖工程学、干细胞工程学和生命伦理学5个二级博士学位学科专业点的博士生导师，截至2017年1月，医院拥有博士生导师9名，硕士生导师23名，培养了博士后10名，博士120名，硕士244名；已发表论文699篇，其中SCI：210篇，共承担科研项目155项，科研经费7834万余元，其中国家级项目49项，经费6016万余元。成立短短15年，医院累计入库税收已超过7.7个亿，其中2013—2016年连续4年纳税超1亿，是湖南省人均纳税水平最高的单位之一。

目光向前：瞄准再生医学与干细胞工程

在接连攻克了几个试管婴儿技术的难题之后，从1994年开始，卢光琇把目光转向另一个更具挑战性的领域：再生医学。这是一项全新的、国际医疗界极其关注的课题，其发展将引起临床医学的革命。再生医学的核心是干细胞技术。如果说辅助生殖技术遭逢10%的不孕夫妇，干细胞技术却可以惠及整个人类，可治疗糖尿病、白血病、脑瘫、截瘫、老年性痴呆等多种顽疾。立志干细胞研究后，这方面也是成果迭出。早在1996年，她就和同事们成功培育出我国第一个核移植小鼠，也就是我们通常所说的克隆老鼠，这比当时报道的“克隆羊”还早；2000年，发明先注核再去核的新方法，获得世界上首个人类治疗性克隆胚；2003年，又获得首个治疗性克隆囊胚……

2001年，她的实验室成为湖南省干细胞国家工程技术中心，2004年成为国家发改委批准建设的人类干细胞国家工程中心，2005年成为卫生部批准成立的人类干细胞与生殖工程重点实验室。这里建立了世界上首个纯合基因组的人孤雌胚胎干细胞系，利用核移植的方法建立了治疗性克隆。如今，目前已发展成具有自主知识产权的、世界最大的胚胎干细胞库，库存483株人类胚胎干细胞，为再生医学提供了充足的种子来源。目前，中心正在进行胚胎干细胞来源的细胞制品的研发。这里还建立了胎盘及附属物干细胞库，并运用间充质干细胞治疗下肢缺血、脑瘫、糖尿病等难治性疾病。在肿瘤防治方面，中心采用遗传、生殖医学和干细胞相结合的模式，检测、阻断致病基因在家族中的传递，并建立了细胞治疗中心为肿瘤患者提供免疫细胞治疗。在生殖遗传学方面，中心通过产前影像学、细胞及分子遗传学、胚胎植入前遗传学诊断等方法，能够避免先天缺陷患儿的出生。

虽然今年已是78岁高龄，但创新创业的劲头一点也没减，她已经为未来划定了一个方向：产业融合、互补发展，将人类辅助生殖及干细胞产业打造一条完成的优生优育产业链，持续开拓更加广阔的市场，为广大患者提供更加优质、完整的服务。简单而言，可以用“帮你怀”“帮你生”“帮你长”“帮你存”12个字概括。

所谓“帮你怀”，指中信湘雅生殖与遗传专科医院继续保持世界领先地位，通过辅助生殖技术、遗传咨询检测技术等手术，帮助更多的不孕不育家庭拥有健康的孩子；所谓“帮你生”，是指在人类干细胞国家工程研究中心附属光琇医院发展产科、新生儿科业务，主要为试管婴儿妇女提供优质生产及新生儿科配套服务；所谓“帮你长”，是指人类干细胞国家工程研究中心附属光琇医院拟与美国西北医学中心儿科主任林波教授团队合作，引进语言病理师、行为干预师、物理治疗师等技术骨干，打造建立“国际儿童生长发育监测与早期干预中心”，0 ~ 6岁、6 ~ 12、13 ~ 18三个阶段进行生长发育、心理、智力、青春期发育等全面的评估，对通过语言、运动等方面的早期筛查，发现自闭症、多动症、发育迟缓患儿，并在早期对语言、行为、运动等方面的干预，最大限度促进儿童康复。中心还将通过先进的B超技术，筛查胎儿宫内缺氧等原因导致的脑瘫，进行早期发现和干预；所谓“帮你存”，是指依托中信湘雅生殖与遗传专科医院，大力普及“生殖保险”常识，让更多群众认识到这是一个造福千家万户的工作，通过冷冻精子、冷冻卵子、冷冻胚胎的方式，为将来的生殖健康购买“保险”，延续优质生育能力。

建言献策：充分发挥政协委员职能

1993年10月，卢光琇光荣加入九三学社，成为我国民主党派的一员，并曾担任九三学社第十届、第十一届中央委员会常委，九三学社湖南省委员会第四届、第五届主委、第三届常委，并成为第十届全国政协常委，第九届湖南省政协副主席。其间，她尽职尽责，充分发挥政协委员建言献策职能，在用辅助生殖技术造福病友的同时，时刻关注湖南贫困落后地区的卫生、教育发展状况，帮助他们解决一系列关系民生的重要难题。

1992—1994年，她带领6个专题调查组，赴湘西张家界天子山汪家村，开展了为期3年的实地居民生活环境与人群遗传学调查，发现全村508人中精神发育迟滞者竟达27.04%，进而科学地证实了这类“傻瓜”是因缺碘而引起的“克汀病”患者，从而为国务院确定1994年为补碘年提供了科学依据。为了使这个贫困山村脱贫致富，卢光琇奔走于省府各个局之间，终于帮助汪家山村修建了简易公路，搭建了电网，办了幼儿园和小学，颇受全国妇联重视。2002年获悉汪家山村又遭山洪袭击后，她又专程前往探望，为乡亲们送去5万元现金，以解燃眉之急。2003年5月，“非典”来袭，她与部分专家和学者就“非典”形成了九条对策和建议提供给中共湖南省委、省政府作参考，受到中共湖南省委、省政府的高度重视并被采纳。

2004年，卢光琇带领省政协民族宗教委员会的部分委员深入邵阳市隆回县就少数民族乡的经济社会发展情况进行调研，了解到当地卫生、教育设施非常落后，乡亲父老的生活窘况一直牵动着卢光琇的心，2006年，她再次来到此地考察，为改善当地卫生与教育现状。2007年4月，卢光琇代表医院向湖南邵阳隆回县山界回族乡捐资20万元建立医院，向虎形山瑶族乡白水洞小学捐资20万元重建学校，此后，卢光琇一直关注学校的发展，关心孩子们的成长。2007年11月，她再次组织医院员工为学校的孩子们捐资捐物，购买学习用品和书籍，为贫困山区的孩子们送去温暖，竭尽自己所能为孩子们创造好的学习条件。

2008年5月，中国四川汶川发生特大地震，举国悲痛，看到那悲惨的一幕幕，卢光琇在地震发生的第一天当即个人捐款5000元，后又火急召开院务会议，组织所在单位全体员工、全体学生向灾区人民捐款，并代表医院捐款50万元，助灾区人们重建家园。

2011年3月以来，卢光琇又先后在张家界市慈利县、怀化市通道县、怀化市中方县先后捐献80万元，成立中信湘雅希望医院，大大改善卫生院的硬件设施，提高卫生院的医疗服务质量，让当地群众得到更好的诊治。

因为在科学以及政治领域的一系列突出成就，她先后获得了国家自然科学基金重点项目、国家973项目、国家科技攻关项目、中华医学会基金会（CMB）等多项课题资助，并先后两次荣获国家科技进步二等奖等奖励。她出版专著6部，其中《人类生殖与生殖工程》为国内第一本人类辅助生殖技术专著。她还曾获“国家级有突出贡献的科技专家”“全国三八红旗手”“国家优秀留学回国人员”“2002年全国首届巾帼发明者”“新世纪巾帼发明家”“第四届中国十大女杰”“全国先进工作者，荣获五一劳动奖章”“全国优秀教师”“全国九三楷模”以及“湖南省先进工作者”首届“湖南科技之星”、湖南省劳动模范、“一等功获得者”“湖南光召科技奖”“中华人口奖”“感动湖南人物”“改革开放30年湖南杰出贡献人物”、新中国成立六十周年湖南统一战线“十大代表人物”等荣誉称号，2008年，卢光琇光荣的当选为北京奥运火炬传递长沙站火炬手。2011年，卢光琇教授获得“中国生殖医学突出贡献奖”。2014年，她出资1000万元在中南大学恢复成立“卢惠霖教育基金”，用于学科建设及人才培养，被中南大学校长张尧学院士授予“中南大学杰出教育贡献奖”荣誉证书。2016年，在她的指导下，中信湘雅副院长林戈研究团队获得首届湖南创新奖。

卢光琇就是这样的一个人，78岁高龄仍在一线工作奋斗，劲头丝毫不比年轻人差。她坚强、严谨、求新、博爱、奉献，既是一名科学殿堂的泰山北斗，开创并带领我国辅助生殖事业不断向前，更是一名爱心公益的九三楷模，让我们祝福她身体健康、平安长寿，那样我国的优生优育工作一定能取得更好的发展。

心系患者，以身作则

——记辅助生殖学术泰斗卢光琇教授

不孕症和出生缺陷是困扰人类的两大难题，据统计，在育龄夫妇及新生儿中发生率分别高达10% ~ 15%及4% ~ 6%，给患者及其家庭带来沉重的经济负担及心理痛苦，也是造成社会与家庭不稳定的重要因素之一。从20世纪80年代开始，卢光琇教授不畏艰难，率先在国内开展辅助生殖技术研究，填补了国内辅助生殖技术的众多空白，取得了一系列标志性成果，解除了数以万计的不孕夫妇的痛苦，推动了我国在这一领域的发展，而且结合遗传工程和干细胞工程的研究，创建了一条提高中华民族人口素质的积极性优生新道路，是一名备受患者喜爱、学界推崇、学生爱戴的大师泰斗。

为父圆梦 勇涉生殖遗传新领域

提起中国的试管婴儿，就不能不提卢光琇这个名字。

1978年，当英国诞生第一例“试管婴儿”的消息传来，卢光琇的父亲——中国医学遗传学的奠基者卢惠霖教授立即感受到，他一直苦苦思索的如何用遗传优生振兴民族有了实现途径。他的小女儿、当时从事外科医生的卢光琇，最先了解到在中国开展人类生殖工程研究的积极意义，主动提出要为父亲分忧解难。

生殖工程研究组刚刚组建时，一无房子，二无设备，卢光琇得到的除了艰苦繁杂的工作，还有许多委屈心酸的泪水。她哭完了继续干，劲头一点不减。到美国耶鲁大学学习，从没学过英语的她，将专业单词强记硬背居然完成学业；最初不知如何人工取精子，她硬是用从牛身上取精子的办法，建立了国内第一个人类精子库；没有无菌室，买来一块白布围成“帐子”，里面再架个紫外灯；培养胚胎没有二氧化碳，竟然想到从酒厂进货，“揭开培养箱就有一股酒气”……

她顶着众多偏见与不理解，在极其简陋的条件下从零开始，取得一系列突出成就：1981年，他们建立了中国第一个人类精子库，开展人工授精；1983年1月，中国第一例冷冻精液人工授精婴儿来到人间；1986年，人类生殖工程研究室正式成立，在这一平台下，生殖医学得到了快速发展；1988年6月，三天之内两例试管婴儿先后诞生，其中一例还是我国首例供胚移植“试管婴儿”……

心系患者 她是“天下儿女最多的妈妈”

卢光琇不但拥有高超的医技，医德也有口皆碑，患者在她面前，总是能感受到春风般的温暖。78岁高龄的她，目前仍每天第一个到达医院，每日坚持工作十几个小时，每次看门诊都“拖堂”，上午的门诊经常要到下午1、2点才匆匆吃个午饭，然后赶忙返回诊室继续为病人服务。

近期在门诊中，她询问病人对于医院就诊有何感受，很多病友反馈“挂号很难”，门诊结束后她立即组织召开院务会，讨论出台“不限号”预约挂号举措，彻底打击了“黄牛”“医托”的嚣张气焰，挂号难问题转瞬扭转。但是，“不限号”后医务人员接诊压力也显著增加，78岁的她带头加班加点，绝不让一个挂到号的病友掉队，哪怕工作到晚上8、9点，累了就直接躺在办公室沙发上休息。全院职工及患者被她的精神感动，纷纷主动请缨愿意接受工作调度，增加接诊工作时间，将方便留给患者，将困难留给自己。

如今，她领导下的中信湘雅生殖与遗传专科医院，2016年辅助生殖治疗总周期超过4.08万例，试管婴儿临床平均妊娠率超过60%，经助孕累计出生婴儿超过10万个，已经成为世界上试管婴儿治疗规模最大、平均妊娠率最高的生殖专科机构之一，她因此被称为“天下儿女最多的妈妈”。

以身作则　大师风范令后辈敬仰

卢光琇即是一名“湘雅名医”，也是一名科学家。近年来，她又将基因诊断技术拓展至遗传优生领域，建立了一系列胚胎植入前遗传学诊断/筛查（PGD/PGS）新技术，在国内率先建立了囊胚期活检技术，减少对胚胎的损伤，并增加了检测的可靠性。在国际上率先探索并建立了利用新一代测序技术用于胚胎的全染色体分析，迄今已服务2000余名高龄患者，显著降低流产和出生缺陷的风险。在此基础上，2015年诞生中国首例“无癌宝宝”。2016年，团队又开发了MicroSeq技术，可有效对平衡重排携带者进行生殖干预和风险评估，并在国际上首次进入广泛的临床应用阶段。

此外，她还是一位桃李满天下的大学教授、博士生导师。作为发育生物学、遗传学、生殖医学、干细胞与再生医学、生命伦理学五个学科的博士生导师，她为我国培养了大批人类辅助生殖、遗传和干细胞研究的专业人才。“在她身上，能明显感受到老一辈科学家那种严谨、细致的钻研精神。”作为卢光琇培养的博士生之一，医学遗传学博士曾思聪对恩师一丝不苟的精神印象极为深刻。她科研课题的每一步骤和阶段，卢教授都亲自指导、组织讨论，及时分析指出研究中的问题所在，并提出下一步建议。“有时候觉得导师非常严苛，但我们都觉得做她的研究生非常值得。”最终，曾思聪的论文发表在国际顶尖学术期刊*Nature cell Biology*（IF：18.699）上，博士毕业后跟随卢教授主攻遗传性肿瘤疾病的基因诊断与生殖干预，以中国首例“无癌宝宝”的诞生为重要成果，引发国内外同行高度关注，为人类辅助生殖技术事业发展增添浓墨重彩的一笔。

像曾思聪这样，在卢光琇指导下诞生重要科研成果的研究生还有很多。卢光琇不但以其对科学前沿的洞察力引导学生们不断作出新的贡献，而且通过言传身教使学生具备谦虚谨慎、诚实正直、对个人和社会有高度责任感的良好品德。如今她的学生活跃在世界各地，几乎均是各自单位的骨干力量，每个人谈起自己的恩师，无不骄傲自豪。

生命延续　胚胎干细胞学术创新

再生医学是为解决人类面临的主要难治性疾病和健康威胁而创立的医疗技术，其核心是干细胞技术和治疗性克隆。在辅助生殖技术领域取得一系列成就后，卢光琇又将目光转移到这一全新的领域中，率先建立了人体细胞核移植技术平台，在1999年发明先注核再去核的新方法，获得世界上首个人类治疗性克隆胚，先后被美国华尔街报和英国泰晤士报大篇幅报道。2001年，她建立了我国第一株人类胚胎干细胞系，目前已发展成具有自主知识产权的、世界最大的胚胎干细胞库，库存483株人类胚胎干细胞，为再生医学提供了充足的种子来源。2005年，卢光琇教授申报获批了人类干细胞国家工程研究中心并落户在长沙市高新区。

卢光琇带领团队取得了一系列关键技术的突破：2010年，发明一种低毒性的人胚胎干细胞玻璃化冻存液以及使用该冻存液的方法，建立了适用于临床大规模细胞冷冻技术平台；“人类胚胎干细胞建系、建库及诱导分化的系列研究及初步应用”，获得2012年湖南省科技进步一等奖；“人类胚胎干细胞建系及向造血干细胞和神经细胞的定向分化”“人类胚胎干细胞定向诱导分化及其组织工程中的应用”“人类胚胎干细胞建系及向心肌诱导分化”和“人类原始生殖嵴细胞建系和组织干细胞可塑性研究”等相继获得了国家自然科学基金、“863”“973”等项目的资助，形成了研究与发展的良性循环，在国内外产生了重要影响。

虽然年近八旬，但她创新创业的劲头一点也没减。她已经为未来划定了方向：将人类辅助生殖及干细胞产业打造一条完成的优生优育产业链，为广大患者提供更加优质、完整的服务。简单而言，可以用“帮你怀”“帮你生”“帮你长”“帮你存”12个字概括。

“帮你怀”，指中信湘雅生殖与遗传专科医院通过辅助生殖技术、遗传咨询检测技术等，帮助更多不孕不育家庭拥有健康的孩子；“帮你生”，是指在人类干细胞国家工程研究中心附属光琇医院发展产科、新生儿科业务，为试管婴儿妇女提供优质生产及新生儿科配套服务；“帮你长”，是引进语言病理师、行为干预师、物理治疗师等技术骨干，打造建立“国际儿童生长发育监测与早期干预中心”，通过语言、运动等方面的早期筛查，发现自闭症、多动症、发育迟缓患儿，最大限度促进儿童康复。“帮你存”，是指依托中信湘雅生殖与遗传专科医院，大力普及“生殖保险”常识，通过冷冻精子、冷冻卵子、冷冻胚胎的方式，为将来的生殖健康购买“保险”。

捐资扶贫　热心公益事业无所求

1993年10月，卢光琇加入九三学社，成为我国民主党派的一员，并曾担任九三学社第十届、第十一届中央委员会常委，九三学社湖南省委员会第四届、第五届主委、第三届常委。她充分发挥社员职能，积极纳言谏策，时刻关注湖南贫困落地地区的卫生、教育发展状况，帮助他们解决一系列民生大事。

1992—1994年，她带领6个专题调查组，赴湘西张家界天子山汪家村，开展了为期3年的实地居民生活环境与人群遗传学调查，发现全村508人中精神发育迟滞者竟达27.04%，进而科学地证实了这类“傻瓜”是因缺碘而引起的“克汀病”患者，为国务院确定1995年为补碘年提供了科学依据。为了使这个贫困山村脱贫致富，卢光琇奔走于各个政府部门，终于帮助汪家山村修建了简易公路，搭建了电网，办了幼儿园和小学，并受到全国妇联的重视。2002年获悉汪家山村又遭山洪袭击后，她又专程前往探望，为乡亲们送去5万元现金，以解燃眉之急。

2004年，卢光琇带领省政协民族宗教委员会的部分委员深入邵阳市隆回县就少数民族乡的发展情况进行调研，了解到当地卫生、教育设施非常落后，多年来一直牵动着她的心。2007年，卢光琇代表医院向湖南邵阳隆回县山界回族乡捐资20万元建立医院，向虎形山瑶族乡白水洞小学捐资20万元重建学校，此后，卢光琇一直关注学校的发展，2007年再次组织医院员工捐资捐物，购买学习用品和书籍，为贫困山区的孩子们送去温暖。

2008年5月，汶川发生特大地震。卢光琇在地震当天即个人捐款5000元，后又迅速召开院务会议，组织所在单位全体员工、全体学生向灾区人民捐款，并代表医院捐款50万元，帮助灾区人民重建家园。

2011年3月以来，卢光琇又先后在张家界市慈利县、怀化市通道县、怀化市中方县捐献80万元，成立中信湘雅希望医院，大大改善卫生院的硬件设施，提高卫生院的医疗服务质量，让当地群众得到更好的诊治。

2015年，在她的号召下，中信湘雅医院成立400万元的“爱心助孕扶贫基金”，帮助低保贫困及特殊计生不孕不育家庭，目前共有101位病友通过审批，

95位治疗结束的病友获得援助，援助金额近28万元；2015年6月，又与中国妇基会联合启动“家庭生育健康关爱计划”，至今共指导60位病友提交申请，40位病友获得进口促排卵药物“果纳芬”援助，金额达37万余元。

2014年，在中南大学湘雅医学院百年华诞之际，卢光琇向学校捐赠1000万元，恢复成立“卢惠霖教育基金”。这笔基金将用于支持学校科学研究及学科建设，奖励科研成果突出的师生，每年将资助本、硕、博共计78名优秀贫困学子。她说，这是完成了父亲的遗愿和自己多年的期盼，希望能用这种方式回报学校、回馈社会。

卢光琇就是这样的人，78岁高龄仍在一线工作奋斗，全天坐诊也毫无怨言。她总是说“病人需要我，看着病人一个个妊娠，自己也很有成就感”。她坚强、严谨、求新、博爱、奉献，既是一名科学殿堂的泰山北斗，开创并带领我国辅助生殖事业不断向前，更是一名以身作则、热心公益的道德楷模，让我们在这个轻浮频现的时代，依然能够领略到大师的风采。

卢光琇：如何健康优雅地过好这一生

“我的目的就是让你们活到一百岁，像我一样健康、优雅老去”，她慈祥的面庞、爽朗的笑声让人们感到亲切，年近80岁的老人家还在每天开车上下班，在家举哑铃、做俯卧撑，每天都奋斗在最前线，卢光琇教授用她的一生诠释了人生的价值。

作为“试管婴儿之母”中国生殖工程的创始人之一，卢光琇及其团队在医学上取得了硕果累累的成就，很多都走在了世界前列，“应当说，我们医院通过永不停止地创新开拓，一直走在国内生殖遗传领域的最前沿”。

卢光琇：我做的一切都是为了人们的健康

在卢光琇的一生中，父亲对她的影响是巨大的。谈到父亲，卢光琇十分骄傲。父亲很博学，幼年时期，便教育她要爱科学。她认识很多植物、动物，采集各种标本；夏天的时候，父女俩会坐在院子里辨别天空中的北斗七星。工作后，父亲的严厉让她印象十分深刻，她感慨道：“父亲从来不会表扬我，总觉得做得还是不够好，但是常在背后夸奖，我很庆幸有这样的父亲，生活上是慈父，工作上很严厉。”父亲对她潜移默化的影响，对于未来人生观的形成有着重要的作用。

卢光琇从湖南医学院毕业后，一直在做外科医生，年轻时期的她精力十足，吃苦能干，她笑称好多男医生的身体都不如自己，更有“湖南一把女刀子”的称号。由于照顾父亲的缘故，她毅然决定从广州调回来，结束了自己17年的外科医生生涯，开始转行从事科研。直到1978年，父亲在《参考消息》上看到英国试管婴儿的消息，他感受到了“优生梦”的希望，就在这时，卢光琇遇到了人生重要的转折点。

她一直将实现父亲的“优生梦”作为奋斗的目标，即使是放弃现有的事业基础，接触对她而言陌生的生物医学工程。那时候的她没有细胞培养基础，一切从头开始，试管婴儿对她而言是一条漫长而曲折的道路。她坦言自己当时没有考虑很多，没想过未来会怎么样，但是一定要做下去，实现父亲的理想。

她回想起自己最初在中国科学研究所的学习经历，最开始接触到的是动物胚胎培养，她学习了整个培养过程的各个环节。后来她接触人的卵子过程十分曲折，屡次被拒门外，经常被赶出去，让她非常难过。直到改革开放后，她相继在英美、法国求学，对于试管婴儿技术有了更深刻的了解。

试管婴儿不仅在技术上需要突破，在社会上的认可度也需要慢慢提升。在计划生育时期，很多人不理解为什么还要做试管婴儿，卢光琇认真地回应计划生育是要保证每个家庭都要有一个孩子，试管婴儿的技术是为了解决家庭中存在的生育问题，这是非常重要的。然而，相继出台的限制试管婴儿的政策，同样打击了卢光琇的科学研究。面对社会上对于“优生”的渴求，作为政协委员的她不断争取为试管婴儿立法，让试管婴儿技术真正地为人们所接受。

“精子库”的建立，这是卢光琇事业中的一个里程碑。回忆起那个时候，她感慨万分。在那个年代，人们对于设立“精子库”是很难理解的，人们更不愿意捐精，她谈到第一次试验还是自己的老公捐献的精子，实验很成功。在她的不断争取下，实验组的男性也纷纷捐精来进行实验。面对最初的流言蜚语，卢光琇丝毫不在意，她认为为了科研一切都是值得的，只要不耻就好，要勇于为科研做出牺牲。

“我没想过超越谁，我就是在拼命地做”，卢光琇坦诚地说出了自己的心声，对于我国试管婴儿技术她也信心十足，国外能做的，国内照样能做，她很欣慰的是现在的技术已经能够初步实现优生的目的，兑现了对于父亲的承诺。

多年的工作经验也为她带来更多的温暖与感动。她开心地说起了自己的经历，她带着猫去动物诊所看病，对面坐着一个小伙子问她是不是卢光琇老师，就看见他激动地喊着：“啊呀！不得了啦！卢光琇啊！”他马上跑到卢光琇面前伸手说道：“我要抱抱，我要抱抱。”随后有好多人也和她拥抱，她欣慰地说道：“我觉得其他的不重要，老百姓心目中能有你就行了。”

如今79岁的卢光琇依旧不服老，她谈及自己的生活时说道："我生活十分规律，注重健身，爬山很快，平时在家能够做100次仰卧起坐，举哑铃这些都没问题。"她希望再多给自己五十年，做她想做的事情，她认为自己人生和事业还有许多挑战和追求。

干细胞技术是目前工作重心未来医疗蓝图涵盖人的一生

现在，卢光琇教授的脚步仍未停止，她仍旧带领团队在生殖医学、干细胞再生医学等多个学科领域作出贡献。据了解，目前干细胞技术是卢光琇研究的重点。前段时间，她的干细胞科研团队与韩国化妆品研发团队签署合作协议，开展"干细胞培养液系列产品转化项目"。卢光琇介绍道：眼角泛起的皱纹，脸颊流失的胶原蛋白，松弛下垂的皮肤等衰老现象，都可以运用干细胞技术延缓。"我自己也是干细胞技术的受益者，所以我希望大家都能像我一样，健康、优雅地老去。"

干细胞技术运用于美容护肤行业外，她还带领团队将该技术用到了医疗行业。在人类干细胞研究中心的办公室内，她拿出国外媒体关于她的干细胞技术整版的报道，她介绍道："《华尔街日报》从来没有用整版介绍过一个中国人，还有《泰晤士报》也是两次报道了我们的干细胞技术，经过十多年的奋斗，我们目前的胚胎干细胞可以说做到了世界最大，有700多个干细胞系。"

关于目前干细胞在治疗疾病方面的进展，卢光琇介绍道："现在胚胎干细胞还可以用于治疗肝癌、肝脏遗传病、急性肝坏死等多种肝脏疾病。现在药品已经通过中检院的检测，各项技术都在申请中了。"这对我国的肝病患者来说，是一个福音。卢教授一边卷着彩印的外文报道，一边介绍自己的研究成果。她补充道："生殖对于我们来说只是第一步，以后主要还是做干细胞技术。"

谈到未来事业的研究和发展方向，卢光琇提到了一个概念——"未来医疗"，它涉及十个基因组学，从个体生命的开始到结束都能够试用。它涵盖了从备孕到新生儿的健康成长，以及在成长过程中疾病的监测预防，尤其是癌症和重大疾病的防治，以及分子诊断等，从而达到延长寿命的作用。

碰到未来医疗，卢光琇仿佛有说不完的话。她召来助理给大家展示整体健康产业链以及平台搭建的演示文稿，阐述她未来医疗的蓝图，就是要打造一个完整的产业链条并且形成一个完整的循环，让人从出生到老去，都能够被整个产业链覆盖。“帮你怀、帮你生、帮你健康地成长、帮你存、帮你治疗，让大家都活到100岁”“让你在预防的基础上，能够健康地、幸福地、快乐地、优雅地老去。”卢光琇教授面带微笑地表示。

“我们有一个大团队，靠一两个人做不起来，比如遗传方面有遗传的团队，影像方面我们也有自己的研究生，每个团队都有学科带头人，每个部门都有骨干，现在我们的研究所也在培养接班人，因为这必须是一个团队的承担，团队需要举旗的人。”谈到自己未来的接班人问题，卢教授也提及团队的重要性，她对自己的团队非常有信心，“我们这个团队，要在大学里面找是找不到的，这个38年沉淀下来的团队很强。”

她还表示不用担心断层问题，虽然自己不再担任院长，不再进行具体管理工作，但可以为医院未来发展进行顶层设计指导。谈到林戈先生是否会子承母业时，她表示：“林戈自身非常优秀，是我和医院精心培养的接班人，近年来在精准遗传优生技术方面也不断突破，我也会竭尽所能，帮助新一代学科带头人尽快成长。”

有了放心的接班团队和接班人，本可以准备退休了，可是卢光琇仍奋斗在科研第一线。她几十年如一日的认真钻研，“现在我交班给我的团队，已经留下了很好的家底，留下了很好的基础，这时候让他们接班是非常好的，因为我还要腾出时间开启新的未来医疗，这个要耗费我很多的精力”。

在她的未来医疗蓝图中，她“最希望将来的基因测序能够人工智能化，人有2万多基因，致病的基因有7700多个，数量太大”。她相信人工智能可以在医疗界存在，这样可以提高医疗质量，帮助人快速诊断，还能节约费用，并且帮助解决一些不可想象的疾病，一些人工智能还能做手术，节约人力。人可以去开发新的东西，这些看上去遥不可及的未来，却是卢光琇正在一步一步完成的梦想，“我想将来会实现的”。

卢光琇：生育是人类本能要在合适的年龄做合适的事情

卢光琇教授，作为全世界拥有最多儿女的母亲，对社会的生育问题也很关心。当前我国总和生育率只有1.4，低于社会人口正常更替所需要的2.1。对于社会上的丁克家族，卢教授并不赞同，她认为生育不仅是繁衍后代的本能，同时也承担着传承文明的责任。卢教授说："女性一定要怀孕，生育孩子是顺应自然和社会的规律，不管是心理或者生理上都有好处。"

谈到现在居高不下的不孕不育率的问题时，卢教授认为晚婚是影响不孕不育的原因之一，卢教授还回忆起了他们那个年代的事情，她笑着说："那时候农村孩子十五六岁就结婚了，三十岁的年纪可能都当奶奶啦!"

另一方面匮乏的国家性教育也"助推"了不孕不育，说到这，卢教授很惋惜地说道："在河西有个女孩半年流产了五次，她以为流产就是避孕。"卢教授对于很多女孩不懂得如何避孕这一点很是心痛，因为很多人在意外怀孕后就会选择做流产手术，而流产对身体损伤极大，有可能造成二次不孕。

而且现在越来越多的人选择剖宫产，但是一旦术后伤口没有缝合好，将会影响女性再次怀孕，"剖宫产是过度医疗的行为，妇女最好是要通过自己的产道把宝宝生下来"。对于年轻人，卢教授还语重心长地劝诫，一定要养成良好的生活方式和饮食习惯，少熬夜、少抽烟。

卢教授还很关注社会上已经错过最佳生育年龄的70后群体，医院的工作就是帮助那些在合适的年纪而无法自然生育的家庭去拥有自己的宝宝，但是尽管目前医院的技术已经能够帮助高龄女性成功怀孕，但她始终倡导女性在精力最旺盛、身体条件最好的时候去孕育自己的小生命。

卢教授补充道，如果已经到了生育年龄，但是还不想马上生小孩的话，可以选择冷冻卵子。目前冻卵技术已经非常成熟了，可以以较低的成本，保留卵子、胚胎或者卵巢组织，为未来的自己保留生育的权利。这项技术非但对人体没有任何伤害，还在为女性进行生育力保存方面发挥着巨大的作用。

作为生育主力的80后、90后也是卢教授关心的对象，卢教授认为对于繁衍生命来说，最重要的原则就是在合适的时间做合适的事情，在最适合生育的年龄结婚生子，才有更大的概率孕育最美好的生命。她语重心长地说："新一代还没有结婚的人要在30岁之前生孩子，不要把生育年龄推得太后。"

而生育成本太高使得很多80后、90后"生不起""不敢生"，对于这种生育环境，她认为文明的传承应当是这个国家理应去维护和思考的事情，如何让国人生育优质的后代，而不是因为经济、时间等外在因素阻碍了这种传承的质量，国家应该对此进行深入的研究与考量。无论是建立更加健全的社会保障体系，还是提供更加公平的学习成长环境，都需要国家去制定相应的政策，予以民众坚实的保障。

（原载于凤凰网湖南综合，2018年8月23日）

卢光琇——时代与理想的碰撞

有人说，1978年是改革开放的起跑点，也有人说，改革开放是中国经济由衰至盛的转折点。

于卢光琇而言，1978年国家的转折，也成为她一生改变的开始。从一名十几年站在手术台上的外科医生，到走进实验室，拿起试管。进入全新的辅助生殖行业，改革开放给予她新的起跑点。

将个人的梦想融入伟大的时代中，她经历了改革开放前后的巨大变化。“优生梦”与“健康中国梦”是国家前行之路，也是她一生追逐的理想。

承父志开启“优生”新纪元

1981年，湖南医科大学生殖工程研究室里，出现了一个新面孔，她总是悄悄地站在旁边，仔细地盯着研究员们做着老鼠胚胎实验，手里不时记上一笔。

在此之前，卢光琇还是一名出色的外科医生，她被病人爱称为“湘南一把女刀子”，先后在广东省梅州市梅县区人民医院、衡阳地区人民医院担任女外科医生。而她父亲是卢惠霖，百度上给他贴的标签是“中国医学遗传学和中国人类优生学的奠基者和见证人”。

改革开放后，中国打开大门，随着春风吹进神州大地的一项项先进的科学技术，让中国从农业大国转变成科技兴国，也为卢惠霖父女打开一扇新世界的大门。

历史总是充满了巧合。1978年，78岁高龄的卢惠霖机缘巧合下得知世界首例试管婴儿在英国诞生，便开始痴迷于这项全新的“黑科技”，一直致力于“中国优生梦”的他，坚信这项技术一定会成为中国优生的金钥匙。

然而年事已高，加上身体一直不太好，小女儿卢光琇就从衡阳调回来照顾年迈的父亲。那时父亲的身体状况已经无法支撑他亲自研究。卢光琇最先了解到父亲提出在中国开展人类生殖工程研究的积极意义，同时被父亲的暮年壮心所感动，决心一定要完成父亲的愿望，走上研究辅助生殖技术的道路。

她开始接触十分陌生的生物医学工程，没有细胞培养基础，一切从头开始，试管婴儿对她而言是一条漫长而曲折的道路。她坦言自己当时没有考虑很多，没想过未来会怎么样，但是一定要做下去，实现父亲的理想。

那时在中国试管婴儿技术是一片空白，也没有什么可以借鉴的书籍，于是她翻阅了大量动物胚胎的资料。1981年来到了北京中国科学院遗传研究所观察老鼠的胚胎实验，在这三个月里，她飞速成长。

从北京进修回来，父亲和她将第一批健康人精子放到-196℃的液氮中，建立了中国第一个人类冷冻精子库。“精子库”是卢光琇人生中浓墨重彩的一笔，同时也是中国生殖技术史的一座里程碑。

次年，这一技术在临床上用于人工授精。1983年1月，中国第一例人工授精婴儿诞生，随后不久，100多名人工授精的婴儿相继出世。

这是她梦想的开端，伴着改革开放的深入，她相继到英、美、法、加拿大等国求学，对于试管婴儿技术有了更深刻的了解。卢光琇说：“我没想过超越谁，要得什么名利，我就是在拼命地做。”

这一做就是40年，卢光琇从没停止自己前行的步伐。从诞生国内第一例冷冻精液人工授精婴儿、国内第一例供胚移植试管婴儿，到世界首批经全基因组测序技术的PGD/PGS试管婴、国内首例“无癌宝宝”、首批经MicroSeq排除染色体平衡易位的宝宝。卢光琇带领着团队，通过不停地创新开拓，一直走在国内生殖遗传领域的最前沿。

科研不能被绑架 成功没有捷径

从“湘南一把女刀子”到“送子娘娘”，从“科学家”到“企业家”，卢光琇头上的光环很多。

“寻找新的体制，才是我唯一的出路。”卢光琇在科研遭遇瓶颈期时，选择换一条路试试。

卢光琇一手创办的中信湘雅生殖与遗传专科医院，如今已是世界上试管婴儿治疗周期最多、平均妊娠率最高的医院，虽然成立才短短17年。而建这个医院的最初原因，竟是当时学院拿不出科研经费，卢光琇的科研工作无以为继，只得将实验室里的成果在临床进行转化，再用赚来的钱反哺科研。

又是一个时代的巧合，那时国家开始倡导产学研一体化建设。产业、学校、科研机构等相互配合，发挥各自的优势，形成强大的研究、开发、生产一体化的先进系统并在运行过程中体现出综合优势。

巧事成双，中国国际信托投资公司(后更名为“中信集团”)时任董事长王军是湖南人，希望能反哺湖南，于是来到刚刚全新组建的中南大学寻求投资项目，偶然看到卢光琇的门诊部，乌泱泱的一群人挤进来，“我清楚地记得，我和当时的中信董事长王军聊了一个小时，他的手一指说：就要这个”。

经过一年多紧锣密鼓的筹备，2002年，国内第一家以辅助生殖技术与遗传咨询、产前诊断服务为主的“中信湘雅生殖与遗传专科医院”正式挂牌，卢光琇任院长。

15年来，通过“体制创新”“科技创新”两驾马车，医院摆脱传统体制束缚。2017年8月英国*Nature*杂志报道，中国通过积极实施PGD等孕前诊断技术帮助阻断遗传性疾病，并处于全球领先地位。文中写到，中信湘雅医院2016年辅助生殖治疗量相当于美国全年的1/4，目前，经医院助孕出生的婴儿已经累计超过13万。

现在上市似乎成为众多企业趋之若鹜的“龙门”，寄希望插上资本的翅膀，能让企业飞得更远。但卢光琇志不在此，她说：“我害怕被资本绑架，不能专心搞科研，一上市，可能会妨碍自己的思考，也缺少了自主研发的能力。我们这么多年为什么能够一步一步地往上走？就是不断地做研发以及培养大量的研究生。”

成功并没有捷径可走，她坚信如果科学家一心想赚钱，就没有精力去做研发，资金这一块，她的团队能够自己造血。

“健康中国”不再是“梦”

改革开放让民众体会最深的莫过于互联网的接入，1987年通过中国学术网CANET向世界发出第一封E-mail为标志中国互联网开始发展。2015年12月，中国网民规模达6.88亿人，截至2018年，短短31年，中国传统功能手机普及率则为98%，智能手机普及率达68%。

在时代的巨大变革下，80岁的卢光琇又提出一个新医疗理念——未来医疗。

未来医疗就是借助智能手机和不断广泛覆盖的网络，让每一个人都可以快速访问个人医疗数据，成为自己的医疗健康专家。患者能参与自己的健康与慢性病管理，或许是实现“健康中国梦”的根本出路。

未来医疗落在实处，需要搭建一个全生命周期的健康事业链。涉及十个基因组学，从个体生命的开始到结束都能够试用。它涵盖了从备孕到新生儿的健康成长，以及在成长过程中疾病的监测预防，尤其是癌症和重大疾病的防治，以及分子诊断等，从而达到延长寿命的作用。让人从出生到老去，都能够被整个链条覆盖。

“帮你怀、帮你生、帮你健康地成长，帮你存、帮你治疗，让大家都能健康地活到100岁。”成为她现在最想做的一件事。“我觉得我还不老，我爸爸当时开始做试管婴儿也是80岁，我现在也是80岁，加上我的身体很好，应该还能再做几十年，把这个全生命周期的健康链条做好。”

科学在于永无止境，一直探索新的可能，突破人的极限。生殖对于她来说只是第一步，以后干细胞技术研究会是卢光琇研究的重点。卢光琇介绍道：“现在胚胎干细胞可以用于治疗肝癌、肝脏遗传病、急性肝坏死等多种肝脏疾病。现在药品已经通过中检院的检测，各项技术都在申请中了。”

卢光琇说：“我自己也是干细胞技术的受益者，我希望大家都能像我一样，健康、优雅地老去。每个人都能享受到科技带来的好处。”

有人说，幸福就是一个又一个小心愿的达成。对于卢光琇来说，她之前想做的就是帮父亲实现“优生梦”，现在她想做的“健康中国梦”也开始起航。

她一直说，在科研过程中她是最幸福的。

试管婴儿技术随着改革的春风吹进中国，成为卢氏父女的新起点，也给无数家庭带来生的气息。

40年，白驹过隙，科学技术的飞速发展，造就干细胞技术成型，未来，每个人都能真正掌握自己的命运，不再是一句停留在口头的“鸡汤”。

（原载于红网，2018年9月7日）

卢光琇：从“优生梦”到“健康中国梦”

唐江澎　通讯员　董　雷

【重温记忆】

承父志，开启“优生梦”

“我的名字第一次出现在《长沙晚报》是1981年，那年，我在父亲的指导下建立了中国第一个冷冻精子库。”著名生殖医学与医学遗传学家、中信湘雅生殖与遗传专科医院终身荣誉院长兼首席科学家卢光琇教授用这样一句话，打开了记忆的匣子。

1978年，全球第一例“试管婴儿”在英国诞生。这个消息给卢光琇的父亲、我国著名遗传学家卢惠霖带来极大的鼓舞，他觉得自己一直追寻的“通过遗传优生提高中华民族素质”的梦想终于有了实现的途径。

然而，当时的卢惠霖教授已是78岁高龄，身体也不太好，已有“湘南第一把女刀子”之称的卢光琇从衡阳调回长沙照顾年迈的父亲。被父亲的暮年壮心所感动，她决心一定要完成父亲的愿望，实现父亲期望的“优生梦”。

“你做，就要下定决心，要从头学起，必须从零开始。将来的一切都要你做起来。要建实验室，工人的事、技术员的事、科学家的事你都要做。你要把一点一滴都记录下来，自己去完成。”没有科研经费支持，甚至连必需的基本器械、材料都非常缺乏，卢光琇依然按照父亲的要求，克服各种难以想象的困难，翻阅大量动物胚胎资料、到北京中国科学院遗传研究所观察老鼠的胚胎实验，终于在1980年创建了我国第一个试管婴儿实验室，从此，试管婴儿在中国不再是一片空白。

一次，卢惠霖把一名无精症患者诉说“渴望建立精子库”的来信递给了卢光琇，卢光琇点点头说：我们建！在父亲的指导下，不到半年时间，卢光琇将第一批健康人精子放入-196℃的液氮中，建立了我国第一个人类冷冻精子库。

次年，这一技术在临床上用于人工授精。1983年1月，中国第一例人工授精婴儿诞生，随后不久，100多名人工授精的婴儿相继出世。

【回访见证】

年近80岁，她将目光聚焦“未来医疗”

精子库是卢光琇人生中浓墨重彩的一笔，同时也是中国生殖技术史上的一座里程碑。这是卢光琇梦想的开端，也为随后的试管婴儿技术的攻关拉开了帷幕。

但当时正值国家改革开放初期，百业待兴，财政艰难。卢光琇找到时任湖南省委书记毛致用申请项目经费，他当即拨付了10万美元，这在当时可以说是天文数字。卢光琇拿着这笔巨款，暗暗下定决心，一定要成功！

“那时候真的是各种条件都非常艰苦，设备落后，没有可供参考的文献，连实验用水都无法达标。在北京的学习阶段，我光是培育老鼠胚胎就经历了多次失败，回到湖南，还要遭受同行的歧视，因为在那个时候，提到精子卵子，就算是在医生团队里，都被当成异类。”

伴着改革开放的深入，卢光琇也走出国门，相继去往英、美、法、加拿大等国求学，这段经历，也为她日后的成功积累了宝贵的经验。

在经历了艰苦的“十四年抗战”后，1988年6月5日，湖南省第一例试管婴儿章皿星呱呱坠地。两天之后，我国第一例供胚移植试管婴儿罗优群出世。卢光琇的试管婴儿研究终于取得了成功。

她是“天下儿女最多的妈妈”

罗优群的名字是卢惠霖取的，饱含着他对国人优生的期盼。

时过境迁，今年30岁的罗优群，现在是中信湘雅生殖与遗传专科医院的一名医生。2016年4月20日，罗优群又创造了另一个第一，他和妻子通过自然怀孕的方式，诞下了一名女婴，这也是中国公开的试管婴儿自然怀孕生子第一例。

“这名女婴的诞生对试管婴儿研究有着非凡的意义。”卢光琇说，现在，大家可以放心，试管婴儿技术没有增加孩子的出生缺陷，他们跟正常人一样，可以很好地生活，可以正常地结婚生子。这个月底，罗优群和妻子又将迎来他们的第二个孩子。

从1988年至今，卢光琇团队已累计帮助全球19个国家和地区的不孕不育夫妇助孕出生超过136000名婴儿，2017年，中信湘雅“试管婴儿”治疗超过4.3万个周期，平均临床妊娠率达62.5%，顶级学术杂志*Nature*在报道中写道：中信湘雅一年的治疗周期，约相当于美国全年的1/4。卢光琇也因此被称为“天下儿女最多的妈妈”。

她帮助众多家庭摆脱遗传疾病的困扰

然而，为不孕家庭解决生育问题，并不是卢光琇乃至卢惠霖进行试管婴儿研究的目的和初衷。从一开始，卢惠霖在长期的产前诊断工作中就发现，这项技术是在检查出宝宝有问题后再流产，是消极的生殖医学，而试管婴儿，是一个更加积极的方法——“我们有机会在胚胎植入前就对相关疾病进行诊断筛查，进而确保我给你的就是一个好的孩子，这才是真正的优生。”

卢光琇和父亲最初的构想最终得到了验证。

近年来，随着医学的发展，专家们发现，遗传病在人群中的发生率远远超出了此前人们的想象。包括染色体疾病、单基因病、基因病（糖尿病、高血压、心脏病等）等遗传性疾病的总发病率20%～25%。遗传性疾病的诊治与阻断，成为21世纪医学领域最重要的课题之一。

而卢光琇在生殖与遗传领域的研究，正好填补了国内在这一领域的空白，为遗传性疾病家庭的健康传承带去了希望。

1990年，卢光琇领导的中国第一个植入前胚胎遗传学诊断动物模型建立；1991年，国际上第一例经畸形精子分离术治疗后诞生的正常婴儿诞生；2000年，中国第一例经超快速冷冻后的冻胚移植试管婴儿诞生。

她领导建成了国内较为完善的细胞和分子遗传学诊断中心，并在国内率先建立了植入前遗传学诊断（PGD）技术，使传统的产前诊断提前到孕前，是产前诊断技术的重大进展；建立了世界上首批利用新一代测序技术开展PGD/PGS的检测平台，并诞生了中国首例“无癌宝宝”。

在外公和母亲的影响下，卢光琇的小儿子林戈也投身到了人类生殖工程研究的领域。2016年，林戈团队开发了MicroSeq技术，可有效进行生殖干预和风险评估，并在国际上首次进入广泛的临床应用阶段。该技术不仅可以阻断染色体平衡易位向子代传递，还能精确定位染色体断点基因，为可能由该基因引发的重大疾病提前预警。

林戈团队结合基因测序技术，建立了一系列胚胎植入前遗传学诊断/筛查新技术，把筛选遗传缺陷的时机提早到了早期胚胎阶段。迄今为止已有效阻断200多种遗传病，同时，该院可通过遗传咨询检测筛查50多种遗传性肿瘤疾病。

她希望“未来医疗”可以帮助每个人健康到老

在时代的巨大变革下，年近80岁的卢光琇又提出一个新医疗理念——未来医疗。

“我们将围绕辅助生殖及相关衍生技术而建一条完整的全周期产业链，用十八字概括，就是‘帮你怀’‘帮你生’‘帮你长’‘帮你存’‘给你用’‘帮你优’，继而让大家都能健康地活到100岁。”卢光琇说，这是她现在最想做的一件事。

“人类最初就是一团细胞，通过分化，发育形成身体器官，因此胚胎干细胞的研究，可以解决人体不同器官的疾病。”卢光琇表示，如果说辅助生殖技术造福10%～15%的不孕夫妇，干细胞技术则可以惠及整个人类。然而，干细胞研究的难度比当初做试管婴儿的难度更大。刚开始的3年，她们培养的胚胎干细胞一到夏天就死了，花了很大工夫才找到罪魁祸首是“支原体感染”，然后再想办法解决这个问题……攻克了一个又一个未知的空白点，如今，卢光琇领导的人类干细胞国家工程研究中心已经建立了世界上最大的人胚胎干细胞库，并有多项技术申报了专利。

“父亲80岁开始搞试管婴儿，我还不到80岁，还可以继续搞科研。”卢光琇说，她自己就是干细胞的受益者，现在身体很好，应该还能再做几十年，把这个全生命周期的健康链条做好。

【时代感悟】

让每个人都健康优雅地老去

1978年国家的转折，也是我一生改变的开始。将个人的梦想融入这个伟大的时代中，是我最大的幸福。

40年前，我想帮助父亲实现“优生梦”；而今，我的“健康中国梦”已经起航，这也是我毕生追逐的理想。

未来，我希望每个人都能享受科技带来的好处，每个人都能健康、优雅地老去。

（原载于《长沙晚报》2018年11月16日）

卢光琇：80后奶奶为梦想坚持工作

——访九三学社省委原主委、著名生殖医学与医学遗传学家卢光琇

每天做100个仰卧起坐，每周一、周三、周五固定为患者看诊。高强度的工作下，依然步履轻盈，思路清晰，语速极快。

迈入80后行列，“卢奶奶”卢光琇依旧风风火火、干劲十足。

9月4日下午，在中信湘雅生殖与遗传专科医院办公楼接受采访时，九三学社省委原主委、著名生殖医学与医学遗传学家卢光琇对记者说，毕生的梦想是为实现中华民族的遗传优生而奋斗。

“为了实现这个梦想，我要一直保持健康的身体，坚持工作。”说罢，“卢奶奶”向记者展示她胳膊上紧实的肌肉。

“已帮助不孕不育夫妇孕育出生了超15万个健康宝宝”

时间倒回到41年前。

当年，卢光琇还是一名出色的外科医生，在父亲卢惠霖的影响下毅然转行，拿手术刀的手拿起了试管，投身生殖工程这个全新的领域。

转行后做的第一件事就是组建团队、搭建平台。研究组刚刚组建时，各种困难层出不穷。研究组里有几个男老师，却无人捐献精子做实验，她只能求助于丈夫为优生事业作贡献；没有卵子，她赖在妇产科手术室外，被别人像叫花子一样轰赶，只为能求点废弃不用的卵子……就这样，顶着无数嘲讽和非议，卢光琇和她的团队终于在1981年建立了我国第一个人类冷冻精子库。

让卢光琇铭记于心的是，在攻克试管婴儿难题的进程中，得到了湖南省委领导的大力支持。

1980年，卢惠霖向省委请求支持20万美元生殖工程科研经费，获得省领导批准。卢光琇明白，这笔经费，每一分都是老百姓的血汗钱，她倍感珍惜，暗下决心一定不能辜负期望。经过8年“鏖战”，1988年6月，首例试管婴儿呱呱坠地。卢光琇这才松了一口气，心想终于可以向省委、向全省人民交代了。

“截至目前，通过我们的双手，已帮助不孕不育夫妇孕育出生了超15万个健康宝宝。”采访中，卢光琇骄傲地介绍。

“希望每一个人都能健康地生活，优雅地老去”

2002年对卢光琇来说，是一个非常有纪念意义的年份。

这一年，卢光琇率领的团队，建立了世界上第一个人类治疗性克隆胚和中国第一株人类胚胎干细胞系。这意味着在干细胞暨克隆技术研究上，我国达到世界同步发展水平。到目前为止，卢光琇领衔的人类干细胞国家工程研究中心，已经建立了世界上最大的人胚胎干细胞库。

也是在2002年，中信集团与中南大学牵手，组建了现代化的中信湘雅生殖与遗传专科医院。回首过去，卢光琇庆幸自己走了一条适合自身发展的产学研之路。

产学研结合令发展迈入快车道。2005年，卢光琇获批组建人类干细胞国家工程研究中心；2012年，中信湘雅医院诞生了世界首批经大规模平行测序技术出生的试管宝宝；2015年，诞生了全国首例“无癌宝宝”；2016年，获批建立国家基因检测技术应用示范中心。

在实验室之外，卢光琇曾经是全国政协委员，还曾担任九三学社省委主委、省政协副主席等职务。她利用这些身份，提出了辅助生殖技术必须立法的建议，参与《中华人民共和国母婴保健法》等法规的立法工作，通过多种途径为优生鼓与呼。

今年4月，卢光琇度过了80岁生日，但她丝毫没有退休的打算。不久前，她还率队赴“一带一路”沿线国家考察，寻求医疗合作契机，造福沿线民众。她说：“革命尚未成功，我不能停下来。”

“我已经设立了一个全新的目标，即结合未来医学理念，打造一条覆盖全生命周期的健康服务链，包括‘帮你怀—帮你生—助你长—帮你存—帮你防—成人健康管理、干细胞再生医学’等一系列健康服务平台集群。”卢光琇兴致勃勃地告诉记者，下一步的梦想是“每一个人都能健康地生活，优雅地老去”。

（原载于《湖南日报》2019年9月17日）

卢光琇：用最好的科研成果造福百姓

人们常言，人心齐，泰山移。

近日，“党外知识分子先进事迹报道组”来到中信湘雅生殖与遗传专科医院（以下简称“中信湘雅医院”），聆听九三学社湖南省委原主委、著名的生殖医学与医学遗传专家卢光琇教授的人生故事。

这位年逾八旬、荣誉满载的教授，本可安度晚年、含饴弄孙，但她却选择坚守在科研、临床一线，活跃在健教、义诊等现场，将有限的精力奉献给无限的医疗健康事业。她说，她的科研课题都是源自人民的需求，从群众中来，而做好本职工作就是要爱国爱人民。

初心　继承优生强国的梦想

提起初心，卢光琇说她一生的梦想就是继承她父亲——中国医学遗传学奠基人卢惠霖教授的理想，即为实现中华民族的遗传优生而奋斗终生。

那是1978年，英国诞生第一例“试管婴儿”。当时已是78岁高龄的卢惠霖立即感受到，他一直苦苦寻求的如何通过遗传优生来提高中华民族素质的问题有了实现的途径。然而，谁能够帮助她完成这一伟大设想呢？

当时，39岁的卢光琇已是小有名气的外科医生，和父亲的研究是两个完全不同的领域。但当她了解到在中国开展人类生殖工程研究的积极意义，同时被父亲的暮年壮志所感动时，便主动提出要为父亲分忧解难。

尽管一开始，卢惠霖十分赞赏卢光琇的想法和勇气，但还是没有马上答应。直到她考虑到了所有的困难，并甘愿为这项事业奉献力量、作出牺牲时，卢惠霖才答应了卢光琇的请战。

于是，卢光琇从零基础技术开始学习，先后奔赴美国、英国进修，并在1981年建立了全国第一个人类冷冻精子库。这是中国生殖技术史上的一座里程碑，为试管婴儿技术的攻关拉开了帷幕。

不忘初心，方得始终。

1988年6月，国内首例供胚胎移植试管婴儿诞生，卢惠霖给孩子起名罗优群，饱含着他对国人优生的期盼。

进入21世纪后，沐浴在改革开放的春风中，小小的门诊部已远远无法满足患者的需求，如何进一步将这项事业做大做强，成为困扰卢光琇的一大难题。2002年，中信集团与中南大学联手，组建了现代化的中信湘雅医院，卢光琇任院长。这标志着，卢光琇已从科技创新中走出来，走上了产学研之路。

之所以会选择这条路，源自卢光琇曾担任第十届全国政协委员的经历。

当时，全国科技改革把大量的科研推向产学研、推向市场，只留下少部分科技工作者从事国家急需的基础研究。“我觉得科技改革很对，尤其像我们这样做医学临床研究的，临床的基础研究更要解决病人需要什么就研究什么。”卢光琇说。

产学研带动中信湘雅医院快步前进。2005年，获批组建人类干细胞国家工程中心，2016年获批国家基因检测技术应用示范中心；2012年，中信湘雅医院诞生了世界首批经大规模平行测序技术出生的试管宝宝；2015年，诞生了全国首例“无癌宝宝”；2016年诞生首例经MicroSeq(微生物鉴定系统)排除染色体平衡易位的健康宝宝。截至2019年3月，中信湘雅医院已帮助不孕不育夫妇孕育了超15万个健康宝宝。2017年8月，英国*Nature*杂志权威报道，中信湘雅医院作为世界上最大的生殖中心，一年的试管婴儿治疗量，约相当于全美国的1/4，为家庭幸福、社会和谐，作出了积极的贡献。

同时，卢光琇任主任的人类干细胞国家工程研究中心构建了世界首个人类体细胞克隆囊胚，引发《泰晤士报》《华尔街日报》等整版报道，现已建立具有自主知识产权的胚胎干细胞系520余株，为再生医学提供了充足的种子来源。

平衡　用科研成果回报社会

身为民主党派成员，卢光琇懂得平衡社会身份和本职工作的关系。她认为，“民主党派成员需要充分发挥建言献策的作用，作为医务人员要为人民的幸福生活尽一份力，二者的平衡就是爱国、爱人民”。

卢光琇曾多次献计献策。在担任全国政协常委时，她提出了辅助生殖技术必须立法的建议，并参与了很多立法，《中华人民共和国母婴保健法》就是其中之一，1994年，该法案获通过。作为卫生部产前诊断专家组成员，她还多次为产前诊断的规范管理提出建议。

她的建言均源自一步一个脚印的调研。

1992年至1994年，在卫生部妇幼司的建议下，卢光琇带领6个专题调研组，在张家界汪家山村开展了为期3年的调查。那是一个全国“闻名”的“傻瓜村”。村子位于高山之上，没有公路、没有电，孩子不能读书，不能给家里帮忙，贫困代际相传。

经调研，卢光琇发现，当地人因缺碘患有克丁病。于是，她和团队成员将调查结果分别给了民政部和中国残联，引起各方高度重视，并推动了1994年“全民补碘行动”的展开。

调研之余，卢光琇还通过九三学社社员的身份积极奔走，帮他们修通公路，建设变电站，努力改善该村的封闭状态。如今的汪家山村早已没有“傻瓜”，家家户户崭新的楼房，公路水电一应俱全。

随着卢光琇的名气越来越大，她经常收到北上广等知名科研、医疗机构的邀请，却都被她婉拒。“父亲和我从事遗传优生事业70年来，遇到许许多多意想不到的困难，湖南省委省政府的重视和关心，为我们的产学研事业撑起一片蓝天，我们的点滴进步也离不开湖南人民的支持。”卢光琇回忆，当年，她拿着时任省委书记毛致用特批的条子去省财政厅要科研经费。一个工作人员说，目前省里（财政）也比较困难，先设法支持一部分，其余要等下次收了税才有。这件事给卢光琇的触动很大，“在这之前，我从没想过搞科研的钱是从哪里来的，我认为那应该是国家发的，没有钱也可以用印钞机印出来，通过这件事我才明白，那都是老百姓的血汗钱。”卢光琇说。从那时起，她就下决心要用最好的科研成果回报社会、造福百姓。

心中有人民，干事有担当。

如今，卢光琇也从更宏大的格局，积极参与推动全人类的健康事业。

2019年8月，她带队考察吉尔吉斯斯坦，在“一带一路”框架下寻求与吉共建医疗合作的模式。针对吉目前缺乏良好的医疗环境和完善的技术条件，她的团队计划在当地培育并打造一支“优生优育”理念的人才队伍，使普通老百姓能享受更好的医疗服务。

希冀　打造一条覆盖全生命周期的服务链

今年4月5日，卢光琇迎来80周岁的生日，成为名副其实的“80后”。

她总说：“革命”尚未成功，我还不能停下来。

为此，80岁高龄的她依然坚持工作，每周一、周三、周五在中信湘雅为患者看诊，就连春节假期门诊也照常开诊。听说很多患者挂不上自己的号，她仅2018年一年就10余次在医院举行义诊，多次赶赴常德、湘西、娄底、郴州等地义诊，还把互联网门诊搬进自己家里。

党的十九大报告提出了“实施健康中国战略”号召，明确了大健康观的核心要义，即“为人民群众提供全方位全周期健康服务”，将其上升到国家战略高度，这令卢光琇为之振奋。

“我的下一个小目标，就是立足辅助生殖与干细胞研究事业，打造一条覆盖全生命周期的健康服务链。”在卢光琇的设计中，这条服务链包括“帮你怀—帮你生—帮你存—帮你防—成人健康管理、干细胞再生医学”等一系列健康服务平台集群，涵盖辅助生殖、干细胞与再生医学、儿童生长发育、妇产（围产及母胎医学）、遗传与基因诊断、遗传性肿瘤防治、新型高端健康管理等多个专业领域，进一步引领遗传优生技术的发展。特别是通过人类十大组学分析，找出人类疾病的根源，让每一个人都能健康地生活、优雅地老去。

生命科学的探索永无止境，一个成果的诞生，意味着一个新起点的开始。

“哪怕八旬九旬，我仍将矢志不渝，坚持父亲和我的梦想，在生命科学无限未知的探索与挑战中奉献自己的光和热！”

（原载于红网，2019年9月16日）

卢光琇父女：两代遗传医学专家的70年“政协情缘”

“我和父亲两代人一同见证了政协为国为民所做的贡献和政协事业的发展，政协这个大平台也促进了我们父女自身的成长与事业发展。”9月23日，中国生殖工程创始人之一、人类干细胞国家工程研究中心主任卢光琇在湖南省庆祝人民政协成立70周年座谈会上袒露心声，分享父女两代人近70年的“政协情缘”。

卢光琇的父亲卢惠霖是中国遗传医学的奠基者，“基因”一词便是由他翻译而来。卢光琇说，在旧中国，父亲没有办法实现自己的理想，“在科研道路上探索了大半辈子，成效不大”。新中国成立后，在政协组织的支持下，他用30年时间为中国优生事业的发展作出了自己的贡献，先后提出制定《优生法》、参与起草《母婴保健法》等。

正是从父亲的经历中，卢光琇认识了人民政协工作。1993年，卢光琇加入九三学社，开始一边做科研一边履行政协职能。此后15年里，卢光琇先后担任了九三学社湖南省委主委、湖南省政协副主席、全国政协常委等职务。

“我认识到辅助生殖技术不仅仅是自然生殖的延伸，随着更为复杂的高新技术对生殖过程的干预，将会带来系列社会、伦理和法律问题。”在担任全国政协常委期间，卢光琇提出《在我国开展辅助生殖技术并加强对该技术进行宏观管理的建议案》。随后六年内，原卫生部先后出台6部法律法规，有效促进了中国生殖医学的发展。

在自己的科研领域以外，卢光琇亦积极履职，如2006年在全国政协常委会上作题为《深化教育改革，促进教育公平》的主题发言，得到全国政协和相关部委的高度重视。其参与的《构建怀化物流经济圈，带动湖南西部和我国大西南地区经济发展》的调研课题，部分建议被中共湖南省委制定开大湘西战略时采纳。

“年逾八旬，我虽已不再参加政协工作，但常年所怀的爱国之心、报国之志、强国之梦，鞭策着我在实现全民优生的道路上继续前行。”卢光琇说，她的父亲在年近八旬时提出“试管婴儿”构想，如今自己在同样的年纪，正在致力于打造一条覆盖人类全生命周期的健康产业链，助推“健康中国梦”早日实现。

（原载于中国新闻网，2019年9月23日）

湖南 81 岁卢光琇教授为湖北及全国病友网络在线提供义诊

“即日起，中信湘雅暂停现场门诊，仅开放急诊。”

“医院准备充足互联网门诊，有就诊需求可在家拿起手机就诊。”

“鉴于目前新型冠状病毒性肺炎暴发流行的疫情，为了保证广大病友的安全，医院决定从即日起暂缓冻胚与鲜胚进周。”

这是中信湘雅生殖与遗传医院此前连续发出的几则重要消息。即使如此，由于试管助孕的特殊性，仍然有大量的病友存在现实的就诊需求。为此该院不仅在春节、疫情期间全面开放互联网门诊，还由中信湘雅首席科学家、终身荣誉院长卢光琇教授及生殖中心主任龚斐教授领衔，为湖北病友开设互联网门诊义诊专场，确保试管助孕病友得到及时的指导和治疗。

“我之前开的药还能吃吗？”“我是湖北的病友，不知道什么时候才能来医院治疗啊？”“我的情况，如果继续耽搁下去，对顺利移植会有影响吗？”

从大年初二开始，卢光琇教授就通过互联网门诊，解答这些来自湖北病友的咨询。截至目前，卢教授已经为十余名病友提供了义诊。

“疫情防控和病友安全大于一切，医院要承担起社会责任，服从大局，所以近期不建议大家直接来医院就诊，有就诊需求尽量选择互联网门诊。”卢教授介绍说，由于疫情的发展传播，一些暂未发病的病毒携带者在助孕治疗中可能随时需要取消治疗周期，在当前局势下盲目进周治疗可能得不偿失。

“此外，这种疾病对助孕治疗结局的影响也存在一定风险，如该病毒可能影响卵子、精子的质量以及免疫系统，从而影响助孕妊娠率，即使妊娠，也可能增加流产、胎儿或新生儿畸形等。”

卢光琇教授表示，为最大限度保证患者的安全及利益，减少患者的经济损失，医院目前已经针对不同来源地的患者实行鲜、冻胚不同的临床应急管理方案。尽量避免院区出现人员聚集的情况，以致增加交叉感染的风险。

陪同卢教授开展互联网门诊的门诊部副主任黎丽正怀着5个月的身孕，这个春节她也一直坚持上岗。她介绍从大年三十到正月初六，已经有798名患者通过互联网门诊就诊。“目前我院加大网络门诊力度，包括孕后管理门诊，确实有需要的患者，可以先看网络门诊，此外还有病房电话、小程序等途径帮助患者解决孕后问题、协助挂号等服务。有特殊情况或不懂互联网门诊如何操作，均可拨打我院病友服务中心。”

“我们虽然不建议大家来现场，但一定会通过更加安全的渠道去满足大家的需求，疫情把我们大家隔开了，但爱和希望不会被隔离。”卢教授说道。

（原载于人民网长沙，2020年2月1日）

遗传学诊断助力优生优育

日前，在遗传优生及罕见病话题媒体分享会上，中信湘雅生殖与遗传专科医院首席科学家卢光琇教授、院长林戈教授等，分享了她对遗传优生及罕见病的观点。

数据显示，我国是出生缺陷高发国家，出生缺陷总发生率为5.6%，每年出生缺陷儿数量高达80万～120万人，大约每30秒钟就会诞生一个缺陷儿，出生缺陷疾病已日渐成为我国儿童残疾乃至死亡的主要原因。遗传疾病对生育力有较大影响，但是通过现代医疗技术是可防可控的。卢光琇说，植入前遗传学诊断和产前诊断能够有效地预防遗传病患儿的出生，减轻社会和家庭的负担。家族内有遗传性疾病的夫妇，在准备生育前可到正规医院进行遗传咨询，评估生育遗传疾病患儿的风险，对高风险的夫妇，可进行植入前遗传学诊断助孕。她介绍，植入前遗传学诊断技术成功应用于临床近30年，在预防遗传病上发挥了重要的作用。辅助生殖领域未来另一个重点方向是对于各种遗传病的诊断，找到更多罕见病的病因，使罕见病不再遗传给下一代，提高出生人口素质，减轻家庭和社会负担。

中信湘雅生殖与遗传专科医院党委书记、院长林戈教授也表示，从四方面多方发力防控罕见病。第一，全面加强对罕见病的预防诊疗和科普宣传以及遗传指导；第二，完善罕见病的目录更新；第三，援助农村里因罕见病致贫、返贫的群众，避免后代再现罕见病；第四，建立罕见病医疗保健、专项基金，呼吁民间组织与社会力量一起参与，资助罕见病的治疗。

（原载于《健康报》2020年7月3日）

努力将罕见病止步于“防”

罕见病对一个家庭带来的伤害可想而知，对于社会来说也是沉重的负担。

罕见病意指涉及人数偏少，且所患病症在日常极其难见。中信湘雅生殖与遗传专科医院终身荣誉院长兼首席科学家、人类干细胞国家工程研究中心主任卢光琇指出，单种罕见病虽然发病率不高，但种类多，发病以后能够治好的非常少。有些家庭因为生了个罕见病的孩子，因病致贫、因病返贫，因此要以预防为主，想办法避免生出这样的孩子。如果能对一些先天性的缺陷进行干预，就可能避免有明显缺陷的孩子出生。

还有很多人会疑问，如何发现遗传病史呢？卢光琇说，首先要看家族里面，是不是有两个及以上个体出现了某种病，若有，就可能是家族里面有遗传的病史，比如说一些先天性的白内障，一些先天性的发育不良，如果有家族史，就很可能是遗传性的罕见病。当然，没有家族史，也不能排除是遗传缺陷所致。如今超声、磁共振比较普及，可以在胎儿的时候提示一些先天缺陷，加上基因测序等技术手段，也能尽早发现一些遗传病。

中信湘雅生殖与遗传专科医院党委书记、院长林戈指出，我国在罕见病的防治过程中，仍面临一些难点。首先，认知不足，需要加强对公众的宣传，还有对医务人员也要加强培训，因为罕见病非常罕见，病种特别多，目前已经知道的有7000多种，涵盖各个不同科室的，所以每个科的医生都可能碰到罕见病，因此要让医生有知识储备做出正确诊断。其次，随着基因组医学的进步，现在大家对于基因了解得越来越多，但是了解得越多，遇到的问题也越多，例如以前是怀疑哪个基因就测哪个基因，现在不是了，主要靠组学的技术，一次就可以测全部基因组的20000多个基因。除此之外，罕见病的致病机制也很复杂，并不是所有的医生都能够掌握，所以就需要在全国建立一个非常有效的诊疗网络，这样的话，大家可以在诊疗网络里面来进行罕见病的会诊，这样能够提高罕见病诊治的能力。最后，关于罕见病的治疗，需要我们全人类共同努力。现在有极少数的罕见病是有药物治疗的，但是相对来说用得比较少，加之研发周期长，费用也特别高，医保又不能完全覆盖。如何不断研究出新的治疗方法，而且能够让大家用上比较便宜的药，也是治疗中的难点。

“从实验室的角度来讲，目前对于罕见病的管控方面也遇到了一些困难。”中南大学研究员，中信湘雅生殖与遗传专科医院遗传中心主任谭跃球则表示，一是解读困难，我们现在已经可以查到全部的2万多个基因，但如何解读，对于许多医疗机构、对于第三方检测公司，都是很大的挑战；二是检测技术本身还有局限性，当前的技术不是完美的，有漏检，还需要大力发展；三是虽然我们已经发现了很多罕见病，但实际上，还有很多罕见病是我们不知道的，这需要我们医务人员和实验室人员共同努力。

中南大学研究员、中信湘雅生殖与遗传专科医院遗传中心副主任杜娟强调，目前只有5%左右的罕见病可以得到有效的治疗，因此，关注重点要放在预防窗口前移，也就是在一级预防上。

卢光琇介绍说，我们辅助生殖技术已经提供了这样的平台，就是在胚胎植入前进行遗传学检测。此外，对于已经出生的罕见病人群，卢光琇呼吁，我们要尽量帮助他们，要给他们信心，让全社会不要歧视他们。最好能帮助他们让他们掌握一技之长，能够自力更生。

（原载于光明网，2020年7月8日）

“试管婴儿之母”卢光琇回省政协，开讲40年科学攀登之路

湘声报记者　肖君臻

今天（7月31日）下午，省政协机关举办第五期“湘声大讲堂”，省政协主席李微微出席，省政协原副主席、生殖医学与医学遗传学专家卢光琇作了“试管里走出来的产学研一体化之路”专题讲座。省政协秘书长卿渐伟主持。

20世纪80年代以来，卢光琇开展辅助生殖技术研究，为社会和谐、家庭幸福作出了突出贡献，被誉为“试管婴儿之母”。

“今天回‘娘家’非常高兴。”一开场，81岁的卢光琇就高兴地说起自己的政协情缘，回忆了15年政协工作时光，感恩政协让自己从科研的微观世界走向了开阔的履职舞台。

卢光琇深情讲述了自己在父亲卢惠霖的带领下，从一名站在手术台上的外科医生，到走进实验室拿起试管，再到进入全新的辅助生殖领域，走出了一条适合自身发展的产学研之路的经历。

1981年建立国内首个人类精子库，1988年诞生国内首例供胚移植试管婴儿，2015年诞生国内首例“无癌宝宝”，2019年湖南首例β地贫+HLA配型试管婴儿干细胞移植成功……卢光琇近40年来在优生优育方面的开创性工作，赢得了大家的阵阵掌声。卢光琇还分享了多年前在湘西大山深处调研为补碘鼓与呼的故事。

“抽烟饮酒、感染、有害环境和辐射等都是恶性肿瘤产生的风险因子。目前，我们可对包括视网膜母细胞瘤、家族性乳腺癌、神经纤维瘤等55种遗传性肿瘤开展遗传咨询、基因检测、产前诊断和植入前遗传学诊断，迄今已诞生

17例‘无癌宝宝’。”卢光琇还对遗传性肿瘤患者的生殖阻断等治疗方式作了介绍，讲述了在新冠肺炎疫情期间利用脐带间充质干细胞治疗重型和危重型新冠肺炎患者的实例，并提出未来要打造一个全生命周期的健康事业产业链。

卿渐伟在主持讲座时说，卢光琇教授能取得领先世界的成果，缘于她对科学的不懈努力和追求，她的故事令人深受感动和启发。大家要从今天的讲座中领会到对事业永不满足、探索不止的精神，为政协事业发展作出积极贡献。

精挑细选的健康“种子”才能放入子宫 罕见病家族基因有望被阻断

罕见病离人们的生活其实并不遥远，每个人身上可能会携带罕见病致病基因。记者日前从中信湘雅生殖与遗传专科医院主办的一场遗传优生及罕见病话题分享会上了解到，根据文献，平均每个人会带2.8个基因是罕见病的致病基因，而在湖南省的相关研究课题显示，如果同样的致病基因在夫妻双方都有的话，孩子有1/4是罕见病患者，如果母亲带有罕见病基因隐性的X染色体，生的男孩就有可能携带致病基因。

对此，我国知名生殖医学专家、中信湘雅生殖与遗传专科医院终身荣誉院长兼首席科学家卢光琇教授表示，目前，胚胎植入前遗传学检测（PGT）已经能实现植入子宫前在试管里面对胚胎进行遗传学诊断，就像在播种前对种子进行精挑细选，经过挑选后的健康种子才能植入子宫，从而生出健康宝宝，这样，罕见病家族基因有望因此被阻断。

不过，如何进行孕前“种子”挑选？备孕夫妇是否都需要去医院检测？

一问：为什么要进行孕前“挑选”（PGT）?

对于这个问题，包括卢光琇教授在内的多位接受采访的专家几乎异口同声：因为罕见病太难了。

首先，诊断难。罕见病，顾名思义就是发病率不高的疾病。罕见病大概有7000多种，不但不多见，病种还特别多，涵盖了各个不同医学专科，有的医生可能整个职业生涯中也未必能遇到一例，所以不单是公众知之甚少，连不少医疗从业人员也不甚了解。

“怎样让他们能够有罕见病的相关知识去诊断，是需要去进行培训的。国家卫健委2018年就成立了中国罕见病联盟，希望对基层的医生进行罕见病的联合整治和培训，第一个是提高公众和基层医生对罕见病的认识，至少他大概知道什么样的情况可能是罕见病，或者可能会是遗传病。”中信湘雅生殖与遗传专科医院党委书记、院长林戈教授表示。

其次，治疗难。卢光琇教授告诉记者，单个罕见病发病率虽然不高，但总发生率高，种类多，发病以后能够治好的非常少，“罕见病是指发病率在0.65‰～1‰的疾病，已经明确的罕见病有7000多种，能进行遗传检测的只有4000种，但是真正有办法治疗的也不到5%，很多罕见病患者不能得到有效治疗，以致终身残疾”。

最令专家们痛心的是，罕见病患者和他们的家庭太难了。林戈教授表示，目前大多罕见病没有有效的治疗方式，而部分罕见病虽然有药物可治疗，但是费用太高，一年要几万元至几百万元，医保又不能完全覆盖。此外，不少患者需要终身治疗，不能正常学习和工作，像一些重症地中海贫血患者，每周要输一次血，对家庭、社会都是很大的压力。“我们当然要防止罕见病孩子的出生，以预防为主，但是已经出生的这样的孩子，我们要尽量帮助他们，要给他们信心，帮助他们掌握一技之长，能够自力更生。”卢光琇教授呼吁。

二问：如何进行孕前遗传学检测？

目前医学发展已经可以做到，通过技术手段预防和阻断罕见病家族基因的延续。

据卢光琇教授和林戈教授介绍，辅助生殖技术提供了检测平台就是胚胎植入前遗传学检测（PGT）。通俗来讲，备孕夫妇先用试管婴儿技术，让胚胎在体外受精五天左右，医生会用一根极细的管子，从胚胎的外层细胞取出几个，然后对它们进行遗传学诊断，判断胚胎是否携带相关致病基因，如果确认没有携带，再移植回母亲子宫，这样就能保证生出健康的孩子。

2011年以前做孕前诊断的时候，医生们在胚胎培育的第三天就要进行检测，在当时的技术条件下，只能从囊胚仅有的8个细胞中取一个细胞来检测，虽然后来出生的孩子也都是健康的，但是对于胚胎的影响相对还是会大一点。而现在，经过5天的培育后，囊胚已有了100～200个细胞，取出用于检测的不到10个，而且都是将来不会形成胎儿的部分，所以对胎儿的影响更小了。

未来，医生团队还希望进行无创的植入前遗传学诊断，这样不再需要取胚胎中的细胞活检，只需在培养胚胎的培养液中就可望有效提取胚胎的基因组进行诊断，将来如果这个技术能够实现的话，会更进一步减少对胚胎的影响。

三问：备孕夫妇都要孕前遗传学检测吗？

对此，中南大学研究员、中信湘雅生殖与遗传专科医院遗传中心杜娟副主任表示，从广义上来讲，所有人群，特别是年轻的夫妇，打算生育或者是在妊娠中的夫妇，或者是准备结婚的男女双方都可以来做遗传咨询。

其中，特别需要注意的人群有：

1. 生育过遗传病患者的家庭，或者有不明原因生育智力低下、畸形患儿的生育史，或者是在此前孕育史里反复出现畸形胎儿，建议来看遗传咨询门诊。

2. 反复流产或反复死产、死胎的夫妇也建议做遗传咨询。

3. 高龄孕妇。

4. 长期暴露在不良环境里面准备生育的夫妇。

5. 在孕期里面接触到不良环境因素的孕妇。

6. 有慢性病史的夫妇。

7. 经过筛查（比如国家推行的唐氏筛查）发现有高风险的夫妇。

8. 有近亲结婚史的。

据了解，以中信湘雅生殖与遗传专科医院遗传中心接诊情况来看，目前该院年门诊量在30万人次左右，其中遗传门诊占5%，即将近1.5万就诊人次，是跟遗传相关的咨询门诊。这也侧面证明，越来越多的年轻夫妇对优生优育引起了重视。

四问：遗传咨询能问到些什么？

遗传咨询可并不只是问问父母辈的身体状况那么简单！

卢光琇教授介绍，医生们会对前来咨询的患者描画家系图谱，“根据孟德尔的遗传定律，从爷爷奶奶、爸爸妈妈开始，到母亲这边的舅舅、姨妈，父亲这边的姑妈、叔叔，逐一厘清，看看是滞有发病的孩子。这样的家系调查做得好，会给我们提供很多信息，例如可以看到，疾病是用什么样的方式遗传下来，是常染色体隐性、常染色体显性还是与性别有关？”

家系调查后，医生还要进行分析，如果发现了基因突变，就要在这个家族里继续上溯，先看父母辈的夫妻二人中，究竟是谁带的基因突变。“如果是母亲带的，那么我们就会追外公外婆、舅舅这一代，如果在父亲那边，我们就到叔叔伯伯、爷爷奶奶那去追，就这么一代代追上去”。卢光琇教授表示，不仅罕见病，例如先天性白内障、先天性发育不良等，大多由于基因缺陷引起，而且一些常见病，例如老年痴呆、帕金森综合征等，许多也是由于单基因缺陷所引起的，都需要做遗传咨询，必要时还需要进一步的基因检测。

一旦通过遗传咨询证实相关疾病风险，进入PGT检测流程后，医生们会更进一步精准锁定目标，“确认到底是哪个致病基因，将来就要给宝宝删除这个基因，等宝宝顺利怀上以后，我们还要在孕16周的时候，让准妈妈再来医院进行羊水穿刺检查，做羊水细胞检测，再次确认孩子是健康的”。

目前，该院通过胚胎植入前遗传学检测（PGT）已经出生了4000多个宝宝，从追踪来讲都是非常健康的。从全球范围来看，该技术从1990年第一次运用至今已有30年，全球诞生的孕前诊断宝宝基本上也非常健康。

（原载于红网时刻，2020年7月9日）

图书在版编目（CIP）数据

谱写生命新乐章 / 卢光琇著. — 北京：中国文史出版社，2020.10

（政协委员履职风采）

ISBN 978-7-5205-2546-6

Ⅰ. ①谱… Ⅱ. ①卢… Ⅲ. ①中国人民政治协商会议 — 参政议政 — 文集 Ⅳ. ①D627-53

中国版本图书馆CIP数据核字（2020）第228975号

责任编辑：张春霞　高　贝

出版发行：**中国文史出版社**
社　　址：北京市海淀区西八里庄69号　邮编：100142
电　　话：010-81136606　81136602　81136603（发行部）
传　　真：010-81136655
印　　装：北京朝阳印刷厂有限责任公司
经　　销：全国新华书店
开　　本：710mm × 1010mm　1/16
印　　张：20.75　　字数：327千字
版　　次：2021年3月第1版
印　　次：2021年3月第1次印刷
定　　价：68.00元

文史版图书，版权所有，侵权必究。
文史版图书，印装错误可与发行部联系退换。